법학적성시험 문항 유형 해설

법학전문대학원협의회 지음

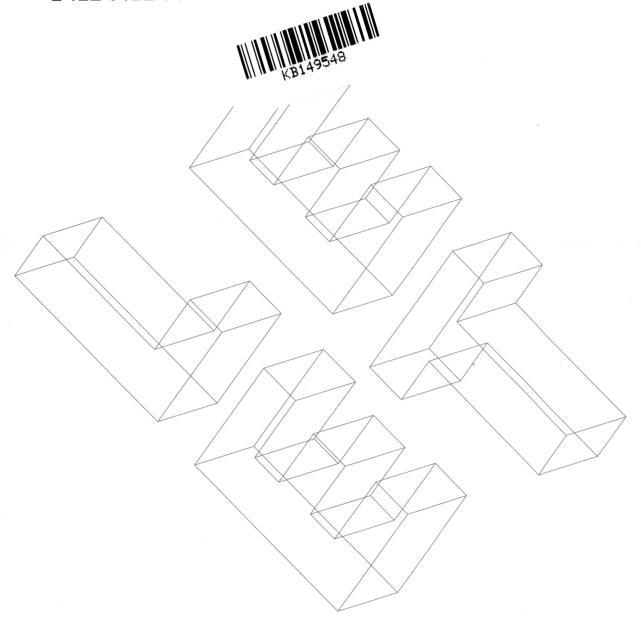

에피스테메
EPISTEME

머리말

　법학적성시험은 응시자가 법학전문대학원 교육을 이수하는 데 필요한 수학 능력과 법조인으로서 지녀야 할 자질 및 적성을 측정하는 시험입니다. 법학전문대학원협의회 법학적성평가연구원은 법학적성시험이 이러한 본연의 목적을 달성할 수 있도록 꾸준히 노력해 왔습니다. 또한 법학전문대학원에 입학하기를 희망하는 학생들에게 시험에 대한 정확하고 신뢰할 수 있는 정보를 제공하고자 2016년 6월 『법학적성시험 안내서』를 출간한 바 있습니다. 이 책은 제목 그대로 법학적성시험이 어떤 시험인지 친절히 안내하는 책입니다.

　한편 법학적성시험의 타당도와 신뢰도 제고를 위한 노력의 일환으로 2016년 12월 법학적성시험 개선안이 발표되었고, 2019학년도 시험부터는 이 개선안에 따라 시험 출제가 본격적으로 이루어졌습니다. 물론 개선안 적용 이후에도 응시자의 독해력과 사고력을 평가하는 것이라는 법학적성시험의 본질이 달라진 것은 아니었지만, 시험의 형태 및 평가 항목의 비중에 크고 작은 변화가 있었습니다. 이러한 변화에 맞추어 2020년 5월에 『법학적성시험 안내서』의 개정판을 내어놓게 되었습니다. 개정판에서는 시험 문항을 해결하는 구체적인 원리와 방법을 설명하기에 앞서, 시험의 근본적인 의미 및 시험 준비 방법을 소개하는 내용을 새롭게 수록했습니다. 이는 시험을 준비하는 학생들에게 조금이라도 도움을 드리고자 법학적성평가연구원이 고민한 결과물입니다.

　『법학적성시험 안내서』 개정판 출간 이후 또다시 4년이라는 시간이 흘렀습니다. 이에 법학적성평가연구원에서는 『법학적성시험 문항 유형 해설』이란 새로운 제목으로 『법학적성시험 안내서』의 증보판을 펴내게 되었습니다. 『법학적성시험 문항 유형 해설』의 특징은 언어이해, 추리논증, 논술 각 영역의 문항 유형을 설명하면서 풍부한 예시 문항을 수록했다는 점입니다. 시험을 준비하는 과정에서 법학적성시험에서 출제되는 문항의 유형에는 어떤 것들이 있는지, 그리고 각 유형의 문제들의 난이도는 어떠한지를 미리 경험하는 것만으로도 시험에 대한 적응력을 키우는 데 상당한 도움이 될 것입니다.

법학전문대학원 입학을 준비하는 학생 여러분께 본 『법학적성시험 문항 유형 해설』이 유용한 길잡이가 되기를 바라며, 나아가 미래 법조인을 향한 여러분의 원대한 목표가 실현되기를 기원합니다.

2024년 5월
법학전문대학원협의회 법학적성평가연구원장 정병호

차 례

머리말　4

법학적성시험

· 법학적성시험 개요 10
· 법학적성시험의 의미 16
· 법학적성시험 준비 방법 19

추리

· 추리 문항의 성격과 분류 24
· 문항 유형 해설 및 기출예제 26

1. 언어 추리

　1) 함축 및 귀결 26
　2) 원리 적용 46

2. 모형 추리

　1) 형식적 추리 64
　2) 논리게임 78
　3) 수리 추리 89

논증

- 논증 문항의 성격과 분류 ⋯⋯⋯⋯⋯⋯⋯⋯⋯⋯⋯⋯⋯⋯⋯⋯ 96
- 문항 유형 해설 및 기출예제 ⋯⋯⋯⋯⋯⋯⋯⋯⋯⋯⋯⋯⋯⋯ 99

   3. 논증 분석

      1) 요소 분석 ⋯⋯⋯⋯⋯⋯⋯⋯⋯⋯⋯⋯⋯⋯⋯⋯⋯⋯⋯ 99
      2) 구조 분석 ⋯⋯⋯⋯⋯⋯⋯⋯⋯⋯⋯⋯⋯⋯⋯⋯⋯⋯⋯ 110

   4. 논쟁 및 반론

      1) 논쟁 분석 및 평가 ⋯⋯⋯⋯⋯⋯⋯⋯⋯⋯⋯⋯⋯⋯ 114
      2) 반론 구성 ⋯⋯⋯⋯⋯⋯⋯⋯⋯⋯⋯⋯⋯⋯⋯⋯⋯⋯ 128

   5. 논증 평가 및 문제해결

      1) 논증 평가 ⋯⋯⋯⋯⋯⋯⋯⋯⋯⋯⋯⋯⋯⋯⋯⋯⋯⋯ 132
      2) 강화 또는 약화 ⋯⋯⋯⋯⋯⋯⋯⋯⋯⋯⋯⋯⋯⋯⋯ 138
      3) 문제해결 ⋯⋯⋯⋯⋯⋯⋯⋯⋯⋯⋯⋯⋯⋯⋯⋯⋯⋯ 157

정답 및 풀이

- 추리논증 기출예제 정답 및 풀이 ⋯⋯⋯⋯⋯⋯⋯⋯⋯⋯ 163

법학적성시험

법학적성시험 개요
법학적성시험의 의미
법학적성시험 준비 방법

법학적성시험 개요

시험의 성격 및 목적

■ 법학적성시험은 법학전문대학원 교육을 이수하는 데 필요한 수학 능력과 법조인으로서 지녀야 할 기본적 소양 및 잠재적인 적성을 가지고 있는지를 측정하는 시험이다. 법학전문대학원 입학 전형에서 적격자 선발 기능을 제고하고, 법학 교육 발전을 도모하는 데 목적이 있다.

법학전문대학원 입학 자격

■ 법학전문대학원 입학 자격은 「법학전문대학원 설치 · 운영에 관한 법률」 제22조에 따라 '학사 학위를 가지고 있는 자 또는 법령에 의하여 이와 동등 학력이 있다고 인정된 자'와 '해당 연도 졸업 예정자(학위 취득 예정자 포함)' 이다.

시험 영역 및 시험 시간

■ 법학적성시험은 언어이해 영역, 추리논증 영역, 논술 영역으로 구성된다. 언어이해 영역과 추리논증 영역은 5지선다형이고, 논술 영역은 서답형이다.

▍**영역별 문항 수 및 시험 시간**

교시	시험 영역	문항 수	시험 시간	문항 형태
1	언어이해	30	09:00 ~ 10:10(70분)	5지선다형
2	추리논증	40	10:45 ~ 12:50(125분)	5지선다형
	점심시간		12:50 ~ 13:50	–
3	논술	2	14:00 ~ 15:50(110분)	서답형
계	3개 영역	72문항	305분	–

출제의 기본 방향 및 범위

가. 공통 사항

- 특정 전공 영역에 대한 세부 지식이 없더라도 대학 교육과정을 정상적으로 마쳤거나 마칠 예정인 수험생이면 주어진 자료에 제공된 정보와 종합적 사고력을 활용하여 문제를 해결할 수 있도록 문항을 구성한다.

나. 언어이해 영역

- 법학전문대학원 교육에 필요한 독해 능력, 의사소통 능력 및 종합적인 사고력을 측정한다.
- 평가 틀

▌ 언어이해 영역 문항 분류표

문항 유형 / 내용 영역	주제·구조·관점 파악	정보의 확인과 재구성	정보의 추론과 해석	정보의 평가와 적용
인문				
사회				
과학기술				
규범				

(1) 내용 영역

인문, 사회, 과학기술, 규범 영역

1) 인문: 인간의 본질과 문화에 대한 탐구와 설명을 목적으로 하는 인문적 텍스트
2) 사회: 사회 현상에 대한 탐구와 설명을 목적으로 하는 텍스트
3) 과학기술: 자연 현상, 기술 공학에 대한 탐구와 설명을 목적으로 하는 텍스트
4) 규범: 법과 윤리에 대한 탐구와 설명을 목적으로 하는 텍스트

(2) 문항 유형

1) 주제·구조·관점 파악: 제시문의 주제나 구조와 전개 방식 또는 제시문에 소개된 인물(글쓴이 포함)이나 이론의 관점을 파악한다.
2) 정보의 확인과 재구성: 제시문에 나타난 정보 및 정보의 관계를 정확히 파

악하여 다른 표현으로 재구성한다.

3) 정보의 추론과 해석: 제시문에 제시된 정보를 바탕으로 새로운 정보를 추론한다. 맥락을 고려한 해석을 통하여 정보가 가지는 적합한 의미를 밝혀낸다.

4) 정보의 평가와 적용: 제시문에 주어진 논증이나 설명의 타당성을 평가한다. 제시문에 소개된 원리를 새로운 사례나 상황에 적용한다.

다. 추리논증 영역

■ 사실, 주장, 이론, 해석 또는 정책이나 실천적 의사결정 등을 다루는 다양한 분야의 소재를 활용하여 법학전문대학원 교육에 필요한 추리(reasoning) 능력과 논증(argumentation) 능력을 측정한다.
■ 평가 틀

▍추리논증 영역 문항 분류표

문항 유형 내용 영역	추리		논증		
	언어 추리	모형 추리	논증 분석	논쟁 및 반론	논증 평가 및 문제해결
논리학·수학					
인문					
사회					
과학기술					
규범					

가) 추리

(1) 내용 영역

논리학·수학, 인문, 사회, 과학기술, 규범 영역

(2) 문항 유형

1) 언어 추리: 일상어를 통하여 이루어지는 추리
2) 모형 추리: 도형, 표, 그래프, 수, 기호 등과 같은 비언어적 표상(모형)을 이용하여 이루어지는 추리(형식적 추리, 논리게임, 수리 추리로 구성됨)
① 형식적 추리: 형식적으로 타당한 추론 규칙을 이용하여 이루어지는 추리

② 논리게임: 연역적인 추리 능력을 검사하는 전형적인 논리퍼즐
③ 수리 추리: 수리적인 자료로부터 수리적으로 이루어지는 계산이나 추리

나) 논증

(1) 내용 영역
인문, 사회, 과학기술, 규범 영역

(2) 문항 유형
1) 논증 분석: 논증의 주장과 제시된 근거 파악하기, 논증이 기반하고 있는 원리나 가정 등 파악하기, 논증에서 생략된 전제 찾기, 논증의 구조를 분석하거나 논증 유형 비교하기 등
2) 논쟁 및 반론: 논쟁의 쟁점을 파악하거나 공통의 가정 내지 전제 파악하기, 주어진 논증에 대하여 반론 제기하기, 비판이나 반론에 대하여 논증을 수정·보완하거나 재구성할 방안 찾기 등
3) 논증 평가 및 문제해결: 논증에서 결론의 정당성을 강화하거나 약화하는 사례 내지 조건 파악하기, 논증에 대하여 종합적으로 평가하기, 갈등이나 역설의 논리적 기반을 파악하거나 그 해소 방안 찾기 등

라. 논술 영역

- 법학전문대학원 교육 및 법조 현장에서 필요한 논증적 글쓰기 능력을 측정한다.
- 평가 틀

❚ **논술 영역 평가 목표 분류표**

평가 영역 / 내용 영역	분석		구성			
인문 사회 과학기술 규범 등	논제 분석	제시문 분석	논증	비판	전개	표현

(1) 내용 영역

인문, 사회, 과학기술, 규범 및 이들의 복합 영역

(2) 평가 영역

1) 분석: 텍스트를 분석하고 이해하는 능력
- 논제 분석: 주어진 논제의 의도와 그것이 요구하는 과제의 성격을 정확히 파악할 수 있는 능력
- 제시문 분석: 주어진 제시문을 이해하고 그것이 조직되어 있는 방식을 발견해 내는 능력
2) 구성: 사고를 구성하여 글로 완성하는 능력
- 논증: 논리적으로 사고를 구성하는 능력
- 비판: 타당한 근거를 바탕으로 한 평가 및 판단 능력
- 전개: 심층적 및 독창적 사고를 구성하는 능력
- 표현: 적절한 언어를 사용하여 글로 표현하는 능력

(3) 문항 유형

- 사례형: 주어진 사례의 문제 상황을 해결하는 방안과 해당 논거를 논리적으로 구성하고, 이를 설득력 있게 표현할 수 있는지를 평가하는 유형

법학적성시험 언어이해 및 추리논증 영역 점수 체제

- 채점 및 점수 체제
- 언어이해 영역, 추리논증 영역의 정답 문항은 1점, 오답 문항은 0점으로 채점한다.
- 언어이해 영역은 평균 45, 표준편차 9인 표준점수를 사용한다.
- 추리논증 영역은 평균 60, 표준편차 12인 표준점수를 사용한다.

▎ 법학적성시험의 영역별 문항 수 및 표준점수

영역	문항 수	표준점수		
		평균	표준편차	범위
언어이해	30	45	9	0 ~ 90
추리논증	40	60	12	0 ~ 120

법학적성시험 성적의 활용

■ 법학적성시험 성적은 당해 학년도에 한하여 유효하며, 개별 법학전문대학원의 결정에 따라 학부 성적, (심층)면접, 자기소개서, 어학 성적 등과 함께 법학전문대학원 입학 전형 요소의 하나로 활용된다.
• 「법학전문대학원 설치·운영에 관한 법률」 제23조(학생 선발)

장애인 수험생 편의 지원

■ 원서접수자 중 신체장애로 인해 시험 응시에 현실적인 어려움이 있는 자
• 「장애인복지법 시행령」 제2조에 따른 등록 장애인: 시각장애인, 뇌병변장애인, 지체장애인 등
• 임신부 등 편의지원 제공이 필요한 자

응시수수료 면제

■ 취지
• 저소득 가구 수험생의 응시수수료 면제를 통해 서민의 법조계 진입장벽 완화에 기여
■ 대상
• 「국민기초생활보장법」 제2조 제1호의 수급권자, 「국민기초생활보장법」 제2조 제10호의 차상위계층 또는 「한부모가족지원법」 제5조 및 제5조의2에 따른 지원대상자로 「법학전문대학원 적성시험의 응시수수료 및 반환금액, 절차·방법 등에 관한 고시」의 증빙서류를 지정된 기간에 제출한 자

기타 사항

■ 자세한 사항은 법학적성시험 홈페이지(http://www.leet.or.kr)를 참조하기 바란다.

법학적성시험의 의미*

법학적성시험은 법전원수학능력시험이다

법학적성시험은 법학전문대학원(이하 '법전원')에서 효율적으로 학습할 수 있는 사고 능력을 측정하는 진학적성검사로 '법전원수학능력시험'이라고 할 수 있다. 법학적성시험에서는 언어이해, 추리논증, 논술을 통해 법전원 수학 능력을 평가한다.

미국 로스쿨입시위원회(LSAC)는 로스쿨 과정을 이수하는 데 필요한 '법학적성'으로 열네 가지를 들고 있는데, 여기에도 읽기, 추론, 논증 구축, 문제해결 능력이 포함된다. 이들 능력을 미국 법학적성시험(LSAT)에서 측정하고 있는 것은 우리나라와 마찬가지이다. 장래 테니스 선수를 선발하는 데 기초 체력을 측정하는 것과 같은 원리이다.

법학적성시험은 법학적성 중 사고력을 측정하는 시험이다

법학적성시험 성적순으로 학생을 선발하면 그 성적순으로 법전원 성적도 나오고 변호사시험의 당락도 예측할 수 있기를 기대하지만 실제에서는 차이를 보이기도 한다. 법전원 성적에는 독해, 추론, 논증 능력 외에 의지, 체력, 암기력 등 다양한 요소가 영향을 미친다.

한 가지 기준으로 법학적성의 모든 측면을 평가할 수는 없다. LSAC에서 규정한 열네 가지 법학적성 중 협동심, 연구 수행 능력, 구어 의사소통 능력 등은 필기시험에서 측정하기 어렵고, 시간 관리 능력은 간접적으로만 측정할 수 있다. 기초 체력만으로 장래 테니스 대회의 성적을 예측할 수는 없다. 이러한 까닭에

---

* 2018~2020학년도 법학적성시험 출제위원장 오수근 교수가 『법률신문』에 기고한 동 제목의 칼럼 「법학적성시험의 의미」(2019. 9. 2.)를 본서의 취지와 목적에 맞게 수정하여 수록하였다.

법전원 입학 전형에서도 법학적성시험 성적 외에 학부 성적, 공인 영어 성적, 자기소개서와 면접 점수 등을 함께 고려한다. 이를 통해 법학적성시험이 측정하지 못하는, 학부에서 취득한 전공 지식, 성실성, 인성 등을 종합적으로 반영하는 것이다.

법학적성시험은 변호사시험 당락과 관련성이 높다

법학적성시험 성적이 특정 법전원에서의 학업 성적과 상관이 높기는 어렵다. 입학생 사이에 법학적성시험 성적 차이가 크지 않고 측정오차가 있기 때문이다. 그러나 전체 법전원생을 대상으로 하면 법학적성시험 성적이 변호사시험 당락과 유의미한 관련성을 보인다. 2014~2016학년도에 법전원에 입학하여 졸업한 학생들의 법학적성시험 성적을 5개 그룹으로 나누어 변호사시험 합격률을 비교해 보면, 법학적성시험 성적이 높은 그룹일수록 변호사시험 합격률이 증가하는 것을 볼 수 있다. 변호사시험 당락은 대규모 인원에 대해 단일한 기준에 따라 산출된 결과이므로 이와의 관련성은 특정 법전원 학업 성적과의 관련성보다 훨씬 더 신뢰할 수 있다. 법학적성시험이 법학적성과 무관하다는 생각은 근거 없는 주장이다.

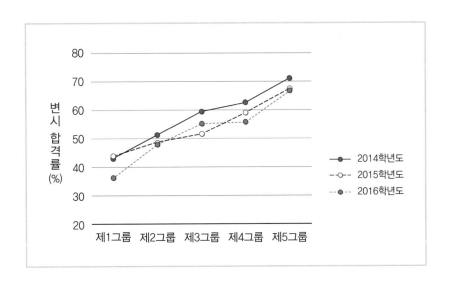

법학적성시험은 법학 지식을 묻는 시험이 아니다

간혹 법학적성시험에서 법학 지식을 측정하지 않는 것에 대해 의문을 제기하는 사람이 있다. 법전원 체제는 학부에서 법학이 아닌 다른 전공 분야에서 전문 지식을 연마한 후 대학원 과정에서 법학을 배우는 구조이다. 그래서 현행법에서도 법학적성시험에서 법학 지식을 묻는 것을 금하고 있다. 법학 지식은 입학 이후에 법전원에서 배우고 익힐 대상이지 법학적성시험에서 물어야 할 것이 아니다. 서비스와 스트로크는 테니스 선수로 선발된 후에 배우는 것이다.

법학적성시험의 의미를 바르게 이해해야 한다

훌륭한 법률가가 될 능력과 자질은 다양한 방식으로 평가되어야 한다. 법학적성시험은 그중 하나의 기준을 제공하는 것이다. 독해와 추론이 필수적인 요소이나 전부는 아니다. 이러한 한계에도 불구하고, 법학적성시험은 전국적으로 시행되는 객관적인 시험이라는 점에서 법전원 입학 전형에서 큰 의미가 있다. 법전원 전체 응시자 중에서 각 응시자의 독해 및 추론 능력이 어느 위치에 있는지를 보여 준다. 응시자 본인이 법전원에서 수학하는 데 필요한 기초적인 능력을 어느 정도 갖추고 있는지 알 수 있으므로 자신의 진로를 결정할 때 자료로 사용할 수 있다. 법학적성시험의 의미가 바르게 이해되어 법학적성시험이 본래의 역할을 충분히 할 수 있기를 기대한다.

법학적성시험 준비 방법

성장 마인드셋 유지

미국 스탠퍼드대학교 심리학과 교수인 캐럴 드웩(Carol Dweck)은 자신의 지적 능력이 고정되어 있지 않고 본인의 노력에 달려 있다는 확신만으로도 학습과 수행에 큰 영향을 미친다는 사실을 입증했다. 드웩의 연구에 따르면, 자신의 지적 능력이 고정되어 있다고 믿는 사람은 도전을 피하고 역경 앞에서 쉽게 포기하여 본인의 잠재력을 충분히 발휘하지 못하는 경향이 있다. 이들은 실패를 타고난 능력 부족 때문으로 여기고 열심히 노력하지 않는다. 어차피 해도 안 될 것이라고 생각하기 때문이다. 반면 노력과 학습이 뇌를 변화시키고 지적 능력이 자신의 통제에 크게 의존한다는 신념이 있는 사람은 어려운 도전에 착수하고 꾸준히 버티는 경향이 있다. 이들은 실패한 경우에도 낙담에 빠지는 대신, 그것을 미래의 성공을 위한 디딤돌로 여긴다. 여기서 교훈을 얻어서 다음에 더 열심히 노력하면 잘될 것이라고 생각하기 때문이다. 이들은 도전을 받아들이고 역경에 맞서 싸운다. 그 결과 자신의 잠재력을 충분히 발휘하여 최고의 성과를 내고 원하는 바를 이룰 수 있다.

법학적성시험을 준비하는 첫 번째 단계는 이러한 성장 마인드셋(growth mindset)을 기르고 유지하는 것이다.

능동적이고 의식적인 연습

미국 플로리다 주립대학교 심리학과 교수인 안데르스 에릭슨(Anders Ericsson)의 연구에 따르면, 현재 자신의 수준을 능가하는 전문적 지식이나 기술을 쌓기 위해서는 의식적인 연습(deliberate practice)을 충분한 기간 동안 수행해야 한다. 의식적인 연습이란 편안하고 익숙한 상태를 벗어나는 무언가를 시도하되, 자신이 어떻게 하고 있는지, 부족한 부분은 어디인지, 어떻게 해야 잘할 수 있는지에 집중하면서 반복적으로 수행하는 연습을 뜻한다.

법학적성시험을 대비할 때 강의를 일방적으로 수강하거나 단순히 문제풀이에만 집중하는 방식으로는 법학적성시험에서 요구하는 높은 수준의 사고력 계발을 기대하기 어렵다. 그런 방식은 기껏해야 심리적인 편안함을 제공할 뿐이다. 법학적성시험 대비의 핵심은 능동적으로, 각고의 노력을 들여, 어려움에 도전해야 한다는 것이다. 예컨대 새로운 지식을 기존의 지식과 연결하여 자신의 언어로 표현해 보는 것은 효과가 검증된 매우 효율적인 훈련 방법이다.

다만 이것은 단기간에 이루어질 수 있는 훈련이 아니므로 법학전문대학원 진학을 희망하는 수험생은 충분한 기간을 갖고 법학적성시험을 준비할 필요가 있다. 만일 대학생이라면 가급적 저학년 때부터 법학적성시험 준비를 시작할 것을 권장한다. 그리고 혼자 준비하는 것보다는 다양한 배경을 지닌 학생들끼리 자발적으로 스터디 모임을 구성하여 상호 토론과 논쟁에 능동적으로 참여할 때 논리적 사고력 계발을 한층 수월하게 할 수 있을 것이다.

폭넓은 독서 활동

그렇다면 구체적으로 무엇을 어떻게 준비할 것인가? 법학적성시험은 논리적 사고력을 측정하기 위한 시험이나, 제시문의 수준과 분량을 감안하면 응시생이 지닌 배경지식의 정도가 시험 성적에 영향을 미칠 수밖에 없다. 또한 논리적 사고와 지식을 완전히 별개의 것으로 이해하는 것은 적절치 않다. 지식은 논리적 사고의 재료가 되므로 지식 없이는 분석, 종합, 창조적 문제해결과 같은 고등 사고의 훈련 효과는 제한적일 수밖에 없기 때문이다. 이때 지식을 쌓는 가장 좋은 방법은 풍부한 독서이다.

독서를 할 때는 책을 읽는 목적, 해결해야 하는 과제, 책의 특성, 배경지식의 정도 등에 따라 독서의 속도, 꼼꼼히 읽는 정도, 내용에 대한 수용 태도를 조절할 필요가 있다. 독서 후에는 책 내용을 자신의 언어로 정리하는 과정이 매우 중요하다. 스스로의 피드백을 통해 자신이 무엇을 알고 모르는지, 책 내용 중 어떤 부분이 자신의 지식 공간 안에서 본인의 것으로 재구성되었는지 알 수 있기 때문이다.

특정 분야에 제한되지 않은 폭넓은 독서를 통해 축적된 독서량은 법학적성시험 제시문의 내용을 빠르게 파악하는 원동력이 된다. 제시문의 수준이 상당히 높기 때문에 단순한 속독 훈련을 통해서는 제시문을 정확하고 빠르게 독해하기 어렵다. 제시문의 제재나 내용에 대해 두려움이나 낯설다는 감정이 앞서면, 글의 핵심을 파악하지 못하고 피상적으로 읽게 되는 경향이 있으므로 인문, 사회, 과학기술, 규범에 해당하는 다양한 분야의 글을 평소에 두루 읽어 두는 것이 좋다. 특히 인문사회계열 전공자의 경우 교양서적이나 잡지 등을 통해 과학기술 분야에 대해 의식적으로 관심을 가질 필요가 있다.

논리학 혹은 비판적 사고 학습

법학적성시험을 준비하는 수험생 중 상당수가 논리학을 공부한다. 물론 법학적성시험에서 요구하는 것은 논리학 지식이 아니라 논리적 사고력이지만, 논리학 혹은 비판적 사고(critical thinking)를 학습하는 것 자체는 권장한다. 독서와 함께 이러한 학습을 통해 논리적 사고력을 계발할 수 있기 때문이다. 다만 여기에는 약간의 주의가 요구된다.

물론 논리학을 수강했다고 해서 바로 논리적으로 사고하게 되는 것은 아니다. 습득한 논리학 지식을 문제해결 시에 제대로 활용하기 위해서는 역시 충분한 기간 동안 의식적인 연습이 필요하다. 최소 훈련 시간에 대해서는 연구자마다 견해가 조금씩 다르나, 적극적이고 능동적인 연습문제 풀이와 학생 간에 상호 토론이 수반되어야 논리학 학습의 제대로 된 효과를 기대할 수 있다는 점에서는 의견이 일치한다.

논리학 혹은 비판적 사고의 교재/강좌의 질은 저자/강사에 따라 차이가 있으므로 교재/강좌를 선택하기 전에 저자/강사의 세부 전공과 연구 경력, 이전 수강생의 강의 평가 등을 면밀히 고려하는 편이 좋다. 충분히 검증되고 신뢰할 수 있는 교재와 강좌를 선택하기를 권한다.

개별 학문, 예컨대 사학, 경제학, 물리학 등에서 비판적 사고를 훈련하는 것도 물론 가능하다. 어떤 실험의 결론 및 그것이 함축하는 바가 무엇인지 찾고, 결론을 지지하는 추가적인 근거를 제시하며, 실험에 전제되어 있는 가정들은 무엇인지 찾아 전체 실험 과정을 재구성해 보는 등의 활동을 통해 얼마든지 사고 역량을 키울 수 있다.

기출문제 활용

  다시 한번 말하지만, 법학적성시험은 주어진 제시문을 읽고 정보를 처리하는 능력을 평가하는 사고력 시험이다. 따라서 비판적으로 사고할 수 있고 다양한 분야의 문헌 자료를 읽고 정보를 처리하는 훈련이 된 사람이라면, 특별한 준비 없이도 높은 성적을 받을 수 있다. 다만 모든 시험에서 시험 적응 효과가 있는 것도 사실이므로, 정해진 시험 시간을 준수하여 LEET 기출문제를 여러 차례 반복해서 풀어 봄으로써 자신만의 시험 요령을 터득할 수 있다. 기출문제를 풀어 본 후에는 스스로 풀이 과정에 대해 충분히 고민한 후 법학전문대학원협의회에서 출간한 본서와 『법학적성시험 문제 해설』을 참고용으로 활용하는 것이 바람직하다.

추리

추리 문항의 성격과 분류

문항 유형 해설 및 기출예제

추리 문항의 성격과 분류

추리 문항의 성격

추리 문항은 기본적으로 법적 문제를 해결하기 위해 필요한 추리 능력을 측정하기 위한 것이다. 법은 규범적 규칙과 원리의 체계로, 법에 관한 연구는 법규의 적용 및 함축에 관한 연구로 볼 수 있다. 예컨대 어떤 사람이 다른 사람에게 손해배상을 청구할 목적으로 변호사를 찾아왔다고 가정해 보자. 변호사는 고객이 제시하는 정보와 증거를 검토하여 이것과 일관적인 가능한 상황을 구성하고, 필요하다면 더 많은 정보를 수집하여 실제의 사실관계를 확인할 것이다. 그리고 확인된 사실관계에 적용될 수 있는 법규나 원리로 어떤 것이 있을 수 있는지 판단한 후 법규나 원리를 적용하였을 때 함축되는 귀결을 추리해 볼 것이다. 이러한 문제해결 과정에서 변호사는 부분적인 정보로부터 사실관계를 추리할 수 있는 능력과 특정한 사실관계나 소송에 적용될 수 있는 법규로 어떤 것이 있는지를 판단할 수 있는 능력과 법규와 원리를 사실관계에 적용할 수 있는 능력이 필요하다.

법을 전공하지 않은 학생들을 포함한 다양한 전공의 학생들을 대상으로 이러한 법적 문제해결 능력이 있는지 측정하기 위해, 추리 문항은 크게 언어 추리 문항과 모형 추리 문항을 포함한다.

추리 문항의 분류

언어 추리는 언어로 제시된 정보나 원리로부터 새로운 정보를 추리할 수 있는지를 묻는 문항으로, 함축 및 귀결, 원리 적용 문항으로 구분된다. 함축 및 귀결 문항은 주어진 진술의 함축 및 귀결을 추리할 수 있는지를 묻는 문항이다. 원리 적용 문항은 규범적인 규칙이나 일반 원리가 주어졌을 때 이것이 적용될 수 있는 사례가 무엇인지 판단하여 적용할 수 있는지를 묻는 문항이다.

언어 추리가 언어로 제시된 정보나 원리로부터 언어적 추리를 통해 새로운 정

▎추리 문항 분류표

문항 유형 / 내용 영역	언어 추리		모형 추리		
	함축 및 귀결	원리 적용	형식적 추리	논리게임	수리 추리
논리학 · 수학					
인문					
사회					
과학기술					
규범					

보를 이끌어 낼 수 있는 능력을 측정하는 반면에 모형 추리는 제시된 정보나 제약조건으로부터 기호, 그림, 표, 그래프와 같은 비언어적 모형을 사용하여 새로운 정보를 이끌어 낼 수 있는지를 묻는 문항이다. 모형 추리는 형식적 추리, 논리게임, 수리 추리 문항으로 구분되는데, 모형 추리는 복잡한 현실 상황으로부터 불필요한 요소를 제거하여 단순화한 상황에 관한 문항이며, 기호, 그림, 표 등을 사용하여 문항을 해결하는 것이 필요하다는 점에서 모형 추리란 이름이 붙었다. 이 문항들은 법적 문제를 해결하는 데 필요한 추리 능력을 효율적으로 측정할 수 있다.

모형 추리의 형식적 추리는 어떤 문장으로부터 형식적으로 타당하게 도출될 수 있는 문장을 파악하는 능력과, 어떤 논증이 형식적으로 타당한 논증이 되기 위해 보충되어야 할 전제가 무엇인지를 판단하는 능력을 평가한다. 논리게임은 제약조건하에서 배열하기 문항, 속성 매칭하기 문항, 진실 또는 거짓 퍼즐 문항, 리그/토너먼트 게임 문항 등을 포함한다. 이 유형의 문항은 제약조건과 부분적인 정보가 주어졌을 때 그림, 표 등을 사용하여 가능한 상황을 구성할 수 있는 능력과, 주어진 정보로부터 무엇이 참일 수 있는지 또는 무엇이 반드시 참인지 판단하는 능력을 평가한다. 수리 추리는 수, 도형, 표, 그래프, 통계수치를 통해 부분적인 정보와 제약조건이 주어졌을 때, 무엇이 참일 수 있는지 또는 무엇이 반드시 참인지를 묻는 문항이다.

문항 유형 해설 및 기출예제

1. 언어 추리

　언어 추리는 언어로 제시된 정보로부터 추리할 수 있는 능력을 측정하는 문제로 함축 및 귀결, 원리 적용 문항으로 구분된다.

1) 함축 및 귀결

　함축 및 귀결 문항은 제시문의 진술이 함축하는 진술과 함축하지 않는 진술을 확인할 수 있는 능력을 평가한다. 여기서 '함축'은 엄격한 의미로 사용되는데, 진술 A가 참이라면 진술 B가 반드시 참일 때 진술 A가 진술 B를 함축한다고 말한다. 즉, 주어진 진술로부터 타당하게 도출되는 진술이 함축되는 진술이다. 예컨대 "영우는 물리학자이다"는 "영우는 과학자이다"를 함축한다. "영우는 물리학자이다"가 참이라면 "영우는 과학자이다"는 반드시 참일 수밖에 없기 때문이다. "영우는 후식으로 케이크를 먹지 않는다"로부터 "만약 오늘 저녁 후식으로 케이크만 나온다면, 영우는 오늘 저녁 후식을 먹지 않을 것이다"가 함축된다. 귀결은 일반적으로 함축과 동일한 의미로 사용된다.

> A가 B를 함축한다.
> ⇔ A가 참이면 반드시 B가 참이다.

　함축 및 귀결 개념은 일상적인 느슨한 추리 개념과 구별된다. 예컨대 우리는 보통 "영우가 명희에게 꽃을 선물했다"로부터 "영우는 명희를 좋아한다"라고 추리하는 경우가 있지만, 전자는 후자의 문장을 함축하지 않는다. "영우가 명희에게 꽃을 선물했다"가 참이라고 하여도 "영우는 명희를 좋아한다"가 거짓일 수 있기 때문이다. 영우가 실제로는 명희를 싫어하지만 어떤 다른 이유로(예컨대 꽃을 선물하지 않으면 심각한 불이익을 당할 염려 때문에) 명희에게 꽃을 선물할 수도 있기 때문이다. 그래서 '함축'은 일상적으로 사용하는 '추리' 개념보다 더 엄격한 개념이다.

함축된 진술의 부정이 함축하는 진술과 모순된다는 것을 이해하는 것은 일상적인 추리 개념과 다른 엄격한 함축 개념을 더 잘 이해할 수 있게 해 준다. 진술 B의 부정이 진술 A와 모순되지 않는 경우에도 우리는 진술 A로부터 진술 B를 추리한다고 일상적으로 말하는 경우가 많지만, 진술 A가 진술 B를 함축한다면 진술 B를 부정할 경우 반드시 진술 A와 모순이 발생한다. "영우는 총각이다"는 "영우는 남자이다"를 함축하므로, "영우는 남자이다"를 부정할 경우 "영우는 총각이다"와 모순이 발생한다. 그러나 "영우는 명희를 좋아한다"를 부정하더라도 "영우는 명희에게 꽃을 선물했다"와 모순되지 않으므로, "영우가 명희에게 꽃을 선물했다"는 "영우는 명희를 좋아한다"를 함축하지 않는다.

> A가 B를 함축한다.
> = ~B(B의 부정)는 A와 모순된다.

함축 및 귀결 문항은 주어진 진술로부터 어떤 다른 진술이 함축되는지 그렇지 않은지를 묻는 문항이다. 예컨대, 다음 세 가지 진술로부터 함축되는 진술이 있는지 확인해 보자.

㉮ GDP가 2만 달러 이상인 국가는 모두 국제노동기구에 가입했다.
㉯ GDP가 2만 달러 미만이거나 인구가 7,000만 명 이상인 국가는 모두 사형제 폐지 국가가 아니다.
㉰ A국은 국제노동기구에 가입하지 않았다.

"A국은 사형제 폐지 국가가 아니다"가 함축된다. 왜냐하면 ㉮와 ㉰로부터 "A국은 GDP가 2만 달러 미만인 국가이다"를 추론할 수 있고 이 추론된 진술과 ㉯에 의해 "A국은 사형제 폐지 국가가 아니다"를 추론할 수 있기 때문이다.

함축 및 귀결 문제를 해결하기 위해서는 주어진 진술들로부터 옳게 추론되는 진술과 그렇지 않은 진술을 판단할 수 있어야 한다. 제시문의 내용이 자신이 잘 알지 못하는 학문 분야의 내용인 경우, 그리고 사용된 진술들이 복잡하고 길 때 이런 판단을 하는 것은 어려운 일일 것이다. 주어진 제시문을 꼼꼼히 읽고 내용을 정확히 파악하도록 노력하는 것만이 문제를 올바로 해결할 수 있는 방법이라는 것을 염두에 두어야 한다.

함축 및 귀결 문항을 풀 때 다음 사항에 주의할 필요가 있다.

• 추론되는 진술은 제시문에서 주어진 정보로부터만 따라 나온다.

제시문의 내용으로부터 함축되는 진술이 추론되는 진술이고, 제시문의 내용 이외의 어떤 다른 전문 지식의 도움을 받아야만 함축되는 진술이 있다면 그 진술은 제시문으로부터 추론되는 진술이 아니다.

• 추론되는 진술은 하나의 진술로부터 추론될 수도 있고, 여러 개 진술의 결합으로부터 추론될 수도 있다.

보통 추론되는 진술은 제시문에서 주어진 진술들 중 일부로부터만 추론되는 진술이다. 이와 달리 제시문으로부터 추론되지 않는 진술을 확인하기 위해서는 제시문의 내용 모두를 확인하는 것이 필요하다.

함축 및 귀결 문제를 풀기 위해서는 주어진 글의 내용을 철저히 이해하는 습관을 가지는 것이 매우 중요하다. 함축 및 귀결 문제는 형식 논리적으로 도출되는 진술을 파악하는 능력을 측정하는 것이 아니라, 주어진 글이 의미상 말하는 내용과 말하지 않는 내용을 잘 파악하여 이로부터 함축되는 진술과 그렇지 않은 진술을 판별하는 능력을 측정하기 때문이다.

또한 글을 읽는 과정에서 자신이 가지고 있는 전문지식을 은연중에 도입해서 제시문으로부터 이끌어 낼 수 없는 새로운 내용을 추론해서는 안 된다.

함축 및 귀결 문항을 해결하기 위해서는 제시문을 단시간 내에 충분히 이해할 수 있는 능력을 기르는 것이 필요하다. 제시문이 자신이 잘 알고 있는 친숙한 소재의 글이라면 더 쉽게 내용을 파악할 수 있으므로, 평소에 여러 전공 분야의 다양한 글을 읽는 것이 도움이 된다.

다음의 예제 1-1부터 1-12는 함축 및 귀결 문항이다.

다음으로부터 추론한 것으로 옳은 것만을 〈보기〉에서 있는 대로 고른 것은?

　"목적을 욕구하는 사람이라면 그것에 필수불가결한 수단 역시 욕구해야 한다."라는 칸트의 격률에 대해서는 두 해석이 존재한다. 두 해석은 칸트의 격률에 나타난 '해야 한다'의 범위에 대한 것으로, 그 적용 및 만족 조건에 있어 차이가 있다.

　"건강을 바라는 사람이라면 담배를 끊고자 해야 한다."라는 요구를 생각해 보자. 좁은 범위 해석에 따르면, '해야 한다'는 이 조건문의 전건을 충족시키는 행위자에게 적용되며, 이런 행위자에게 요구되는 것은 조건문의 후건을 충족시키는 것이다. 즉 담배를 끊고자 하는 것이 위의 요구를 만족시키는 방법이며, 담배를 끊고자 하지 않는다면 해당 요구를 위반한다. 한편 건강을 바라지 않는 행위자에게는 애초에 이 요구가 적용되지 않으므로 만족 여부를 논할 수 없다.

　반면 넓은 범위 해석에 따르면, '해야 한다'는 조건문 전체, 즉 "건강을 바라는 사람이라면 담배를 끊고자 한다."를 범위로 갖는다. 다시 말해, 위의 요구는 행위자가 주어진 목적을 욕구하는지 여부와 무관하게 모든 행위자에게 적용되며, 요구를 만족시킬 수 있는 방법은 두 가지이다. 하나는 목적을 욕구하지 않는 것이고, 다른 하나는 필수적인 수단을 욕구하는 것이다. 금연 사례의 경우, 건강을 바라는 행위자에게든 그렇지 않은 행위자에게든 위의 요구가 적용되며, 행위자는 담배를 끊고자 함으로써 이 요구를 만족시킬 수도 있지만, 건강을 바라지 않음으로써도 이 요구를 만족시킬 수 있다.

《 보기 》

ㄱ. 좁은 범위 해석에 따르면, 목적을 욕구하지 않으면서 그것에 필수적인 수단은 욕구하는 행위자는 칸트의 격률을 만족시킨다.

ㄴ. 넓은 범위 해석에 따르면, 일평생 그 어떠한 목적도 욕구해 본 적이 없는 행위자는 칸트의 격률을 만족시킨다.

ㄷ. "목적을 욕구하면서 그것에 필수적인 수단을 욕구하지 않을 경우 그리고 오직 그 경우에만 행위자는 칸트의 격률을 위반한다."라는 점에 대해 좁은 범위 해석과 넓은 범위 해석은 차이가 없다.

① ㄱ   ② ㄴ   ③ ㄱ, ㄷ

④ ㄴ, ㄷ   ⑤ ㄱ, ㄴ, ㄷ

다음 글에 대한 분석으로 옳은 것만을 〈보기〉에서 있는 대로 고른 것은?

> 甲, 乙, 丙 세 사람이 상품 A, B, C를 소유한 사회를 고려하자. 세 사람이 각자 현재 소유한 상품과 가장 선호하는 상품은 다음과 같다.
>
> | 사람 | 현재 소유한 상품 | 가장 선호하는 상품 |
> |:---:|:---:|:---:|
> | 甲 | A | C |
> | 乙 | B | A |
> | 丙 | C | B |
>
> 각 사람은 자신이 가장 선호하는 상품을 가질 때까지 다른 사람과 교환하며, 가장 선호하는 상품을 소유하면 더 이상 교환하지 않는다. 각 사람이 가장 선호하는 상품을 갖기 위해 다른 사람과 교환하여 잠시 보유하게 되는 상품은 그 사람에게 교환의 매개 도구 즉 화폐로 사용되는 것이다.

《 보기 》

ㄱ. 모든 상품이 화폐가 될 수 있다.

ㄴ. 甲이 화폐로 사용할 수 있는 상품은 B뿐이다.

ㄷ. 이 사회에서는 세 번의 교환이 발생할 수 없다.

ㄹ. 상품 A가 화폐로 사용된다면 乙과 丙이 가장 먼저 교환해야 한다.

① ㄱ, ㄴ   ② ㄴ, ㄹ   ③ ㄷ, ㄹ

④ ㄱ, ㄴ, ㄷ   ⑤ ㄱ, ㄷ, ㄹ

다음으로부터 추론한 것으로 옳은 것만을 〈보기〉에서 있는 대로 고른 것은?

최근에는 생쥐의 특정 유전자를 인위적으로 조작할 수 있게 되었다. 과학자들은 세포에 A라는 효소가 발현되어야만 특정 유전자가 조작될 수 있는 장치를 고안하였으며, 이를 이용하여 다음과 같이 조건적으로 유전자를 조작할 수 있게 되었다. 첫째는 조직별 조작 시스템으로, A 효소 유전자 앞에 특정 조직에서만 작동하는 프로모터를 넣어 두면 이 프로모터가 작동하는 특정 조직에서만 A 효소가 발현되어 목적한 유전자가 조작되며, 프로모터가 작동하지 않는 그 이외 조직에서는 유전자가 조작되지 않는다. 둘째는 시기별 조작 시스템으로, 보통 A 효소 유전자 앞 프로모터가 어떤 약물이 있어야만 작동하게 설계한다. 이렇게 하면 약물을 투여하는 동안에만 A 효소가 발현되어 비로소 목적한 유전자가 조작된다.

이러한 유전자 조작을 이용하여 동물 모델에서 지방 세포의 수와 크기의 증가를 관찰하기 위해 다음 실험을 디자인하였다.

〈실험〉

생쥐를 적당히 조작하여 특정 프로모터에 의해 A 효소가 발현되도록 했으며, 이 프로모터가 X 약물이 있는 상황에서만 작동하도록 하였다. 또한 A 효소가 작동하면 유전자가 조작되어 세포는 파란색이 되며, 한번 파란색이 된 세포는 죽지 않으며 색깔도 잃지 않는다. 이 생쥐에 X 약물을 일정 기간 동안 처리한 후 약물을 중단하고 고지방 식이로 비만을 유도하여 변화를 관찰한 실험 결과는 다음과 같다.

〈실험 결과〉

세포 종류	X 약물 처리 후		고지방 식이 후	
	파란 세포 수	세포의 크기	파란 세포 수	세포의 크기
내장 지방 세포	100	정상	20	증가
피하 지방 세포	100	정상	100	증가
근육 세포	0	정상	0	정상

* 파란 세포 수 : 임의의 세포 100개당 파란 세포의 수

<보기>

ㄱ. 고지방 식이를 하면 내장 지방 세포는 새로 만들어지지만 피하 지방 세포는 그렇지
   않다.

ㄴ. 고지방 식이를 하면 체내 내장 지방의 부피는 증가하지만 피하 지방의 부피는 증가하
   지 않는다.

ㄷ. X 약물을 처리한 경우 A 효소는 내장 지방 세포와 피하 지방 세포에 발현되지만 근
   육 세포에서는 발현되지 않는다.

① ㄱ   ② ㄴ   ③ ㄱ, ㄷ
④ ㄴ, ㄷ   ⑤ ㄱ, ㄴ, ㄷ

다음으로부터 추론한 것으로 옳은 것만을 〈보기〉에서 있는 대로 고른 것은?

결정 내 원자 배열 간격과 비슷한 파장의 X선을 결정에 쬐면 회절 현상을 관측할 수 있다. 물질의 미세 결정 구조를 정밀하게 관측하는 몇몇 장비들은 전자기파인 X선이 아니라 전자를 사용한다. 전자를 이러한 첨단 회절 장비에 사용하게 된 원인을 거슬러 올라가면 전자와 같은 입자도 파동성을 갖는다는 것을 처음 주장한 드 브루이와 마주치게 된다. 이 주장을 실험적으로 증명한 것은 A였다.

A는 처음에 진공상태에서 다결정 니켈 시료에 전자 빔을 쬐어 산란되는 전자를 이용하여 니켈 원자의 배열을 알아내려는 실험을 하고 있었다. 이 실험은 알파 입자의 입자성을 이용하여 핵에 대한 산란 실험을 했던 것과 같은 방식이었다. 이 과정에서 실수로 진공 장비 내에 공기가 새어 들어가 니켈 표면에 산화막이 형성되었다. 이 산화막을 없애기 위해 A는 고온 전기로에 시료를 넣고 가열하였다. 이 과정에서 원자 배열이 고르지 않던 기존의 다결정 니켈 시료가 원자 배열이 주기적인 단결정 구조로 변했는데, 정작 A는 그 사실을 인지하지 못했다. 고온 처리한 시료에서 전자에 의한 회절 패턴을 얻게 되자 A는 아예 니켈 단결정을 사용하여 실험을 수행하였다. 전자가 회절한다는 결과는 입자의 파동성을 증명하는 획기적 실험 증거였다.

《 보기 》

ㄱ. A는 처음에 전자의 입자성을 이용한 실험을 설계하였다.

ㄴ. 단결정 상태가 아닌 니켈 시료에 전자를 쬐면 전자는 산란하지 않는다.

ㄷ. 첨단 회절 장비에서 전자를 활용해 물질의 미세 결정 구조를 관측할 수 있는 것은 전자의 파동성 덕분이다.

① ㄱ　　　　　② ㄴ　　　　　③ ㄱ, ㄷ

④ ㄴ, ㄷ　　　　⑤ ㄱ, ㄴ, ㄷ

다음으로부터 추론한 것으로 옳은 것만을 〈보기〉에서 있는 대로 고른 것은?

여러 상품들을 취급하는 기업의 입장에서는 각 상품을 개별 단위로 판매하기보다 여러 조합으로 묶어서 판매하는 것이 비용 절감이나 시장 공략 측면에서 효과적인 전략일 수 있다. 휴대전화＋집전화＋초고속인터넷＋IPTV 등 여러 상품을 묶어서 판매하는 경우가 자주 등장하는 이유도 그 때문이다. 예컨대 상품 A와 상품 B의 묶음상품 판매 방식은 다음 세 가지로 나눌 수 있다.

판매 방식 1: A와 B를 묶어서 가격을 할인하여 판매하고 개별 상품은 별도로 판매하지 않는 방식

판매 방식 2: A와 B를 묶거나 개별적으로 판매하는 방식. 다만 묶어서 판매하는 경우 가격을 할인

판매 방식 3: A를 구입하려면 B도 반드시 구입해야 하는 방식. 다만 B만 구입하는 것은 가능

하지만 이와 같이 상품을 묶어서 판매하는 것은 소비자의 선택권을 제한하거나 다른 기업에 불리한 경쟁 환경을 조성하는 결과를 초래할 수 있기 때문에 법적 규제의 대상이 된다. 다만 묶어서 판매하는 방식에 가격 할인이 뒤따르는 경우에는 그로 인해 기대되는 소비자의 경제상 이익이나 가격 경쟁 촉진 효과 등을 종합적으로 고려하여 법 위반 여부를 결정하게 된다. 형식적으로는 소비자에게 선택권을 주고 있으나 개별 상품 가격의 총합이 묶음상품의 가격에 비해 현저히 높아서 소비자들이 개별 구매할 가능성이 낮은 경우나 가격 할인이 과도해서 효율적인 경쟁자를 배제하는 경우는 규제 대상에 포함된다.

〈〈 보기 〉〉

ㄱ. A, B를 개별적으로 모두 구매하려는 소비자는 판매 방식 2를 판매 방식 3보다 선호한다.

ㄴ. 소비자의 선택권을 선택지의 개수로만 판단하면 판매 방식 3이 선택권을 가장 크게 제한한다.

ㄷ. 두 상품을 묶어서 판매하는 가격이 단일 상품만 취급하는 기업의 단일 상품 가격보다도 낮은 경우에는 규제 대상에 포함될 수 있다.

① ㄱ   ② ㄴ   ③ ㄱ, ㄷ

④ ㄴ, ㄷ   ⑤ ㄱ, ㄴ, ㄷ

〈이론〉에 대한 분석으로 옳은 것만을 〈보기〉에서 있는 대로 고른 것은?

　　'지금은 여름이지만 지금은 여름이 아니다'라고 주장하는 것은 난센스로 들린다. 이는 이 문장이 참인 것이 불가능하며, 그런 점에서 모순을 내포한다는 사실로부터 쉽게 설명된다. 이번에는 '나는 지금이 여름이라고 믿지만 지금은 여름이 아니다'라는 주장을 생각해 보자. 이런 주장 역시 난센스로 들린다. 그러나 이런 주장의 내용 자체에는 아무런 모순이 없다. 내가 지금이 여름이라고 믿음에도 불구하고 실제로는 지금이 여름이 아닌 것이 얼마든지 가능하기 때문이다. 그럼에도 불구하고 왜 이런 주장이 난센스로 들리는지를 설명하기 위해 〈이론〉이 제시되었다.

〈이론〉

　　'나는 p라고 믿는다'라고 주장하는 것은 많은 경우에 나의 심리상태를 보고하는 것이 아니라, 대화 상대방을 고려하여 p를 완곡하게 주장하는 것이다. 가령, 상대방이 "지금이 여름입니까?"라고 물을 때, 나는 이를 완곡하게 긍정하는 방식으로 "나는 그렇게 믿습니다."라고 말할 수 있다. 따라서 '나는 지금이 여름이라고 믿지만 지금은 여름이 아니다'라는 주장은 사실상 '지금은 여름이지만 지금은 여름이 아니다'라는 모순된 내용을 표현하게 되며, 그래서 난센스로 들리는 것이다.

《 보기 》

ㄱ. 〈이론〉이 옳다면, '너는 지금이 여름이라고 믿지만 지금은 여름이 아니다'라고 주장하는 것 역시 난센스로 들려야 할 것이다.

ㄴ. 〈이론〉이 옳다면, '나는 지금이 여름이라고 믿지만 지금은 여름이 아니라고도 믿는다'라고 주장하는 것 역시 난센스로 들려야 할 것이다.

ㄷ. 〈이론〉이 옳다면, '나는 지금이 여름이라고 믿지만 지금은 여름이 아니다'라고 마음속으로 말없이 판단하는 것 역시 난센스로 여겨져야 할 것이다.

① ㄱ　　　　　　　　② ㄴ　　　　　　　　③ ㄱ, ㄷ
④ ㄴ, ㄷ　　　　　　⑤ ㄱ, ㄴ, ㄷ

다음 글에 대한 분석으로 옳은 것만을 〈보기〉에서 있는 대로 고른 것은?

경제학에서는 경제주체의 효용이 다른 경제주체에 의해 영향을 받으면 외부성이 존재한다고 말한다. 남이 최소한의 소득 수준은 누리기를 내가 바라는 경우, 나의 소득이 어느 수준을 넘어서면 나의 효용은 오히려 감소할 수도 있다. 이러한 상황에서의 소득 배분을 보다 구체적으로 살펴보기 위해, 두 사람 갑과 을로 구성된 가상의 사회를 생각해 보자. 둘이 나눠 가지는 소득의 총량은 100으로 고정되어 있다. 각자의 소득은 정수이며 둘은 100을 남김없이 나눠 가진다고 하자. 이때 두 사람의 효용은 다음과 같이 정해진다. 갑, 을 모두 동일한 임계점 y_c가 있어(단 $y_c \geq 50$), 자신의 소득이 y_c 이하일 때는 소득이 그대로 효용이 되지만, 소득이 그보다 클 때는 소득이 y_c를 초과한 값을 y_c에서 뺀 값이 효용이 된다. 예를 들어 y_c가 70일 때, 만약 소득이 60이라면 효용은 60이지만, 소득이 90이라면 효용은 50이다. 이 사회에서 하나의 배분을 두 소득의 조합 (y_1, y_2)로 표시하자. 여기서 y_1과 y_2는 각각 갑과 을의 소득을 나타낸다.

위 상황에서 특정 배분을 평가하는 기준으로 효율성 개념을 이용할 수 있다. 임의의 배분 $y=(y_1, y_2)$에 대해 또 다른 배분 $y'=(y_1', y_2')$이 존재하여 y보다 y'에서 갑과 을 각각의 효용이 모두 더 높다면, y를 '비효율적 배분'이라고 정의한다. 반면 이러한 y'이 존재하지 않는다면, y를 '효율적 배분'이라고 정의한다.

《 보기 》

ㄱ. $y_c=100$이면, 갑은 소득이 증가할수록 효용이 증가한다.

ㄴ. $y_c=80$일 때 배분 (10, 90)은 효율적이다.

ㄷ. y_c가 커질수록 효율적인 배분의 개수는 줄어든다.

① ㄱ   ② ㄴ   ③ ㄱ, ㄷ

④ ㄴ, ㄷ   ⑤ ㄱ, ㄴ, ㄷ

다음으로부터 추론한 것으로 옳은 것만을 〈보기〉에서 있는 대로 고른 것은?

조건문 "만일 P라면 Q일 것이다."에서 전건 P가 실제 사실이 아닌 거짓인 조건문을 반사실문이라고 한다. 예를 들어 다음의 조건문 (1)은 억만장자가 아닌 내가 억만장자인 상황을 가정하기 때문에 반사실문이다.

(1) 만일 내가 억만장자라면 나는 가장 비싼 스포츠카를 구입할 것이다.

(1)은 '가능세계' 개념을 통해서 분석될 수 있는데, 가능세계는 세계가 현실과 다르게 될 수 있는 가능한 방식을 말한다. 이에 따르면, 내가 억만장자인 수많은 가능세계 중 현실 세계와 가장 유사한 가능세계(즉, 현실 세계처럼 스포츠카를 판매하는 사람이 있는 등)에서, 내가 가장 비싼 스포츠카를 구입한다면 (1)은 참이고, 그렇지 않다면 거짓이다.
하지만 다음 반사실문을 보자.

(2) 만일 철수가 둥근 사각형을 그린다면 기하학자들은 놀랄 것이다.

개념적으로는 가능한 (1)의 전건과 달리, (2)의 전건은 개념적으로 불가능한 상황을 나타내고 있다. 이러한 반사실문은 반가능문이라고 한다. 반가능문의 경우 전건이 성립하는 가능세계란 존재하지 않기에, 가능세계를 통한 분석을 적용할 수 없다. 하지만 여전히 (2)가 참이라는 직관이 있으며, 이를 설명할 수 있는 개념적 도구가 필요하다.
이를 설명하기 위해 '불가능세계'라는 개념이 제안되었다. 불가능세계는 세계가 개념적으로 불가능하게 될 수 있는 방식을 말한다. 그 방식은 다양할 수 있다. 예를 들어 총각인 철수가 여자인 것과 철수가 둥근 사각형을 그리는 것은 모두 개념적으로 불가능하지만, 이 둘은 다른 불가능한 상황들이며, 이에 따라 각각이 성립하는 서로 다른 불가능세계가 있을 수 있다. 이때, 철수가 둥근 사각형을 그리는 수많은 불가능세계 중 현실 세계와 가장 유사한 불가능세계에서 기하학자들이 놀란다면 (2)는 참이고, 그렇지 않다면 거짓이다.

---《 보기 》---

ㄱ. 스포츠카를 판매하는 사람이 있는 불가능세계도 있다.

ㄴ. ⑵가 참이라면, 철수가 둥근 사각형을 그리는 모든 불가능세계에서 기하학자들이 놀란다.

ㄷ. "만일 대한민국의 수도가 서울이라면 나는 억만장자일 것이다."는 반사실문에 속하지만 반가능문에 속하지는 않는다.

① ㄱ   ② ㄴ   ③ ㄱ, ㄷ

④ ㄴ, ㄷ   ⑤ ㄱ, ㄴ, ㄷ

다음으로부터 추론한 것으로 옳은 것만을 〈보기〉에서 있는 대로 고른 것은?

甲, 乙, 丙 세 사람 모두 약속 위반이 잘못된 행위이며 특별한 사정이 없는 한 그런 행위자를 도덕적으로 비난할 수 있다고 생각한다. 이들이 인정하는 특별한 사정이란 "당위는 능력을 함축한다"라는 근본적인 도덕 원리와 관련된 것으로서, 만약 약속을 지킬 수 있는 능력이 없는 경우라면 약속 위반자를 도덕적으로 비난하지 않겠다는 것이다. 이와 더불어 세 사람은 모두 행위자가 물리력을 행사하여 수행할 수 있는 범위 내에 있는 행위라면 '그 행위자에게 그 행위를 할 수 있는 능력이 있는 것'으로 간주한다. 하지만 행위 능력이 있더라도 행위자가 그 능력을 인지하는지 여부에 따라 추가로 특별한 사정이 생길 수 있다는 ㉠입장과 그런 여부와 상관없이 특별한 사정은 생기지 않는다는 ㉡입장이 갈릴 수 있다.

〈사례〉

丁은 오늘 정오에 戊를 공항까지 태워 주기로 약속했지만 끝내 제시간에 약속 장소에 나타나지 않았다. 밝혀진 바에 따르면, 丁은 약속을 분명히 기억하고 있었고 시간을 착각한 것도 아니면서 제때 방에서 나오지 않았다. 하지만 약속 위반자인 丁에게 특별한 사정이 있었을 수도 있다. 이제 다음 세 가지 상황을 고려해 보자.

〈상황〉

(1) 丁은 집주인이 방문을 잠가 놓았다는 사실을 알게 되었다. 밖에서 방문을 열어 주지 않는 한 그가 나갈 수 있는 방법은 전혀 없었고 외부와의 연락 수단도 없었다.

(2) 丁은 집주인이 방문을 잠가 놓았다는 사실을 알게 되었다. 밖에서 열어 주지 않는 한 방문을 열 수 있는 방법은 전혀 없었고 외부와의 연락 수단도 없었다. 하지만 방 안에는 丁이 전혀 모르는 버튼이 있는데, 그 버튼을 누르면 비밀 문이 열린다. 버튼을 누르는 일은 丁이 물리력을 행사하여 수행할 수 있는 범위 내에 있었다.

(3) 집주인이 방문을 잠가 놓았고 밖에서 방문을 열어 주지 않는 한 丁이 방에서 나갈 수 있는 방법은 전혀 없었다. 방에는 외부와의 연락 수단도 없었다. 하지만 丁은 귀찮아서 방을 나가려 하지 않았고 방문이 잠겨 있다는 사실을 전혀 몰랐다.

《 보기 》

ㄱ. 甲이 (1)과 (3)의 상황에서 丁에 대한 도덕적 판단이 서로 달라야 할 이유가 없다고 생각한다면, 甲은 ⓒ을 채택한 것이다.

ㄴ. ⓒ을 채택한 乙은 (2)의 상황에서 丁을 도덕적으로 비난하지 않을 것이다.

ㄷ. 丙은 ⓐ을 채택하든 ⓒ을 채택하든 (3)의 상황에서 丁이 도덕적 비난의 대상이 될 수 있다는 것을 설명할 수 없다.

① ㄱ   ② ㄷ   ③ ㄱ, ㄴ

④ ㄴ, ㄷ   ⑤ ㄱ, ㄴ, ㄷ

다음으로부터 추론한 것으로 옳은 것만을 〈보기〉에서 있는 대로 고른 것은?

어떤 지역에 특정 범죄 예방 프로그램을 시행할 경우, 그 지역의 범죄는 줄어드는 대신 다른 지역의 범죄가 증가하기도 한다. 이런 현상을 '범죄전이'라 한다. 반면 어떤 지역을 겨냥한 범죄 예방 프로그램의 범죄 감소 효과가 이웃 지역에까지 미치기도 하는데, 이를 '혜택확산'이라 한다. 범죄전이지수(WDQ)는 특정 지역에 적용한 범죄 예방 프로그램의 긍정적 효과가 인근 지역으로까지 확산되는지 아니면 인근 지역에 범죄전이를 유발하는지를 파악하기 위한 지수이다. WDQ를 설명하기 위해서는 3개의 지역 설정이 필요하다. A는 범죄 예방 프로그램이 시행되는 실험 지역이고, B는 A를 둘러싸고 있으면서 A의 범죄 예방 프로그램으로 인해 범죄전이나 혜택확산이 나타날 것으로 예상되는 완충 지역이며, C는 A나 B에서 발생하는 변화에 영향을 받지 않는 통제 지역이다. WDQ는 C를 기준으로 한, A 대비 B의 범죄율 증감을 나타내며, 공식은 아래와 같다.

$$WDQ = \frac{(B_1/C_1 - B_0/C_0)}{(A_1/C_1 - A_0/C_0)}$$

(A_0, B_0, C_0은 범죄 예방 프로그램 실시 전 A, B, C의 범죄율이며, A_1, B_1, C_1은 범죄 예방 프로그램 실시 후 A, B, C의 범죄율이다.)

A~C에서 다음과 같은 사실이 관찰되었다.

- A에서 범죄 예방 프로그램을 실시한 결과 범죄 감소 효과가 나타났다.
- B에 나타나는 범죄전이나 혜택확산 효과는 A에서 범죄 예방 프로그램을 시행한 결과이다.
- 범죄 예방 프로그램 실시 이전 A~C 각 지역의 범죄율과 그 변화 추이는 동일했다.
- 범죄 예방 프로그램이 A에서 시행되는 동안 범죄 예방 프로그램을 제외하고 범죄율에 영향을 미칠 수 있는 요인들의 변화는 A~C 어느 곳에서도 나타나지 않았다.

《 보기 》

ㄱ. WDQ가 1보다 크면, A의 범죄 감소 효과보다 B로의 혜택확산 효과가 크다.

ㄴ. WDQ가 −1보다 크고 0보다 작으면, B로의 범죄전이 효과는 A의 범죄 감소 효과보다 작다.

ㄷ. WDQ가 −1에 근접하면, A의 범죄 감소 효과와 B로의 혜택확산 효과가 거의 동일하다.

① ㄱ   ② ㄷ   ③ ㄱ, ㄴ

④ ㄴ, ㄷ   ⑤ ㄱ, ㄴ, ㄷ

다음으로부터 추론한 것으로 옳은 것만을 〈보기〉에서 있는 대로 고른 것은?

　　물질들은 내부 에너지를 축적하는 능력이 서로 다르다. 시간당 물질이 흡수하는 열량이 같다는 가정하에 여러 물질의 온도를 높이는 다음 경우를 생각해 보자. 상온과 상압에서 물이 끓기 시작할 때까지 약 16분이 걸린다면 같은 질량의 철을 같은 온도만큼 높이는 데는 2분 정도밖에 걸리지 않는다. 은이라면 1분이 채 걸리지 않는다. 이렇게 정해진 질량의 물질을 같은 온도만큼 높이는 데 필요한 열량은 물질마다 다르다. 물질에 흡수된 에너지는 물질을 구성하는 원자나 분자에 여러 가지 방식으로 영향을 미치는데, 흡수된 에너지가 원자나 분자의 운동에너지를 증가시킬 때 물질의 온도가 올라간다. 어떤 물질 1g의 온도를 1°C 높이는 데 필요한 열량을 비열이라고 하며, 어떤 물체의 온도를 1°C 높이는 데 필요한 열량을 열용량이라고 한다. 여기서 물질과 물체는 다른 개념인데, 예를 들어 철 100g의 공과 철 200g의 공은 같은 물질로 된 두 물체이다.

《 보기 》

ㄱ. 10°C의 물질을 채워 만든 주머니로 사람의 체온을 낮추고자 할 때, 다른 조건이 같다면 비열이 더 작은 물질을 채워 만든 주머니가 체온을 더 낮출 것이다.

ㄴ. 1kg의 물, 철, 은 각각을 20°C에서 가열하여 30°C에 이르렀을 때, 공급된 열량이 가장 적은 것부터 순서대로 나열하면 은, 철, 물이 된다.

ㄷ. 물 100g과 은 1.5kg을 비교했을 때 비열과 열용량 모두 은보다 물이 더 크다.

① ㄱ 　　　　　　② ㄷ 　　　　　　③ ㄱ, ㄴ

④ ㄴ, ㄷ 　　　　　⑤ ㄱ, ㄴ, ㄷ

〈실험〉에 대한 평가로 옳은 것만을 〈보기〉에서 있는 대로 고른 것은?

췌장은 고농도의 중탄산 이온(HCO_3^-)을 분비하여 위산을 중화시킨다. 췌장의 고농도 HCO_3^- 분비 기전을 알기 위해, 실험으로 다음 가설을 평가하였다.

〈가설〉

췌장에 존재하는 CFTR는 염소 이온(Cl^-)을 수송하는 이온 통로이나 특정 조건에서는 HCO_3^-도 수송한다. 췌장 세포에는 A단백질과 B단백질이 존재하는데, 세포 내 Cl^- 농도가 변화하면 CFTR와 직접 결합하여 CFTR의 기능을 변화시킨다.

〈실험〉

A단백질과 B단백질을 발현시키는 유전자를 제거한 췌장 세포를 이용하여 CFTR를 통해 이동하는 이온의 종류를 실시간으로 측정해 보았다. 이 세포에 A단백질, B단백질을 각각 또는 동시에 세포 내로 주입한 뒤 세포 내 Cl^- 농도 변화에 따라 CFTR를 통해 이동하는 이온 종류가 어떻게 변화하는지 시간별로 측정하고 이를 A단백질, B단백질을 주입하지 않은 경우와 비교하였다. 단, 췌장에는 A단백질, B단백질 외에 CFTR의 기능을 변화시킬 수 있는 단백질은 없다고 가정한다.

〈결과〉

세포 내 Cl^- 농도	A단백질	B단백질	수송되는 이온 종류		
			1분 후	5분 후	10분 후
낮음	×	×	Cl^-	Cl^-	Cl^-
높음	×	×	Cl^-	Cl^-	Cl^-
낮음	○	×	HCO_3^-	Cl^-, HCO_3^-	Cl^-
높음	○	×	Cl^-	Cl^-	Cl^-
낮음	×	○	Cl^-	Cl^-	Cl^-
높음	×	○	Cl^-	Cl^-	Cl^-
낮음	○	○	HCO_3^-	HCO_3^-	HCO_3^-
높음	○	○	Cl^-	Cl^-	Cl^-

○ : 있음, × : 없음

ㄱ. CFTR의 기능이 Cl^- 수송에서 HCO_3^- 수송으로 전환되는 데 A단백질이 있어야 한다.

ㄴ. 세포 내 Cl^- 농도는 A단백질이 CFTR의 기능을 변화시키는 데 중요한 변수이다.

ㄷ. 세포 내 Cl^- 농도가 낮은 상황에서 A단백질이 존재할 때, B단백질은 CFTR의 HCO_3^- 수송 기능을 유지하는 데 중요하다.

① ㄱ   ② ㄷ   ③ ㄱ, ㄴ

④ ㄴ, ㄷ   ⑤ ㄱ, ㄴ, ㄷ

2) 원리 적용

　원리 적용 문항이 측정하고자 하는 추리 능력은 법률가가 실제로 법을 사례에 적용하여 추리하는 능력과 직접적으로 관련되어 있다. 법률가는 어떤 특정한 사례에 적용될 수 있는 법규와 원리로 어떤 것이 있는지, 그 법규나 원리를 사례에 적용할 때 무엇이 추리되는지 판단할 수 있어야 한다. 원리 적용 문항은 법을 전공하지 않은 학생을 포함한 다양한 전공의 수험생이 이러한 문제해결 능력을 갖추고 있는지 측정하기 위해 개발되었다. 원리 적용 문항은 다음과 같은 능력을 측정한다.

- 어떤 특정한 사실관계나 개별 사례에 규칙이나 일반 원리 중 어떤 것이 적용될 수 있는지 판단하는 능력
- 규칙이나 일반 원리를 사례에 적용하여 올바로 추리하는 능력
- 주어진 사례의 판단이 제시되었을 때 그 판단의 배후에 어떤 원칙이 적용되었는지 추리하는 능력

　보편적 진술을 어떤 구체적인 사례에 적용하여 해당 결론을 추리하는 것이 가장 단순한 형태의 원리 적용일 것이다. 예를 들면, "모든 사람은 언젠가 죽는다"라는 보편적 진술을 "명우는 사람이다"라는 사례에 적용하여 "명우는 언젠가 죽는다"를 추리하는 것을 원리 적용의 단순한 형태로 볼 수 있다. 물론 이러한 단순한 형태의 원리 적용 추리가 실제 문제로 출제되지는 않지만, 논리적 구조는 이 형태로 설명될 수 있다.

　원리 적용 문제의 대부분은 단편적인 원리나 규정이 제시되어 있지 않고 복수의 원리나 규정 또는 여러 하위 원리나 규정이 제시되어 있다. 따라서 제시된 원리나 규정들의 논리적 구조와 의미를 정확하게 이해하여 사례에 올바로 적용하는 것이 필요하다.

　다음의 예제 1-13부터 1-24는 원리 적용 문항이다.

[규정]과 〈사례〉를 근거로 판단할 때 〈보기〉에서 [규정]을 준수한 것만을 있는 대로 고른 것은?

[규정]

제1조 ① '개인정보처리자'란 업무를 목적으로 개인정보를 처리하는 자를 말한다.

② '업무수탁자'란 개인정보처리자가 본래의 개인정보 수집·이용 목적과 관련된 업무를 위탁한 경우 위탁자의 이익을 위해 개인정보를 처리하는 자를 말한다.

③ '제3자'란 개인정보처리자와 업무수탁자를 제외한 모든 자를 말한다.

제2조 ① 개인정보처리자는 정보주체의 동의를 받은 경우에 한하여 개인정보를 수집할 수 있으며 그 수집 목적의 범위에서 이용할 수 있다.

② 전항의 개인정보처리자는 수집 목적 범위에서 개인정보를 제3자에게 제공(공유를 포함)할 수 있다. 다만 제공 후 1주일 이내에 제공사실을 정보주체에게 알려야 한다.

③ 개인정보처리자는 정보주체의 이익을 부당하게 침해할 우려가 없는 경우에 한하여 정보주체로부터 별도의 동의를 받아 개인정보를 수집 목적 이외의 용도로 이용하거나 이를 제3자에게 제공할 수 있다.

④ 개인정보처리자는 개인정보 처리업무를 위탁하는 경우에 위탁 후 위탁사실을 정보주체에게 알려야 하고, 정보주체가 확인할 수 있도록 공개하여야 한다.

〈사례〉

숙박예약 전문사이트를 운영하는 P사는 숙박예약 및 이벤트행사를 위한 목적으로 회원가입시 이용자의 동의를 받아 개인정보를 수집하였다.

《 보기 》

ㄱ. P사는 회원들로부터 별도의 동의 없이 숙박시설 운영자 Q에게 해당 숙박시설을 예약한 회원의 정보를 제공하고 즉시 그 회원에게 제공사실을 알려주었다.

ㄴ. P사는 여행사 S사와 사업제휴를 맺고 회원들로부터 별도의 동의 없이 S사가 S사의 여행상품을 홍보할 수 있도록 회원정보를 공유하였다.

ㄷ. P사는 항공권 경품이벤트를 알리기 위해 홍보업체 R사와 이벤트안내 메일발송업무에 관한 위탁계약을 체결하고 회원정보를 R사에게 제공한 후, 10일이 경과한 후에 제공사실을 회원들에게 알리고 공개하였다.

ㄹ. P사는 인터넷 불법도박사이트 운영업체 T사가 불법도박을 홍보할 수 있도록, 회원들로부터 별도의 동의를 받아 T사에게 회원정보를 유료로 제공하였다.

① ㄱ, ㄷ   ② ㄱ, ㄹ   ③ ㄴ, ㄹ   ④ ㄱ, ㄴ, ㄷ   ⑤ ㄴ, ㄷ, ㄹ

〈규정〉을 〈사례〉에 적용한 것으로 옳은 것만을 〈보기〉에서 있는 대로 고른 것은?

〈규정〉

제1조 상속인은 상속재산 한도에서 사망자의 빚을 갚는 것을 조건으로 상속('조건부 상속')할 수 있다.

제2조 상속인은 금전이 아닌 상속재산을 현금화하는 경우 법원의 허가를 얻어 경매하여야 한다. 여러 재산을 경매한 경우, 상속인은 각 재산으로부터 생긴 금전을 섞이지 않게 분리해 두어야 한다.

제3조 ① 사망자의 특정 재산에 대해 우선적으로 채권을 회수할 권리를 가진 채권자('우선권 있는 채권자')가 있는 경우, 상속인은 그 재산이 현금화된 때에는 다른 채권자보다 우선권 있는 채권자에게 먼저 빚을 갚아야 한다. 우선권 있는 채권자의 채권회수 후에 남은 재산이 있으면 제2항에 의한다.

② 상속인은 사망자의 특정 재산에 대해 우선권 있는 채권자가 없는 경우, 그 재산이 현금화된 때에는 빚을 갚아야 할 시기의 선후, 청구의 순서, 빚의 크기 등에 관계없이 자신의 의사에 따라 자유롭게 빚을 갚을 수 있다.

③ 특정 재산에 대해 우선권 있는 채권자가 그 재산으로부터 회수하지 못한 채권은 우선권 없는 채권으로 남는다.

제4조 제3조에 의하여 빚을 갚고 남은 상속재산이 없으면, 상속인은 더 이상 사망자의 빚을 갚을 책임이 없다.

〈사례〉

갑이 사망하면서 유일한 상속인 을에게 집 한 채와 자동차 한 대, 그리고 1억 7천만 원의 빚을 남겼고, 을은 조건부 상속을 하였다. 집에 대해서는 갑에게 7천만 원의 채권이 있던 병이 우선권을 가지고 있고, 자동차에는 누구도 우선권이 없다. 정과 무도 갑에게 5천만 원씩의 채권을 가지고 있었다.

《 보기 》

ㄱ. 집만 1억 원에 경매된 경우, 을은 병에게 7천만 원을 갚고, 나머지는 정과 무 중 빚을
갚을 것을 먼저 요구한 자에게 지급하여야 한다.

ㄴ. 집과 자동차가 동시에 각각 5천만 원, 2천만 원에 경매되고, 병, 정, 무가 동시에 지
급을 요구한 경우, 을은 병에게 7천만 원 전부를 지급할 수 있다.

ㄷ. 집과 자동차가 동시에 각각 1억 원, 2천만 원에 경매되고, 병, 정, 무가 동시에 지급
을 요구한 경우, 을이 병에게 7천만 원, 무에게 5천만 원을 지급하면 정에게는 지급
하지 않아도 된다.

① ㄱ   ② ㄷ   ③ ㄱ, ㄴ

④ ㄴ, ㄷ   ⑤ ㄱ, ㄴ, ㄷ

〈사례〉에 대해 판단한 것으로 옳은 것만을 〈보기〉에서 있는 대로 고른 것은?

어떤 개인이나 집단이 다른 개인이나 집단에 '기생'한다는 것과 '무임승차'한다는 것을 다음과 같이 정의한다.

- 갑이 을에게 기생한다는 것은, 갑이 자신의 어떤 행위를 통해 순이익을 얻지만 그 행위로 인해 을이 순손실을 입는다는 것이다.
- 갑이 을에게 무임승차한다는 것은, 갑이 병의 행위를 통해 순이익을 얻지만 그 행위로 인해 을이 순손실을 입는다는 것이다.

단, 순이익은 이익이 손실보다 큰 경우 발생하며 이익에서 손실을 뺀 값이다. 순손실은 그 반대이다.

〈보상원칙〉

갑이 기생이나 무임승차를 통해 순이익을 얻었고, 을이 그 순손실에 대해 어떤 보상도 받지 못했다면, 갑은 자신이 얻은 순이익과 을이 입은 순손실 중 적은 쪽에 해당하는 양만큼 을에게 보상해야 한다.

〈사례〉

X, Y, Z의 세 나라만이 있다. 각 나라에는 1901년부터 1980년까지 살았던 이전세대와 1981년부터 현재까지 살고 있는 현세대가 있다. 세 나라의 이전세대와 현세대를 통틀어 X의 이전세대만이 대기 중에 CO_2를 과다 배출하여 온실효과가 발생하는 A산업 행위를 했고 이로 인해 세 나라의 현세대가 손실을 입었다. A산업 행위로 인한 손실을 반영했을 때, 세 나라의 이전세대와 현세대가 A산업 행위로부터 얻은 순이익과 순손실은 다음과 같다.

	X	Y	Z
이전세대	순이익 10	순이익 6	순이익 0
현세대	순이익 7	순이익 3	순손실 4

《 보기 》

ㄱ. X의 이전세대는 Z의 현세대에 기생하며 Y의 이전세대는 Z의 현세대에 무임승차한다.

ㄴ. 〈보상원칙〉에 따르면, Z의 현세대가 A산업 행위로 인한 손실에 대해 어떤 보상도 받지 못했을 경우, Y의 현세대는 Z의 현세대에 4를 보상해야 한다.

ㄷ. 〈보상원칙〉을 '기생 또는 무임승차로 현세대가 얻은 순이익의 총합에서 순손실의 총합을 뺀 전체 순이익을 분배하여 각 나라의 현세대가 똑같은 순이익을 갖도록 해야 한다.'로 대체할 경우, X와 Y의 현세대가 Z의 현세대에 제공해야 할 순이익의 총합은 6이다.

① ㄱ   ② ㄴ   ③ ㄱ, ㄷ

④ ㄴ, ㄷ   ⑤ ㄱ, ㄴ, ㄷ

다음으로부터 〈사례〉를 판단한 것으로 옳은 것만을 〈보기〉에서 있는 대로 고른 것은?

X국은 출산과 관련된 산모의 비밀 유지를 보장하고 신생아의 생명과 신체의 안전을 보장하기 위하여 익명출산제를 시행하기로 하였다. 이에 따라 의료기관의 적극적인 협조를 포함하는 다음의 〈규정〉이 제정되었다.

〈규정〉

제1조 ① 익명출산을 하고자 하는 자(이하 신청자라 한다)로부터 익명출산 신청을 받은 의료기관은 의료기록부에 신청자의 이름을 가명으로 기재한다.

② 신청자는 자녀가 출생한 때로부터 7일 내에 다음 사항을 포함하는 신상정보서를 작성하여 출산한 의료기관에 제출한다.

  (1) 자녀의 이름을 정한 경우 그 이름, 성별, 출생 일시, 출생 장소 등 자녀에 관한 사항

  (2) 신청자의 이름 및 주소, 익명출산을 하게 된 사정 등 자녀의 부모에 관한 사항

제2조 신청자는 신상정보서를 작성한 때로부터 2개월이 경과한 때 자녀에 관한 모든 권리를 상실한다.

제3조 국가심의회는 성년에 이른 자녀(자녀가 사망한 경우에는 성년에 이른 그의 직계후손)의 청구가 있으면 제1조 ②의 신상정보서의 사항을 열람하게 한다.

제4조 제3조에도 불구하고 제1조 ② (2)의 사항은 신청자의 동의를 받은 때에만 열람하게 한다. 그러나 신청자가 신상정보서 작성 시 자신이 사망한 이후에 이를 공개하는 것에 대하여 명시적으로 반대하지 않으면, 신청자가 사망한 이후에는 청구에 따라 언제든지 열람할 수 있게 한다.

〈사례〉

X국에 살고 있는 甲(여)은 乙(남)과의 사이에 丙을 임신하였고, 甲은 익명출산을 신청하였다.

《 보기 》

ㄱ. 甲과 乙이 혼인관계에 있다면, 乙이 甲의 출산 사실 및 丙에 대한 신상정보의 열람을 청구한 경우, 국가심의회는 甲의 동의를 받아 열람을 허용한다.

ㄴ. 성인이 된 丙이 신상정보서상 자신의 혈연에 관한 정보, 출생 당시의 정황에 관한 정보의 공개를 청구한 경우, 甲의 사망 사실이 확인되는 이상 국가심의회는 해당 정보를 열람할 수 있게 허용하여야 한다.

ㄷ. 丙이 사망한 후 그의 딸 丁(23세)이, 丙이 출생할 당시 甲이 丙에게 지어 준 이름, 丙의 출생 일시, 출생 장소에 관한 정보의 열람을 청구한 경우, 국가심의회는 甲의 명시적인 반대의 의사에도 불구하고 해당 정보를 열람하게 할 수 있다.

① ㄱ   ② ㄷ   ③ ㄱ, ㄴ

④ ㄴ, ㄷ   ⑤ ㄱ, ㄴ, ㄷ

다음으로부터 〈사례〉를 판단한 것으로 옳지 않은 것은?

X국의 법에 의하면, 누구나 유언을 통하여 한 사람 또는 여러 사람의 상속인을 지정할 수 있다. 그리고 임의로 각 상속분도 정할 수 있다. 상속인을 지정하는 유언이 없는 경우에는 일정한 범위의 혈연관계 내지 가족관계에 있는 자들이 상속인 지위를 얻어 상속재산을 취득하는데, 자녀, 손자 같은 직계비속 및 배우자가 1순위 상속인이고, 부모, 조부모와 같은 직계존속이 2순위 상속인이며, 형제, 자매 같은 방계의 친족이 3순위를 이룬다. 선순위의 상속인이 상속을 받으면 후순위의 상속인은 상속을 받을 수 없다. 같은 순위의 공동상속인 사이의 상속분은 균등하다.

혈연관계 내지 가족관계에 있지 않은 사람도 유언을 통하여 상속인으로 지정될 수 있고, 직계존비속을 포함한 친족을 상속인으로 지정하지 않는 유언도 유효하다. 그렇지만 친족이면서도 상속인으로 지정되지 않아 상속에서 배제된 자가 사정에 따라서는 유언한 자의 사후에 경제적으로 매우 곤궁한 상태에 처하게 될 우려도 있다. 이와 같은 경우에 X국에서는 법이 정하고 있는 상속 순위에 있는 자 중 상속에서 배제된 자에 한하여 그 유언이 윤리에 반한다고 주장하면서 해당 유언의 무효를 선언해 줄 것을 요구하는 소(이하 반윤리의 소라 한다)를 제기할 수 있다. 판사가 유언의 반윤리성 여부를 심사할 때에는 그 상속 사안에서 상속 순위에 있는 친족들에게 존재하는 사정만을 판단의 근거로 삼을 수 있다. 유언의 반윤리성이 인정되어 유언이 효력을 잃으면 유언이 없는 것과 같은 상태가 된다.

〈사례〉

X국에 사는 甲에게는 혈연관계 내지 가족관계에 있는 사람으로는 자녀 乙과 동생 丙만 있고, 평소 친하게 지내는 친구 丁이 있다.

① 甲이 유언으로 丙과 丁만을 상속인으로 지정하였다면, 이때 乙이 반윤리의 소를 제기하여 승소하지 않는 한 乙은 상속에서 배제된다.

② 甲은 유언으로 乙과 丁만을 상속인으로 지정하면서 상속분을 균등하게 정할 수 있다.

③ 甲이 유언으로 丁을 유일한 상속인으로 지정하였고 이에 대해 乙이 반윤리의 소를 제기한 경우, 판사는 丁이 甲의 생전에 甲을 부양해 왔다는 丁의 주장을 반윤리성 판단의 근거로 삼을 수 없다.

④ 甲이 유언으로 乙과 丁만을 상속인으로 지정하면서 丁에게 더 많은 상속분을 정한 경우, 乙은 반윤리의 소를 제기할 수 있다.

⑤ 甲이 유언으로 丁을 유일한 상속인으로 지정한 경우, 丙이 제기한 반윤리의 소에 대하여 승소 판결이 내려지면 乙이 단독으로 상속재산을 취득한다.

〈원칙〉에 따라 [규정]을 〈사례〉에 적용한 것으로 옳은 것만을 〈보기〉에서 있는 대로 고른 것은?

〈원칙〉

　법률을 사건에 적용할 때 ㉠법률 규정의 문언이 가지는 '통상적 의미'에 따른다. '통상적 의미'는 '일상적 의미'로 해석하지만, 법학계에서 확립된 '전문적 의미'가 있어서 '일상적 의미'와 다르면 '전문적 의미'가 우선한다. 만약 단일한 해석이 불가능하면 ㉡문제된 조항과 관련된 조항 또는 관련된 다른 법률과의 연관관계를 고려하여 해석하고, 그래도 단일한 해석이 불가능하면 ㉢입법목적 또는 유사사례와의 형평을 고려하여 해석한다.

[규정]

제1조 공무원으로 정년까지 근무한 사람에게 정년퇴직수당을 지급한다.

제2조 ① 공무원으로 총 15년 이상 재직한 사람은 정년퇴직일의 1년 전까지 명예퇴직을 신청할 수 있다.

　② 명예퇴직을 신청하는 사람에게 명예퇴직수당을 지급한다. 다만 ⓐ명예퇴직수당을 지급받은 사실이 있는 경우에는 그러하지 아니하다.

〈사례〉

　X국의 갑은 A직 공무원으로 17년 근무한 후 명예퇴직하여 명예퇴직수당을 지급받았다. 퇴직한 후 갑은 B직 공무원으로 재임용되었고 이전에 지급받은 명예퇴직수당 전액과 이자 상당액을 반환하였다. 갑은 B직 공무원으로 5년 근무한 후 정년퇴직일 2년 전에 명예퇴직을 신청하였다(갑은 총 22년의 재직기간을 인정받아 명예퇴직 신청자격은 충족됨).

《 보기 》

ㄱ. ⓐ가 수당으로 받은 금전적 이익을 실제로 향유하고 있는 경우만을 의미한다는 것이 법학계의 확립된 견해라면, ㉠만으로 갑에게 명예퇴직수당이 지급된다.

ㄴ. ⓐ가 수당으로 받은 금전적 이익을 실제로 향유하고 있는 경우만을 의미하는지, 혹은 수당으로 받은 금전적 이익을 실제로 누린 바 없어도 지급받은 사실이 있는 경우까지 의미하는지 논란이 있다면, ㉡에 따라 갑에게 명예퇴직수당이 지급된다.

ㄷ. ⓐ의 의미가 불명확하고 관련 법률·조항을 고려해도 단일한 해석이 불가능한 경우, [규정] 제2조 제2항 단서의 입법목적이 명예퇴직수당의 실질적인 중복 수혜를 막기 위한 것이라면, ㉢에 따라 갑에게 명예퇴직수당이 지급된다.

① ㄱ　　　　② ㄴ　　　　③ ㄱ, ㄷ　　　　④ ㄴ, ㄷ　　　　⑤ ㄱ, ㄴ, ㄷ

〈사례 1〉, 〈사례 2〉에 대한 판단으로 옳은 것만을 〈보기〉에서 있는 대로 고른 것은?

선택이 제한적인 상황에서 취해야 하는 행위를 어떻게 평가해야 할까? 주어진 상황에서 사회 공리를 극대화하는 행위는 '허용가능하다'고 하고, 그렇지 않은 행위는 '허용불가능하다'고 하자. 어떤 행위가 '칭찬할 만하다'는 것은 그 행위를 해야 할 충분히 좋은 이유가 존재하고 그것을 함으로써 자기희생도 따른다는 것을 의미한다. 자신이 피해를 겪음에도 불구하고 사회 공리를 높이는 행위를 했다면, 이는 칭찬할 만하다. 반대로 어떤 행위가 '비난할 만하다'는 것은 그 행위를 할 충분히 좋은 이유가 없거나 그 행위가 나쁜 이유에 기초한 행위라는 것을 의미한다.

우리는 어떤 행위를 '부분적으로', 즉 대안과 상관없이 그 행위 자체가 칭찬할 만한지 혹은 비난할 만한지 평가할 수 있다. 또한 행위에 대해 '전체적으로' 평가하는 것도 가능하다. 칭찬할 만한 어떤 행위가 다른 모든 대안보다 사회 공리를 더 높인다면, 이 행위는 전체적으로 칭찬할 만하다. 반면에 어떤 비난할 만한 행위가 다른 모든 대안과 비교할 때 사회 공리를 최소화한다면, 이 행위는 전체적으로 비난할 만하다.

〈사례 1〉

어린이 2명의 생명이 위험한 상황이며, 당신에겐 오직 3개의 선택지가 있다. 첫째, 당신은 어떠한 손해도 보지 않고 1명을 구한다. 둘째, 당신은 어떠한 손해도 보지 않고 2명을 구한다. 셋째, 당신은 그냥 지나치고 2명은 죽게 된다.

〈사례 2〉

빨강 버튼과 녹색 버튼이 있다. 어떤 버튼이든 누르고 나면 당신은 손가락을 잃고, 누르지 않으면 당신에게 아무 일도 일어나지 않는다. 오직 3개의 선택지가 있다. 첫째, 당신은 아무것도 하지 않고, 결국 10명이 죽는다. 둘째, 빨강 버튼을 눌러 10명의 목숨을 구하지만 그중 1명은 손가락을 잃는다. 셋째, 녹색 버튼을 눌러 10명의 목숨을 구하고 그중 1명이 손가락을 잃는 것도 막는다.

《 보기 》

ㄱ. 〈사례 1〉에서 그냥 지나치는 행위는 허용불가능하면서 전체적으로 비난할 만하다.

ㄴ. 〈사례 2〉에서 빨강 버튼을 누르는 행위는 허용불가능하지만 부분적으로 칭찬할 만하다.

ㄷ. 〈사례 1〉과 〈사례 2〉 각각에서, 허용가능하며 전체적으로 칭찬할 만한 행위의 선택지가 있다.

① ㄱ   ② ㄷ   ③ ㄱ, ㄴ   ④ ㄴ, ㄷ   ⑤ ㄱ, ㄴ, ㄷ

다음으로부터 추론한 것으로 옳은 것만을 〈보기〉에서 있는 대로 고른 것은?

규칙을 제정할 때는 항상 그 규칙을 정당화하는 목적이 있어야 한다. 그런데 규칙의 적용이 그 목적의 관점에서 정당화되지 않는 경우들이 존재한다. 규칙이 그 목적의 관점에서 볼 때 어떤 사례를 포함하지 않아도 되는데도 포함하는 경우 이 사례를 '과다포함' 한다고 하고, 어떤 사례를 포함해야 하는데도 포함하지 않는 경우 이 사례를 '과소포함' 한다고 한다. 예를 들어 '시속 80km 초과 금지'라는 규칙이 있다고 하면, 그 목적은 '운전의 안전성 확보'가 된다. 하지만 운전자들이 시속 80km 초과의 속도로 운전하지 않아야 안전하다는 것이 대부분의 경우 사실이라 하더라도, 시속 80km 초과로 달려도 안전한 경우가 있다. 이때 이 규칙은 시속 80km 초과로 달려도 안전한 사례를 '과다포함'한다고 한다. 반면 '시속 80km 초과 금지'라는 규칙은 안개가 심한 날 위험한데도 시속 80km로 달리는 차량을 금지하지 않게 되어 그 목적을 달성하지 못할 수 있다. 이 경우 규칙이 해당 사례를 '과소포함'한다고 한다.

〈사례〉

X동물원에서는 동물원 내 차량 진입 금지 규칙의 도입을 검토하고 있다. 이 규칙의 목적은 ㉠동물원 이용자의 안전 확보, ㉡차량으로 인한 동물원 내의 불필요한 소음 방지의 두 가지이다. 도입될 규칙의 후보로 다음의 세 가지가 제시되었다.

규칙 1 : 동물원 내에는 어떠한 경우에도 차량이 진입할 수 없다.
규칙 2 : 동물원 내에는 동물원에 의해 사전 허가를 받은 차량 외에 다른 차량은 진입할 수 없다.
규칙 3 : 동물원 내에는 긴급사태로 인해 소방차, 구급차가 진입하는 경우 외에 다른 차량은 진입할 수 없다.

《 보기 》

ㄱ. 목적 ⊙의 관점에서 본다면, 규칙 1은 '동물원 내 무단 진입한 차량이 질주하여 이용자의 안전을 위협하자 이를 막기 위해 경찰차가 사전 허가 없이 진입하는 경우'를 '과다포함'한다.

ㄴ. 목적 ⓛ의 관점에서 본다면, 규칙 2는 '불필요한 소음을 발생시키는 핫도그 판매 차량이 사전 허가를 받아 동물원에 진입하는 경우'를 '과소포함'한다.

ㄷ. 목적 ⊙, ⓛ 모두의 관점에서 본다면, 규칙 3은 '불필요한 소음을 발생시키지 않는 구급차가 동물원 이용자를 구조하기 위해 동물원 내로 진입하는 경우'를 '과다포함'하지도 않고 '과소포함'하지도 않는다.

① ㄱ　　　　　② ㄴ　　　　　③ ㄱ, ㄷ

④ ㄴ, ㄷ　　　　⑤ ㄱ, ㄴ, ㄷ

〈견해〉에 따라 〈사례〉에서 갑에게 부과되는 형의 범위로 옳은 것은?

[규정]

「범죄처벌법」 제1조(절도죄) 타인의 물건을 훔친 자는 6년 이하의 징역에 처한다.

　　제2조(반복범) 징역 이상의 형을 받아 그 집행을 종료하거나 면제를 받은 후 2년 이내에 징역 이상에 해당하는 죄를 범한 자의 형의 기간 상한은 그 죄의 형의 기간 상한의 1.5배로 한다.

「절도범죄처벌특별법」 제1조(절도반복범) 절도죄로 두 번 이상의 징역형을 받은 자가 다시 절도죄를 범한 경우에는 2년 이상 20년 이하의 징역에 처한다.

〈견해〉

견해1: 「범죄처벌법」에서 '형의 집행을 종료한 후'란 형의 집행 종료일 이후를 의미한다고 해석하여야 하므로 반복범의 기간 2년을 계산하는 시작점은 형의 집행 종료일 다음날이 되어야 한다.

견해2: 「범죄처벌법」에서 '형의 집행을 종료한 후'란 문언 그대로 형의 집행이 종료된 출소 이후를 의미한다고 해석하여야 하므로 반복범의 기간 2년을 계산하는 시작점은 형의 집행 종료 당일이 되어 종료 당일도 2년의 기간에 포함된다.

견해A: 「절도범죄처벌특별법」 제1조는 「범죄처벌법」 제2조와 별개의 규정이므로 절도반복범에 해당하는 경우, 「절도범죄처벌특별법」이 따로 규정한 형벌의 범위 내에서만 형이 부과되어야 한다.

견해B: 「절도범죄처벌특별법」의 절도반복범은 절도범에 대한 가중처벌이므로 이 법에 따라 처벌하고, 이어 「범죄처벌법」의 반복범에도 해당하면 그 법에 따라 다시 가중처벌해야 한다.

〈사례〉

　갑은 절도죄로 징역 6월을 선고받아 2014. 3. 15. 형집행이 종료되었고 이후 다시 저지른 절도죄로 징역 1년을 선고받아 2017. 9. 17. 형집행이 종료되었는데 다시 2019. 9. 17. 정오 무렵에 절도를 저질렀다(기간 계산에 있어서 시작일은 하루로 계산한다).

① 견해1과 견해A에 따르면, 징역 2년 이상 30년 이하
② 견해1과 견해B에 따르면, 징역 2년 이상 30년 이하
③ 견해2와 견해A에 따르면, 징역 2년 이상 30년 이하
④ 견해2와 견해A에 따르면, 징역 9년 이하
⑤ 견해2와 견해B에 따르면, 징역 2년 이상 30년 이하

〈규정〉을 〈사례〉에 적용한 것으로 옳지 않은 것은?

X국은 〈규정〉과 같이 미술품에 대한 저작자의 권리를 인정한다.

〈규정〉

제1조 '미술상'은 저작권협회 회원으로서 미술품을 영업으로 매도·매수·중개하는 자이다.

제2조 미술저작물의 원본이 최초로 매도된 후에 계속해서 거래되고, 각 후속거래에서 미술상이 매도·매수·중개한 경우, 저작자는 매도인을 상대로 ㉠거래가액의 일정 비율의 금액을 청구할 수 있다. 거래가액이 40만 원 미만이면 그러하지 아니하다.

제3조 제2조에 의하여 청구할 수 있는 금액은 다음과 같이 거래가액을 기준으로 산정한다.

  (1) 5천만 원 이하 : 거래가액의 1%

  (2) 5천만 원 초과 2억 원 이하 : 거래가액의 2%

  (3) 2억 원 초과 : 거래가액의 3%. 단, 상한은 1천만 원으로 한다.

제4조 저작자는 미술상에게 최근 3년간 미술상이 관여한 자기 저작물의 거래 여부에 관한 정보를 요구할 수 있고, 미술상은 이에 응하여야 한다.

제5조 저작자는 제2조의 권리를 행사하기 위해, 거래에 관여한 미술상에게 매도인의 이름, 주소, 거래가액에 관한 정보를 요구할 수 있고, 미술상은 이에 응하여야 한다.

〈사례〉

화가 갑은 자신이 그린 그림 A를 40만 원에 미술상 을에게 판매하였다. 한 달 후 을은 친구 병에게 A를 20만 원에 판매하였다. 5년이 지나 병은 을의 중개로 미술상 정에게 A를 2억 원에 판매하였다. 그로부터 1년 후 사업가 무가 정에게서 A를 3억 원에 구입하였고, 다시 3년이 지나 무는 기에게 A를 선물하였다.

① 갑이 청구할 수 있는 ㉠은 총 1천3백만 원이다.

② 을은 갑에게 ㉠으로 4천 원을 지급할 의무가 없다.

③ 병은 갑에게 ㉠을 지급할 의무가 있다.

④ 갑은 을을 상대로 병의 이름과 주소, 병이 정에게 매도한 금액에 관한 정보의 제공을 요구할 수 있다.

⑤ 갑이 정에게 A의 거래 여부에 관한 정보를 요구할 경우, 기가 현재 A를 보유하고 있다는 사실을 알고 있는 정은 그 정보를 제공할 의무가 있다.

〈상황〉에 대해 추론한 것으로 옳은 것은?

정부의 정책 선택은 사회 구성원 개인의 효용에 영향을 미친다. 정부는 정책이 사회 구성원에게 미치는 영향을 종합적으로 평가해 정책을 선택해야 한다. 다음 평가 기준 A, B, C를 생각해 보자.

A : 사회 구성원 중 어떤 사람의 효용도 현재보다 낮추지 않으면서 적어도 한 사람의 효용을 높일 수 있다면 '개선'이다. 더 이상 '개선'을 이룰 수 없는 정책만 수용가능하다.
B : 사회 구성원 효용의 산술평균값이 가장 큰 정책이 바람직한 정책이다.
C : 사회 구성원 중 효용이 가장 낮은 사람의 효용이 가장 큰 정책이 바람직한 정책이다.

〈상황〉

두 집단 1과 2로 구성된 사회가 있다. 전체 인구에서 집단 1이 차지하는 비율은 α이고 집단 2가 차지하는 비율은 $1-\alpha$이다. (단, $0<\alpha<1$) 이 사회에서 선택 가능한 정책은 X, Y, Z만 있으며 각 정책에 따른 집단 구성원의 개인 효용은 다음과 같다. (단, $y>0$)

		X	Y	Z
개인 효용	집단 1	1	y	3
	집단 2	5	$2y$	2

① $y=2$인 경우, C에 따른 바람직한 정책은 하나뿐이다.
② A에 따른 정책의 수용가능 여부는 α값에 따라 달라진다.
③ $y=2$인 경우, B에 따라 X가 바람직한 정책이라면 $\alpha=0.5$이어야 한다.
④ 집단 1과 2의 인구가 같을 경우, B와 C에 따른 바람직한 정책은 같다.
⑤ 집단 1과 2의 인구가 같을 경우, B에 따른 바람직한 정책은 A에 따라 항상 수용가능하다.

다음으로부터 추론한 것으로 옳은 것만을 〈보기〉에서 있는 대로 고른 것은?

　　신호탐지이론은 외부 세계를 신호와 잡음 두 상태로 나누고 그 상태에 따라 어떤 반응을 보여야 가장 좋은 효과를 얻을 수 있는가를 결정하는 이론이다. 레이더 기지에 새롭게 배치된 관측병 갑의 임무는 물체 X가 레이더에 나타났을 때 버튼을 눌러 아군 전투기를 출동시킬지 아니면 버튼을 누르지 않을지 결정하는 것이다. X가 사전에 신고되지 않은 비행기인 경우를 신호라 하고, X가 기타 물체, 예컨대 독수리인 경우를 잡음이라 하자. 신고된 비행기는 X와 다른 방식으로 레이더에 표시되므로 고려 대상이 아니다. 버튼을 눌렀을 때 신호이면 '적중'이고 잡음이면 '오경보'이다. 버튼을 누르지 않았을 때 신호이면 '누락'이고 잡음이면 '정기각'이다. 버튼을 누르거나 누르지 않는 것에 따른 갑의 득실은 아래와 같다.

	신호	잡음
버튼 누름	3	−3
버튼 누르지 않음	−3	2

　　기존의 데이터에 따르면 X가 신호일 확률은 0.8이다. 갑은 X에 관한 기존의 데이터에 따른 확률에 득실을 곱하여 X를 관측한다면 버튼을 누를지 말지 결정하려 한다. 예컨대, 적중의 기댓값은 2.4이다. 버튼을 눌렀을 때 기댓값의 합계가 버튼을 누르지 않았을 때 기댓값의 합계보다 크거나 같다면, 갑은 X를 관측했을 때 버튼을 누를 것이다.

《 보기 》

ㄱ. X가 신호일 확률이 0.1일 경우, 갑은 X가 레이더에 나타나면 버튼을 누르지 않을 것이다.

ㄴ. 누락의 득실만 −3에서 0으로 변경될 경우, 갑은 X가 레이더에 나타나면 버튼을 누를 것이다.

ㄷ. 오경보의 득실만 −3에서 −2로 변경될 경우, 갑은 X가 레이더에 나타나면 버튼을 누를 것이다.

① ㄴ　　　　　　② ㄷ　　　　　　③ ㄱ, ㄴ
④ ㄱ, ㄷ　　　　　⑤ ㄱ, ㄴ, ㄷ

2. 모형 추리

모형 추리는 형식적 추리, 논리게임, 수리 추리 문항으로 이루어져 있다. 논리게임, 수리 추리 문항은 복잡한 실제 상황을 단순화한 문제이면서 문제 풀이 과정에 그림, 표, 그래프 등과 같은 비언어적 표상을 중요하게 사용하므로 '모형 추리'란 이름이 붙었다. 형식적 추리는 직접적으로 모형에 관한 추리는 아니라고 할 수 있지만, 문장의 내용이 아니라 문장의 형식에 의존하는 추리라는 점에서 언어 추리보다는 모형 추리에 포함하는 것이 더 적절하다고 말할 수 있다.

1) 형식적 추리

형식적 추리 문항은 주어진 전제로부터 타당한 추론 규칙을 이용하여 결론을 이끌어 낼 수 있는 능력을 측정하는 문항이다. 주어진 문장의 내용이 아니라 문장의 형태로부터 타당한 결론을 도출한다는 의미에서 '형식적'이라는 표현이 사용되었다. 예를 들어, 다음 논증을 보자.

> 만약 그 자동차가 검문소를 통과했다면 그 자동차 밑바닥에 흙탕물이 튀었다.
> 그 자동차 밑바닥에 흙탕물이 튀지 않았다.
> ─────────────────────────────
> 그러므로 그 자동차는 검문소를 통과하지 않았다.

논증은 다음과 같은 추론 규칙을 적용하여 전제들로부터 결론을 이끌어 낸 것으로 볼 수 있다.

> 만약 A이면 B이다.
> B가 아니다.
> ─────────────
> 그러므로 A가 아니다.

"만약 X이면 Y이다"를 "X → Y"로 기호화하고, "X가 아니다"를 "~X"로 기호화한다면, 위의 추론 규칙은 다음과 같이 형식화할 수 있다.

> $A \rightarrow B$
> $\sim B$
> ─────
> $\therefore \sim A$

타당한 추론 규칙은 참인 전제로부터 반드시 참인 결론만 도출하게 하는 규칙이다. 예컨대, 다음 진술로부터 타당한 추론 규칙을 사용하여 어떤 결론을 이끌어 낼 수 있는지 찾아보자.

> 영우는 장학금을 받았거나 학자금 대출을 받았다.
> 만일 영우가 장학금을 받았다면 영우는 해외여행을 갔다.
> 영우는 해외여행을 가지 않았다.

두 번째 진술 "만일 영우가 장학금을 받았다면 영우는 해외여행을 갔다"와 세 번째 진술 "영우는 해외여행을 가지 않았다"로부터 "영우는 장학금을 받지 않았다"를 타당하게 추리할 수 있다. 이것은 "만약 A이면 B이다. B가 아니다. 그러므로 A가 아니다"라는 타당한 추론 규칙의 적용 사례이다. 그리고 첫 번째 진술 "영우는 장학금을 받았거나 학자금 대출을 받았다"와 "영우는 장학금을 받지 않았다"로부터 "영우는 학자금 대출을 받았다"를 추론할 수 있다. 이것은 "A 또는 B. A가 아니다. 그러므로 B"라는 추론 규칙의 적용 사례이다. 그러므로 위의 세 진술로부터 "영우는 학자금 대출을 받았다"를 올바르게 추리할 수 있다.

주어진 전제로부터 연역적으로 추리되는 결론을 찾는 문항뿐만 아니라 완전하지 않은 논증을 제시하고 해당 논증의 결론이 타당하게 추리되기 위해 필요한 전제를 찾는 문제도 형식적 추리에 속하는 문항이다. 다음 예를 보자.

> 참을 깨달은 자는 배움이 있는 자이다.
> 진정한 지도자는 겨레를 위해 희생을 각오한 자이다.
> 그러므로 진정한 지도자는 배움이 있는 자이다.

위의 논증이 타당하기 위해 보충되어야 하는 전제는 무엇인가? 먼저 결론이 "진정한 지도자는 배움이 있는 자이다"라는 것에 주목하자. 두 번째 전제 "진정한 지도자는 겨레를 위해 희생을 각오한 자이다"와 첫 번째 전제 "참을 깨달은 자는 배움이 있는 자이다"를 결합하여 결론 "진정한 지도자는 배움이 있는 자이다"를 타당하게 추리하기 위해서는 "겨레를 위해 희생을 각오한 자는 참을 깨달은 자이다"가 보충되어야 한다는 것을 알 수 있다. "X는 Y이다. Y는 Z이다. 그러므로 X는 Z이다"는 타당한 추리이기 때문이다.

1. 참을 깨달은 자는 배움이 있는 자이다. (전제)
2. 진정한 지도자는 겨레를 위해 희생을 각오한 자이다. (전제)
3. 겨레를 위해 희생을 각오한 자는 참을 깨달은 자이다. (보충해야 할 전제)
4. 진정한 지도자는 참을 깨달은 자이다. (2와 3으로부터 추론됨) (추론규칙: X는 Y이다. Y는 Z이다. 그러므로 X는 Z이다.)
5. 진정한 지도자는 배움이 있는 자이다. (결론) (1과 4로부터 추론됨)

주어진 진술들로부터 타당한 결론을 추리하거나 주어진 논증이 타당한 논증이 되기 위해 보충해야 하는 전제를 찾기 위해서는 다음의 타당한 추론 규칙을 알아 두는 것이 유용하다.

(1) 조건문에 관한 추론규칙

조건문은 "만약 영우가 물리학자라면 영우는 과학자이다"와 같은 진술이다. 이 진술은 영우가 물리학자라고 주장하는 것도 아니고, 영우가 과학자라고 주장하는 것도 아니다. 단지 영우가 물리학자라는 조건을 만족한다면 영우는 과학자라는 조건부 주장만을 할 뿐이다. '충분조건'이라는 표현을 사용하여 이 조건문을 달리 표현하면, 영우가 물리학자라는 것은 영우가 과학자이기 위한 충분조건이라는 것이다. 일반적으로 충분조건은 다음과 같이 조건문으로 옮길 수 있다.

A가 성립한다는 것은 B가 성립하기 위한 충분조건이다.
⇒ 만약 A이면 B.

그리고 영우가 과학자라는 것은 영우가 물리학자이기 위한 필요조건이고 이것은 조건문 "영우가 물리학자라면 영우는 과학자이다"로 표현될 수 있다. 필요조건은 다음과 같이 조건문으로 옮길 수 있다.

B가 성립한다는 것은 A가 성립하기 위한 필요조건이다.
⇒ 만약 A이면 B.

다른 예를 들면 "만약 영우가 서울에 있다면 영우는 한국에 있다"를 주장하는 것은 다음을 주장하는 것이다.

영우가 서울에 있다는 것은 영우가 한국에 있기 위한 충분조건이다.
영우가 한국에 있다는 것은 영우가 서울에 있기 위한 필요조건이다.

조건문에 관한 다음과 같은 추론규칙은 타당한 추론규칙이다.

만약 A이면 B. A. 그러므로 B. (전건 긍정법)
만약 A이면 B. B가 아니다. 그러므로 A가 아니다. (후건 부정법)

그러나 다음 추론은 타당하지 않다.

만약 영우가 물리학자라면 영우는 과학자이다.
영우는 과학자이다.
그러므로 영우는 물리학자이다.

영우가 생물학자일 수 있기 때문에 영우가 과학자라는 것으로부터 영우가 물리학자라는 것이 도출되지 않는다. 다음 추론도 타당하지 않다.

만약 영우가 물리학자라면 영우는 과학자이다.
영우는 물리학자가 아니다.
그러므로 영우는 과학자가 아니다.

예컨대 영우가 생물학자일 수 있기 때문에 영우가 물리학자가 아니라는 것으로부터 영우가 과학자가 아니라는 것은 도출되지 않는다.

한편 "영우가 물리학자라면 영우는 과학자이다"는 "영우가 과학자가 아니라면 영우는 물리학자가 아니다"와 동일한 의미를 가진다. 즉, 다음 대우 규칙이 성립한다. (아래의 '⇔'은 양쪽의 두 가지 진술이 동일한 의미를 가지고 있다는 것을 표현한다.)

만약 A이면 B. ⇔ 만약 B가 아니면 A가 아니다. (대우 규칙)

（ A → B ⇔ ~B → ~A ）

그리고 "영우가 물리학자라면 영우는 과학자이다"와 "영우가 과학자라면 영우는 예술가가 아니다"로부터 "영우가 물리학자라면 영우는 예술가가 아니다"를 타당하게 추리할 수 있다. 즉, 다음의 조건적 삼단논법이 타당한 추론 형식이다.

만약 A이면 B. 만약 B이면 C. 그러므로 만약 A이면 C.

（ A → B, B → C ⇒ A → C ）

"영우가 서울에 있거나 또는 부산에 있다"로부터 "영우가 서울에 있지 않다면 영우는 부산에 있다"를 추리할 수 있다. 즉, 다음의 추론규칙은 타당하다. (아래의 'V'는 '또는'을 나타내는 기호이며, '~'은 '아니다'를 나타내는 기호이다.)

(a) A 또는 B. 그러므로 만약 ~A이면 B이다.

（ A ∨ B ⇒ ~A → B ）

"만약 영우가 애완견을 기른다면 영우는 행복하다"로부터 "영우가 애완견을 기르지 않거나 영우는 행복하다"를 추리할 수 있다. "영우는 애완견을 기르거나 영우는 애완견을 기르지 않는다"는 동어반복으로 항상 참인 진술이다. 이 진술과 "영우가 애완견을 기른다면 영우는 행복하다"라는 진술로부터 "영우는 행복하거나 영우는 애완견을 기르지 않는다"를 추리할 수 있고, 이것은 "영우는 애완견을 기르지 않거나 영우는 행복하다"와 동일한 의미를 가지기 때문이다. 다음의 추론규칙은 타당하다.

(b) 만약 A이면 B. 그러므로 ~A 또는 B.

（ A → B ⇒ ~A ∨ B ）

(a)와 (b)가 타당한 추론규칙이고 어떤 진술의 이중부정은 그 진술과 같은 의미를 지니므로, "만약 A이면 B"와 "~A 또는 B"는 논리적으로 동일한 의미를 지

닌다는 것을 알 수 있다.

$$A \rightarrow B \Leftrightarrow \sim A \lor B$$

(2) 조건문으로 옮기기

일상 언어의 문장 중 필요조건이나 충분조건을 기술하는 다음 문장은 조건문으로 옮길 수 있다.

① A인 경우 B

"영우가 애완견을 기를 경우 영우는 행복할 것이다"는 영우가 애완견을 기른다는 것이 영우가 행복하기 위한 충분조건이라는 것을 의미한다. 그래서 이 진술은 "영우가 애완견을 기른다면 영우는 행복할 것이다"로 옮길 수 있다. 보통 "~인 경우"라는 표현은 "~이면"으로 옮길 수 있다.

$$A인 경우 B \Leftrightarrow 만약 A이면 B. (A \rightarrow B)$$

② A인 경우에만 B

예컨대 "영우가 열심히 공부할 경우에만 이 시험에 합격할 것이다"라는 진술은 영우가 열심히 공부하는 것이 영우가 이 시험에 합격하기 위한 필요조건이라는 것을 의미한다. 따라서 이 문장은 "만약 영우가 이 시험에 합격한다면 영우는 열심히 공부한 것이다"로 옮길 수 있다. 혹은 "만약 영우가 열심히 공부하지 않는다면 영우는 이 시험에 합격하지 못할 것이다"로 옮길 수 있다.

$$A인 경우에만 B \Leftrightarrow 만약 B이면 A. (B \rightarrow A)$$
$$\Leftrightarrow 만약 A가 아니면 B가 아니다. (\sim A \rightarrow \sim B)$$

일반적으로 '만'은 필요조건을 의미하는 표현이다. 예컨대 "공학 학위를 가진 사람만이 이 회사에 입사할 수 있다"는 공학 학위를 가진다는 것이 이 회사에 입사하기 위한 필요조건이라는 것을 의미한다. 그래서 이 문장은 "만약 어떤 사람이 이 회사에 입사할 수 있다면 그 사람은 공학 학위를 가진 사람이다"로 옮길 수 있다. 혹은 "만약 어떤 사람이 공학 학위를 가진 사람이 아니라면 그 사람은 이 회사에 입사할 수 없다"로 옮길 수 있다.

③ A이기 위해서는 B

"영우가 이 시험에 합격하기 위해서는 영우는 열심히 공부해야 한다"는 영우가 열심히 공부한다는 것이 영우가 이 시험에 합격하기 위한 필요조건이라는 것을 의미한다. 그러므로 이 진술은 "영우가 이 시험에 합격한다면 영우는 열심히 공부한 것이다"로 옮길 수 있다.

A이기 위해서는 B ⇔ 만약 A이면 B이다. (A → B)

④ ~없이

"통행증 없이 이 지역에 들어올 수 없다"는 통행증이 이 지역에 들어오기 위한 필요조건이라는 것을 의미한다. 그래서 이 진술은 "이 지역에 들어올 수 있다면 통행증이 있는 것이다"로 옮길 수 있다. 또는 "통행증이 없다면 이 지역에 들어올 수 없다"로도 옮길 수 있다.

⑤ A는 B이다.

"기능사 자격증을 가진 사람은 가산점이 부여된다"는 기능사 자격증을 가진다는 것이 가산점이 부여되기 위한 충분조건이라는 것을 의미한다. 그러므로 이 진술은 "만약 어떤 사람이 기능사 자격증을 가진다면 그 사람에게는 가산점이 부여된다"로 옮길 수 있다.

(3) '또는'과 '그리고'를 포함하는 조건문

"만약 유진이가 공학사 또는 법학사 학위를 가지고 있다면 유진이는 그 회사에 지원할 수 있다"라는 진술은 유진이가 공학사 학위를 가진다는 것이 유진이가 그 회사에 지원할 수 있기 위한 충분조건이고, 유진이가 법학사 학위를 가진다는 것도 그 회사에 지원할 수 있기 위한 충분조건이라는 것을 의미한다. 그러므로 이 진술로부터 "유진이가 공학사 학위를 가지고 있다면 유진이는 그 회사에 지원할 수 있다"와 "유진이가 법학사 학위를 가지고 있다면 유진이는 그 회사에 지원할 수 있다"를 추리할 수 있다. 일반적으로 "만약 A 또는 B이면, C"로부터 "만약 A이면 C"와 "만약 B이면 C"를 추리할 수 있다.

$$(A \lor B) \rightarrow C \Rightarrow (A \rightarrow C) \ \& \ (B \rightarrow C)$$

"유진이가 공학사 학위와 법학사 학위를 가지고 있다면 유진이는 그 회사에 지원할 수 있다"라는 진술은 유진이가 공학사 학위와 법학사 학위 둘 다 가지고 있다는 것이 유진이가 그 회사에 지원할 수 있기 위한 충분조건이라는 것을 의미한다. 만약 유진이가 공학사 학위나 법학사 학위 중 하나의 학위만을 가지고 있다면 어떻게 되는가? 이 경우 유진이가 그 회사에 지원할 수 있다는 것을 추리할 수 없다.

$$(A \& B) \rightarrow C \nRightarrow (A \rightarrow C)$$

(4) 조건 증명법

A를 가정하여 B가 참임을 증명할 경우, 조건문의 의미에 의해 이것은 바로 "만약 A이면 B"가 참임을 증명한 것이다. 조건문의 참을 보이는 이 방식은 '조건 증명법'이라고 알려져 있다.

예를 들어, 3개의 상자 A, B, C가 다음 조건을 만족한다고 하자. (2016학년도 32번 변형)

조건 1: A, B, C 중 적어도 하나에는 상품이 들어 있다.
조건 2: C에 상품이 들어 있다면 상품이 들어 있는 상자는 2개 이상이다.
조건 3: A와 C 중 적어도 하나는 빈 상자이다.

위 조건으로부터 "C에 상품이 들어 있다면 B에도 상품이 들어 있다"가 참임을 추론할 수 있다. 이 조건문을 추론하기 위해 먼저 "C에 상품이 들어 있다"를 가정하자. 이 가정과 조건 3으로부터 A가 빈 상자라는 것을 추론할 수 있고, 조건 2로부터 상품이 들어 있는 상자는 2개 이상임을 추론할 수 있다. 따라서 B에 상품이 들어 있다는 것을 추론할 수 있다. 결과적으로 "C에 상품이 들어 있다"를 가정하여 "B에 상품이 들어 있다"가 참임을 보였으므로, 조건 증명법에 의해 "C에 상품이 들어 있다면 B에도 상품이 들어 있다"가 참임을 증명한 것이다.

1. A, B, C 중 적어도 하나에는 상품이 들어 있다. (조건 1)

2. C에 상품이 들어 있다면 상품이 들어 있는 상자는 2개 이상이다. (조건 2)

3. A와 C 중 적어도 하나는 빈 상자이다. (조건 3)

4. C에 상품이 들어 있다. (가정)

5. A는 빈 상자이다. (3과 4로부터 추론됨)

6. 상품이 들어 있는 상자는 2개 이상이다. (2와 4로부터 추론됨)

7. B에 상품이 들어 있다. (A, B, C 세 개의 상자가 있다는 것과 5와 6으로부터 추론됨)

8. C에 상품이 들어 있다면 B에도 상품이 들어 있다. (4~7로부터 조건 증명법에 의해 추론됨)

▌조건 증명법

'만약 A이면 B'가 참임을 증명하기 위해서는 A를 가정하여 B가 참임을 보이라.

---

(5) 귀류법

A가 참임을 증명하기 위해, A가 거짓임을 가정하여 이 가정으로부터 'B 그리고 ~B' 형태의 모순이 추론된다는 것을 보이는 방법을 귀류법이라고 한다. 모순은 참일 수 없으므로 A가 거짓이라는 가정으로부터 모순이 추론된다는 것을 보인다면, A가 거짓이라는 가정이 참일 수 없으며 따라서 A가 참이라는 것이 확립되기 때문이다. 비슷한 방식으로, A가 참이라는 가정으로부터 모순이 추론된다는 것을 보인다면, 이것은 A가 거짓임을 보인 것이다.

예컨대 어느 회사가 새로 충원한 경력 사원들에 대해 다음과 같은 정보가 알려져 있다고 하자. (2017학년도 20번 변형)

정보 1: 변호사나 회계사는 모두 경영학 전공자이다.

정보 2: 경영학 전공자 중 여자는 누구도 회계사가 아니다.

이 정보로부터 귀류법으로 "여자 회계사가 없다"가 참이라는 것을 보이기 위해 "여자 회계사가 있다"고 가정하자. 편의상 그 여자 회계사를 K라고 부르자. K는 회계사이므로 정보 1로부터 경영학 전공자라는 것을 추론할 수 있다. K는 경영학 전공자이면서 여자라는 것을 추론했으므로, 정보 2에 의해 K는 회계사가 아니라는 것을 추론할 수 있다. 따라서 "K는 회계사이면서 K는 회계사가 아니다"라는 모순이 도출되었으므로, 원래의 가정 "여자 회계사가 있다"가 참일 수 없다. 즉, "여자 회계사는 없다"가 참이라는 것을 증명한 것이다.

1. 변호사나 회계사는 모두 경영학 전공자이다. (정보 1)
2. 경영학 전공자 중 여자는 누구도 회계사가 아니다. (정보 2)
3. 여자 회계사가 있다. (가정)
4. K는 여자 회계사이다. (3으로부터 추론됨. 존재하는 여자 회계사를 K라고 이름 붙임)
5. K는 경영학 전공자이다. (1과 4로부터 추론됨)
6. K는 경영학 전공자이면서 여자이다. (4와 5로부터 추론됨)
7. K는 회계사가 아니다. (2와 6으로부터 추론됨)
8. K는 회계사이면서 회계사가 아니다. (4와 7로부터 추론됨)
9. 여자 회계사는 없다. (3을 가정하여 모순을 이끌어 냈으므로 귀류법에 의해 추론됨)

▎ 귀류법

A가 거짓(참)임을 증명하기 위해서는 A가 참(거짓)이라는 가정으로부터 모순이 추론됨을 보이라.

(6) 추론되지 않음의 증명

주어진 정보로부터 어떤 진술 S가 타당하게 추론되지 않는다는 것을 보이는 방법은 주어진 정보가 모두 참이면서 S가 거짓인 가능한 상황이 있다는 것을 보이면 된다. 왜냐하면 어떤 정보로부터 어떤 진술 S가 타당하게 추론된다면, 그 정보가 모두 참이면서 진술 S가 거짓인 가능한 상황이 있을 수 없기 때문이다.

> 정보 T로부터 S가 타당하게 추론되지 않는다 ⇔ 정보 T가 모두 참이면서 S가 거짓인 가능한 상황이 있다.

예를 들어, A사의 직원에 대해 다음과 같은 정보가 알려져 있다고 하자. (2017학년도 20번 변형)

정보 1: 변호사나 회계사는 모두 경영학을 전공한 사람이다.
정보 2: 경영학을 전공한 남자는 모두 변호사이다.
정보 3: 경영학을 전공한 여자는 누구도 회계사가 아니다.

이로부터 "경영학을 전공한 남자는 모두 회계사이다"가 추론되지 않는다는 것을 증명하기 위해 갑이 A사의 유일한 직원이고 갑은 경영학을 전공한 남자이며 변호사이지만 회계사가 아니라고 가정하자. 이 가능한 상황에서 제시된 모든 정보는 참이지만 "경영학을 전공한 남자는 모두 회계사이다"는 거짓이다. 따라서 정보 1~3으로부터 해당 진술은 타당하게 추론되지 않는다는 것을 알 수 있다.

(가능한 상황) A사의 유일한 직원인 갑은 경영학을 전공한 남자이며 변호사이지만, 회계사가 아니다.	
정보 1: 변호사나 회계사는 모두 경영학을 전공한 사람이다.	참
정보 2: 경영학을 전공한 남자는 모두 변호사이다.	참
정보 3: 경영학을 전공한 여자는 누구도 회계사가 아니다.	참 (경영학을 전공한 여자는 없으므로 참임)
결론: 경영학을 전공한 남자는 모두 회계사이다	거짓 (갑은 경영학을 전공한 남자이지만 회계사가 아님)

다음의 예제 2-1부터 2-3은 위의 추론 규칙을 이용해 풀 수 있는 형식적 추론 문항이다.

다음으로부터 추론한 것으로 옳은 것만을 〈보기〉에서 있는 대로 고른 것은?

- 모든 사업가는 친절하다.
- 성격이 원만하지 않은 모든 사람은 친절하지 않다.
- 모든 논리학자는 친절하지 않은 모든 사람을 좋아한다.
- 친절하지 않은 모든 사람을 좋아하는 사람은 모두 그 자신도 친절하지 않다.
- 어떤 철학자는 논리학자이다.

《 보기 》

ㄱ. 사업가이거나 논리학자인 갑의 성격이 원만하지 않다면, 갑은 친절하지 않은 모든 사람을 좋아한다.

ㄴ. 을이 논리학자라면, 어떤 철학자는 을을 좋아한다.

ㄷ. 병이 친절하다면, 병은 사업가가 아니거나 철학자가 아니다.

① ㄱ　　　　　② ㄷ　　　　　③ ㄱ, ㄴ

④ ㄴ, ㄷ　　　　⑤ ㄱ, ㄴ, ㄷ

다음으로부터 추론한 것으로 옳지 <u>않은</u> 것은?

> 어느 회사가 새로 충원한 경력 사원들에 대해 다음과 같은 정보가 알려져 있다.
>
> • 변호사나 회계사는 모두 경영학 전공자이다.
> • 경영학 전공자 중 남자는 모두 변호사이다.
> • 경영학 전공자 중 여자는 아무도 회계사가 아니다.
> • 회계사이면서 변호사인 사람이 적어도 한 명 있다.

① 여자 회계사는 없다.
② 회계사 중 남자가 있다.
③ 회계사는 모두 변호사이다.
④ 회계사이면서 변호사인 사람은 모두 남자이다.
⑤ 경영학을 전공한 남자는 회계사이면서 변호사이다.

다음에서 추론한 것으로 옳은 것만을 〈보기〉에서 있는 대로 고른 것은?

3개의 상자 A, B, C가 다음 조건을 만족한다.

• A, B, C 중 적어도 하나에는 상품이 들어 있다.
• A에 상품이 들어 있고 B가 비었다면 C에도 상품이 들어 있다.
• C에 상품이 들어 있다면 상품이 들어 있는 상자는 2개 이상이다.
• A와 C 중 적어도 하나는 빈 상자이다.

《 보기 》

ㄱ. A에 상품이 들어 있다면 B에도 상품이 들어 있다.
ㄴ. B에 상품이 들어 있다면 A와 C 중 적어도 하나에는 상품이 들어 있다.
ㄷ. C에 상품이 들어 있다면 B에도 상품이 들어 있다.

① ㄱ   ② ㄴ   ③ ㄱ, ㄷ
④ ㄴ, ㄷ   ⑤ ㄱ, ㄴ, ㄷ

2) 논리게임

법률가에게는 소송이나 법적 분쟁에서 부분적인 정보나 증거가 주어졌을 때 사실관계를 추리하고, 사실관계에 적용될 수 있는 법규와 원리를 찾아내고, 법규나 원리를 해당 사례에 적용하여 그 결과를 추리하는 능력 등이 필요하다. 다양한 전공의 학생들을 대상으로 이러한 문제해결 능력을 측정하기 위해, 추리 영역의 문항은 논리게임 문항을 포함한다. 논리게임 문항은 제약조건하에서 항목 배열하기, 항목 연결하기, 묶기 등의 '배치 및 정렬' 문항과, 부분적인 정보나 증거가 주어졌을 때 가능한 상황을 구성하거나 그 함축을 추리하게 하는 '논리퍼즐' 문항으로 나누어지는데, 이러한 문항은 법적 맥락에서 주어진 부분적 정보나 증거를 분석하여 증거와 양립 가능한 상황을 추리하는 능력, 주어진 정보와 증거로부터 어떤 상황이 반드시 성립하는지 추리하는 능력 등을 효과적으로 측정할 수 있다.

(1) 배치 및 정렬

배치 및 정렬 문항들은 사람들이나 어떤 개체들에 어떤 아이템을 배정하거나, 어떤 아이템을 제약조건에 맞게 배열하거나, 어떤 두 종류의 아이템을 짝짓기하기 등의 활동을 요구한다.

일반적으로 논리게임의 배치 및 정렬 문항은 다음과 같은 단계를 통해 해결한다.

● 그림이나 표를 그리라.

문항의 성격을 파악하여 제시된 사실적 정보와 규칙을 반영한 그림이나 표를 그리라. 논리게임의 배치 및 정렬 문항은 펜과 종이를 사용하여 직접 그림이나 표를 그려서 해결하는 것이 필수적이다.

● 규칙을 그림이나 표에 나타내라.

제시된 규칙이나 사실은 가능한 한 직접 그림이나 표 속에 나타내는 것이 좋다. 만일 규칙이나 원리를 직접 그림이나 표에 나타내는 것이 불가능하다면 그림이나 표의 아래에 원리를 빠짐없이 간결하게 적는 것이 좋다.

● 추리하라.

그림이나 표를 보면서 규칙과 제약조건으로부터 추리할 수 있는 것을 최대한 추리하라. 이렇게 추리된 새로운 사실들은 빠짐없이 그림이나 표에 표시되어야 한다. 선택지를 살펴보기 전에 이렇게 최대한의 도출을 하는 것은 오답을 선택하는 것을 피하게 하고 문항 해결 시간을 단축해 준다. 연역될 수 있는 최대한의 사실이 빠짐없이 표현된 최종 그림이나 표를 완성하라.

● 선택지를 보고 정답을 찾으라.

최종 그림/표가 완성되었다면 각각의 선택지가 옳은지 그렇지 않은지 확인하는 것은 쉬운 작업일 것이다. 최종 그림/표를 보면서 선택지 중 정답을 찾으라.

한편 상기의 단계를 통해 논리게임 문항을 풀 때 다음 사항을 주의해야 한다.

● 질문과 제시문의 조건을 정확히 파악하라.

다른 문항 유형에서도 정확한 독해가 중요하지만, 논리게임에서는 특히 단어 하나라도 잘못 이해할 경우 문제를 풀 수 없거나 답이 틀리게 된다. 질문과 제시된 조건을 꼼꼼하게 읽는 것이 필요하다.

● 문제에서 제공된 정보를 그림이나 기호로 완전히 표현하라.

배치 및 정렬 문항은 그림이나 표를 그려 해결하는 것이 필수적이다. 그리고 질문이나 제시문에서 주어진 정보는 그림이나 표에 빠짐없이 간략하게 적는 것이 필요하다. 만일 어떤 정보를 그림이나 표에 나타내지 않고 실수로 누락한다면 정답을 찾지 못할 것이다.

● 주어진 조건 중 더 많은 정보를 가진 조건이나 그림/표로 나타내기 용이한 조건부터 먼저 그림/표에 표현하라.

더 구체적이고 더 많은 정보를 주는 조건이나 그림/표로 나타내기 용이한 조건부터 먼저 그림/표에 표현하는 것이 좋다. 빈약한 정보를 주는 조건을 먼저 그림/표에 나타내려고 한다면, 많은 경우의 수를 허용할 것이기 때문에 문제해결이 어렵거나 문제해결에 더 많은 시간이 소요될 것이다.

● 그림/표의 정보와 언어적 정보를 결합하여 새로운 정보를 추리하고 이렇게 추리한
  정보도 빠짐없이 그림으로 표현하라.

문제에서 제공된 언어적 정보와 그림/표의 정보를 결합할 경우 어떤 가능성
이 배제되는지 주의 깊게 분석한다. 이러한 분석으로부터 추리된 새로운 정보도
반드시 그림/표 속에 나타내어야 한다.

● 주어진 조건을 만족하는 가능한 상황이 너무 많다면, 문제의 선택지를 먼저 검토
  하라.

주어진 조건을 만족하는 가능한 상황이 너무 많다면 그것을 모두 그림으로 나
타낼 경우 시간과 노력이 과도하게 소모된다. 따라서 이 경우에는 선택지부터
먼저 검토하여 정답을 찾는 것이 효율적이다.

배치 및 정렬 문항은 반복 학습으로 성적이 쉽게 오를 수 있는 문제 유형이므
로, 충분한 연습을 통해 문제 풀이 요령을 익히는 것이 중요하다. 이론적 학습
보다는 혼자 힘으로 많은 문제를 풀어 보며 풀이 요령을 습득하는 시행착오(trial
and error) 방법이 적절하다.

다음의 예제 2-4부터 2-6은 배치 및 정렬 문항이다.

다음으로부터 추론한 것으로 옳은 것은?

가장 아래에서부터 위로 1부터 6까지 차례로 번호가 부여된 여섯 개의 상자가 쌓여 있다. 이 상자들에 대하여 다음이 성립한다.

- 상자는 빨간 상자, 파란 상자, 하얀 상자 중의 하나이다.
- 빨간 상자의 개수는 하얀 상자의 개수보다 많다.
- 어떤 파란 상자는 모든 빨간 상자보다 아래에 있다.
- 어떤 파란 상자 바로 아래에는 하얀 상자가 있다.
- 상자 4는 빨간 상자이고, 상자 5와 상자 6의 색깔은 같다.

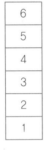

① 상자 1은 하얀 상자이다.
② 상자 2의 색깔과 상자 5의 색깔은 서로 다르다.
③ 상자 3이 빨간 상자이면 파란 상자는 1개이다.
④ 파란 상자의 개수는 하얀 상자의 개수보다 많다.
⑤ 하얀 상자 아래 파란 상자가 있으면 빨간 상자는 3개이다.

다음으로부터 추론한 것으로 옳은 것만을 〈보기〉에서 있는 대로 고른 것은?

> 오래 전에 바다에 침몰했던 배에서 총 6개의 유물 A, B, C, D, E, F가 발견되었다. 이 유물들은 각각 고구려, 백제, 신라 중 한 나라에서 만들었다고 한다. 역사학자들은 이 6개의 유물을 정밀 조사하여 다음과 같은 사실을 밝혀냈다.
>
> • C와 E는 같은 나라에서 만들었다.
> • A와 C는 다른 나라에서 만들었다.
> • 신라에서 만든 유물의 수는 백제에서 만든 유물의 수보다 크다.
> • B는 고구려에서 만들었고 F는 백제에서 만들었다.

《 보기 》

ㄱ. A는 백제에서 만든 유물이 아니다.
ㄴ. C가 고구려에서 만든 유물이면 D는 신라에서 만든 유물이다.
ㄷ. E를 만든 나라의 유물이 가장 많다.

① ㄱ   ② ㄴ   ③ ㄱ, ㄷ
④ ㄴ, ㄷ   ⑤ ㄱ, ㄴ, ㄷ

다음으로부터 추론한 것으로 옳은 것은?

어떤 교수가 피아노 연주회에서 자신이 지도하는 6명의 학생 甲, 乙, 丙, 丁, 戊, 己의 연주 순서를 정하는 데 다음 〈조건〉을 적용하고자 한다.

〈조건〉
- 각자 한 번만 연주하며 두 명 이상이 동시에 연주할 수 없다.
- 丙은 戊보다 먼저 연주해야 한다.
- 丁은 甲과 乙보다 먼저 연주해야 한다.
- 戊는 甲 직전 또는 직후에 연주해야 한다.
- 己는 乙 직전에 연주해야 한다.

① 甲이 己 직전에 연주하면 丙과 丁의 순서가 결정된다.
② 乙이 丙 직전에 연주하면 甲과 戊의 순서가 결정된다.
③ 丙이 戊 직전에 연주하면 甲과 乙의 순서가 결정된다.
④ 丁이 甲 직전에 연주하면 丙과 己의 순서가 결정된다.
⑤ 戊가 己 직전에 연주하면 丙과 丁의 순서가 결정된다.

(2) 논리퍼즐

　논리게임에 속하는 논리퍼즐 문항은 문제해결에 논리적 분석 능력이 요구되는 '진실 혹은 거짓' 문항과 '리그/토너먼트 게임' 문항을 포함한다. 이 유형의 문항을 해결하기 위해서는 주어진 상황을 논리적으로 분석하고 추리할 수 있는 능력이 가장 중요하다. '진실 혹은 거짓' 문항은 주어진 진술에 대해 참·거짓을 언급하는 조건이 포함되어 있는 문제이고, '리그/토너먼트 게임' 문항은 리그전 게임 상황이나 토너먼트 게임 상황을 제시하고 이로부터 경기 결과 등을 추리할 수 있는지 묻는 문제이다.

　다음 사항을 염두에 두고 논리퍼즐 문제를 해결하는 것이 바람직하다.

● **경우의 수를 크게 줄일 수 있는 정보를 먼저 찾아 분석하라.**
　'진실 혹은 거짓' 문제를 풀 때는 먼저 가능한 경우들을 몇 가지 경우로 줄일 수 있는 정보를 찾아 분석하는 것이 문제해결의 핵심이다. 이를 위해 주어진 정보를 면밀하게 검토하여 어떤 정보를 결합하는 것이 경우의 수를 대폭적으로 줄일 수 있는지 살펴본다. 경우의 수를 크게 줄일 수 있는 정보를 찾아 분석했다면 거의 문제의 반은 해결한 것으로 볼 수 있다.

● **주어진 상황의 논리를 잘 파악하라.**
　'리그/토너먼트 게임'의 문제를 해결하기 위해서는 리그/토너먼트 게임 논리를 잘 이해해야 한다. 예를 들면 D팀의 총득점이 0이라면, A팀이 D팀과 경기하여 2:1로 승리했다는 것은 참이 아니다. 왜냐하면 경기 결과가 2:1이라면 D팀이 최소한 1점을 득점했다는 것을 의미하는데, 이것은 D팀의 총득점이 0이라는 것과 모순되기 때문이다.

● **필요하다면 '조건 증명법', '귀류법', '경우를 나누어서 추리하기'를 이용하라.**
　논리퍼즐 문제를 해결하기 위해서는 '조건 증명법', '귀류법', '경우를 나누어서 추리하기'를 이용하는 것이 편리한 경우가 많다. '조건 증명법'과 '귀류법'에 관해서는 앞의 '형식적 추리' 부분을 참조하라. '경우를 나누어서 추리하기'는 제시된 상황을 여러 경우로 나누어서 추리하는 방식이다. 예를 들면, 'A 또는 B'가 참이라면 A가 참인 경우와 B가 참인 경우로 나누어서 추리하는 방식이다. 이 증명 방식은 제시된 상황이 하나의 경우로 결정되지 않고 다수의 경우로 나누어질 때 유용하게 이용할 수 있는 추리 방식이다.

● 주어진 정보로부터 더 이상의 유의미한 정보를 추론하는 데 어려움이 있다면 주어진 선택지를 보고 판단하라.

주어진 정보로부터 경우의 수를 줄일 수 없어서 더 이상 유의미한 정보를 추리하는 데 어려움을 겪는다면, 시간을 소비하지 말고 각 선택지를 먼저 검토하여 정답을 찾는 것이 좋다.

논리퍼즐 문제를 해결하기 위해서는 형식적 추리 능력도 필요하지만, 제시된 문제 상황을 논리적으로 분석하는 능력이 매우 중요하다. 이러한 논리적 분석 능력은 유사한 문제를 많이 풀어 봄으로써 습득할 수 있다. 혼자 힘으로 가능한 한 많은 논리퍼즐 문제를 풀어 보면서 논리적 분석 능력을 기르도록 하자.

다음의 예제 2-7부터 2-9는 논리퍼즐 문항이다.

다음으로부터 추론한 것으로 옳은 것만을 〈보기〉에서 있는 대로 고른 것은?

어떤 사건에 대하여 네 명의 용의자 갑, 을, 병, 정에게 물었더니 다음과 같이 각각 대답하였다.

갑 : "병은 범인이다. 범인은 두 명이다."
을 : "내가 범인이다. 정은 범인이 아니다."
병 : "나는 범인이다. 범인은 나를 포함하여 세 명이다."
정 : "나는 범인이 아니다. 갑은 범인이다."

각각 두 문장으로 구성된 갑, 을, 병, 정 네 사람 각자의 대답에서 한 문장은 참이고 다른 한 문장은 거짓이라고 한다.

《 보기 》

ㄱ. 갑의 대답 중 "범인은 두 명이다."는 거짓이다.
ㄴ. 을은 범인이다.
ㄷ. 병과 정 중에서 한 명만 범인이면 갑은 범인이 아니다.

① ㄱ   ② ㄴ   ③ ㄱ, ㄷ
④ ㄴ, ㄷ   ⑤ ㄱ, ㄴ, ㄷ

다음으로부터 추론한 것으로 옳은 것만을 〈보기〉에서 있는 대로 고른 것은?

8개의 축구팀 A, B, C, D, E, F, G, H가 다음 단계 1~3에 따라 경기하였다.

단계 1: 8개의 팀을 두 팀씩 1, 2, 3, 4조로 나눈 후, 각 조마다 같은 조에 속한 두 팀이 경기를 하여 이긴 팀은 준결승전에 진출한다.

단계 2: 1조와 2조에서 준결승전에 진출한 팀끼리 경기를 하여 이긴 팀이 결승전에 진출하고, 3조와 4조에서 준결승전에 진출한 팀끼리 경기를 하여 이긴 팀이 결승전에 진출한다.

단계 3: 결승전에 진출한 두 팀이 경기를 하여 이긴 팀이 우승한다.

무승부 없이 단계 3까지 마친 경기 결과에 대하여 갑, 을, 병, 정이 아래와 같이 진술하였다.

갑 : A는 2승 1패였다.
을 : E는 1승 1패였다.
병 : C는 준결승전에서 B에 패했다.
정 : H가 우승하였다.

그런데 이 중에서 한 명만 거짓말을 한 것으로 밝혀졌다.

《 보기 》

ㄱ. 을의 진술은 참이다.
ㄴ. 갑이 거짓말을 하였으면 H는 준결승전에서 E를 이겼다.
ㄷ. H가 1승이라도 했다면 갑 또는 병이 거짓말을 하였다.

① ㄴ　　　　　　② ㄷ　　　　　　③ ㄱ, ㄴ
④ ㄱ, ㄷ　　　　⑤ ㄱ, ㄴ, ㄷ

다음으로부터 추론한 것으로 옳지 않은 것은?

> 네 명의 피의자 甲, 乙, 丙, 丁은 다음과 같이 진술하였다. 단, 이 네 명 이외에 범인이 존재할 가능성은 없다.
>
> 甲 : 丙이 범인이다.
> 乙 : 나는 범인이 아니다.
> 丙 : 丁이 범인이다.
> 丁 : 丙의 진술은 거짓이다.

① 범인이 두 명이면 범인 중 적어도 한 명의 진술은 거짓이다.
② 거짓인 진술을 한 사람이 세 명이면 乙은 범인이다.
③ 범인이 세 명이면 두 명 이상의 진술이 거짓이다.
④ 丙과 丁 중에 적어도 한 명의 진술은 거짓이다.
⑤ 乙이 범인이 아니면 두 명 이상의 진술이 참이다.

3) 수리 추리

　수리 추리 문항은 수, 도형, 표, 그래프로 표현된 정보와 언어적 정보로부터 간단한 수리 연산 및 논리적 추론을 통해 새로운 정보를 도출할 수 있는지를 묻는다. 이 문제 유형은 분석 및 추리 능력을 측정하는 것이 주요 목적이기 때문에 문제해결에 어려운 수학적 지식이 요구되지 않는다. 단지 수, 도형, 표, 그래프에 의해 주어진 정보를 분석하여 추리할 수 있는 능력과 간단한 수리 연산 능력만 필요하다.

　수리 추리 문항은 간단한 수 계산이 필요한 '수리 연산' 문항과 도형, 표, 그래프, 통계 등에 의해 주어진 정보로부터 새로운 정보를 도출할 수 있는 능력을 평가하기 위한 '도형, 표, 그래프' 문항으로 나누어 볼 수 있다.

(1) 수리 연산

　수리 연산 문항은 언어적 정보와 수 정보로부터 논리적 추론과 수 연산을 통해 새로운 정보를 도출할 수 있는 능력을 측정하는 문항이다.

(2) 도형, 표, 그래프

　도형, 표, 그래프 문항은 도형, 표, 그래프 등에 의해 표현된 정보와 언어적 정보를 결합 및 분석하여 추리할 수 있는 능력을 측정하는 문항이다. 이 유형의 문제를 해결하기 위해서는 도형, 표, 그래프에 의해 표현되는 정보를 올바로 파악하는 것이 중요하다.

　보통 도형, 표, 그래프는 그것에 대한 설명과 함께 제시된다. 그래서 문제를 올바로 풀기 위해서는 질문과 제시문의 설명을 바탕으로 주어진 도형, 표, 그래프를 정확히 분석하는 것이 필요하다.

　다음의 예제 2-10부터 2-14는 수리 추리 문항이다.

다음으로부터 추론한 것으로 옳지 않은 것은?

이웃한 네 국가 A, B, C, D는 지구 온난화로 발생하는 환경 문제를 개선하고자 2,000억 달러의 기금을 조성하기로 하였다. 1차와 2차로 나누어 각각 1,000억 달러의 기금을 만들기로 하였으며 경제 규모와 환경 개선 기여도를 고려하여 국가별 분담금을 정하였다. 합의된 내용 중 알려진 사실은 다음과 같다.

- 국가별 1차 분담금은 A, B, C, D의 순서대로 많고, B는 260억 달러, D는 200억 달러를 부담한다.
- 국가별 2차 분담금은 B가 가장 적고, 250억 달러를 부담하는 C가 그 다음으로 적고, 가장 많은 금액을 부담하는 국가의 분담금은 300억 달러이다.

① 가장 많은 분담금을 부담하는 국가는 A이다.
② B의 분담금은 460억 달러 이하이다.
③ A의 분담금이 570억 달러이면, D의 분담금은 500억 달러이다.
④ C의 분담금과 D의 분담금의 차이는 50억 달러 이하이다.
⑤ 어떤 국가의 1차 분담금과 2차 분담금이 같으면, A의 분담금은 600억 달러 이하이다.

예제 2-11 　　2024학년도 33번　　• 내용영역: 논리학·수학　　• 난이도: ★★★☆☆

다음으로부터 추론한 것으로 옳은 것만을 〈보기〉에서 있는 대로 고른 것은?

갑, 을, 병, 정, 무로 구성된 위원회는 안건의 통과 여부를 다음 방식에 따라 결정한다.

- 각 위원은 기권할 수는 없고, 찬성이나 반대 중에서 하나를 선택하여야 한다.
- 각 위원은 찬성하는 경우 1점, 2점, 3점, 4점, 5점 중 하나를 부여하고, 반대하는 경우 0점을 부여한다.
- 각 위원이 부여한 점수의 합이 17점 이상이면 안건은 통과된다.

안건 P에 대하여 갑, 을, 병 중에서 찬성한 위원은 짝수 점수를 부여하였고, 정, 무 중에서 찬성한 위원은 홀수 점수를 부여하였다고 한다.

《 보기 》

ㄱ. 을이 부여한 점수가 정이 부여한 점수보다 클 때, P가 통과되었다면 갑은 찬성하였다.

ㄴ. P에 대하여 다섯 명의 위원이 부여한 점수의 합이 13점이면 반대한 위원도 있고 4점을 부여한 위원도 있다.

ㄷ. 반대한 위원이 병이고 P가 통과되었다면 다섯 명의 위원이 부여한 점수의 합은 18점이다.

① ㄴ　　　　　② ㄷ　　　　　③ ㄱ, ㄴ

④ ㄱ, ㄷ　　　　⑤ ㄱ, ㄴ, ㄷ

다음으로부터 추론한 것으로 옳은 것만을 〈보기〉에서 있는 대로 고른 것은?

P회사는 연말에 각 직원의 실적을 A, B, C, D 중의 하나의 등급으로 평가한 후, 다음과 같이 성과급을 지급한다.

A등급	B등급	C등급	D등급
2,000만 원	1,500만 원	1,000만 원	500만 원

연말에 재무팀의 직원 갑, 을, 병, 정과 홍보팀의 직원 무, 기, 경, 신의 실적을 평가하였더니 다음과 같았다. (단, 재무팀과 홍보팀의 직원은 갑, 을, 병, 정, 무, 기, 경, 신 8명뿐이다.)

- 재무팀에서 A등급을 받은 사람은 많아야 1명이고 정은 D등급을 받았다.
- 홍보팀에서 D등급을 받은 사람은 없고 A등급을 받은 사람은 무뿐이다.
- 재무팀에 지급한 성과급의 총액과 홍보팀에 지급한 성과급의 총액은 같다.

《 보기 》

ㄱ. 홍보팀에 지급한 성과급의 총액은 5,000만 원이다.
ㄴ. 재무팀에서 갑이 C등급을 받았다면 홍보팀의 기, 경, 신이 받은 등급은 모두 같다.
ㄷ. 재무팀과 홍보팀의 직원 8명 중에서 B등급을 받은 사람의 수와 C등급을 받은 사람의 수는 다르다.

① ㄱ　　　　　　② ㄴ　　　　　　③ ㄱ, ㄷ
④ ㄴ, ㄷ　　　　⑤ ㄱ, ㄴ, ㄷ

다음으로부터 추론한 것으로 옳은 것만을 〈보기〉에서 있는 대로 고른 것은?

아래 그림은 Z국의 1인당 실질 소득과 사망률 및 출생률을 나타낸다. Z국의 1인당 실질 소득은 꾸준히 증가했으며, 사망률은 꾸준히 감소했고 출생률은 처음에는 증가하다가 나중에는 감소하는 추세를 보였다. B는 출생률에서 사망률을 뺀 값이 가장 큰 점이다. 단, 인구의 유출입은 없었다.

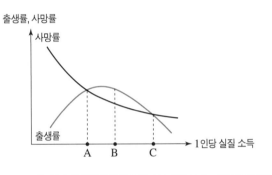

《 보기 》

ㄱ. 인구는 B에서 최대가 되었다.

ㄴ. A~C 구간에서 인구는 꾸준히 증가했다.

ㄷ. Z국 전체의 실질 소득은 꾸준히 증가했다.

① ㄱ   ② ㄴ   ③ ㄷ   ④ ㄱ, ㄷ   ⑤ ㄴ, ㄷ

다음으로부터 추론한 것으로 옳은 것만을 〈보기〉에서 있는 대로 고른 것은?

선출직과 임명직 공무원의 정책 결정 과정이 다른 경우는 흔하다. 선출직의 경우 장래 선거를 고려하여 ㉠주민 효용 극대화를, 임명직의 경우 조직의 확대를 고려하여 ㉡예산 극대화를 추구한다. 다음 상황을 생각해 보자.

공무원 갑은 다음 해 예산을 결정하기 위해 신규 예산안을 제출한다. 신규 예산 수준이 기존 예산 수준과 같으면 주민 투표 없이 제출된 안이 확정되고, 다르면 찬반 투표에 부쳐야 한다. 신규 예산안이 주민의 과반수 찬성을 얻어 통과되면 확정 예산이 되고, 부결되면 기존 예산이 확정 예산이 된다. 신규 예산안이 기존 예산보다 더 낮은 효용을 주지 않는 한 주민들은 찬성표를 던진다.

예산에 따른 주민의 효용은 아래 그림과 같다. 이를 알고 있는 갑은 어떻게 행동할까? 예를 들어, 기존 예산이 x_0라고 하자. 갑이 주민 효용 극대화를 추구한다면, 갑은 x^*를 제안하고 이 안은 주민 투표를 거쳐 확정될 것이다. 만약 갑이 예산 극대화를 추구한다면, 갑은 x_1을 제안함으로써 예산 확대를 꾀할 것이다.

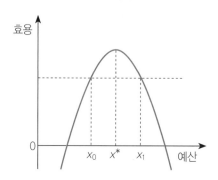

《 보기 》

ㄱ. 갑이 ㉠을 추구하고 기존 예산이 x_1이면, 신규 예산안은 주민 투표에서 통과될 것이다.

ㄴ. 갑이 ㉡을 추구하고 기존 예산이 x^*보다 크다면, 주민 투표에 부쳐진 신규 예산안은 항상 부결될 것이다.

ㄷ. 기존 예산이 x^*가 아니라면, 확정 예산은 갑이 ㉠을 추구할 때가 ㉡을 추구할 때보다 항상 작다.

① ㄱ   ② ㄴ   ③ ㄱ, ㄷ
④ ㄴ, ㄷ   ⑤ ㄱ, ㄴ, ㄷ

논증

논증 문항의 성격과 분류

문항 유형 해설 및 기출예제

논증 문항의 성격과 분류

논증 문항의 성격

추리논증 영역에서 논증 영역으로 분류되는 문항은 논증 평가 및 비판 능력을 시험하는 문항이다. 알려진 지식이나 정보로부터 새로운 지식이나 정보를 이끌어 내는 정신적 과정을 우리는 보통 '추리'라고 일컬으며, 그러한 정신적 추리 과정이 언어로써 표현되면 '논증'이라고 일컫는다. 논증은 실로 거의 모든 학문과 과학 활동, 윤리적 판단, 법률적 판단, 정책 판단의 핵심적 지적 활동의 대상이자 결과물이라고 말할 수 있다. 수학자가 이미 참임이 증명된 수학적 진리로부터 추측에 지나지 않았던 수학적 명제의 진리를 증명해 내는 과정, 과학자가 자신의 가설을 다양한 실험 결과로써 입증하는 과정, 인간의 권리와 사회 전체의 이익을 고려할 때 존엄사를 허용하는 것이 옳은지에 대한 판단, 논란이 되는 특정 법률이 헌법적 가치에 부합하는지에 대한 판단, 환경 영향과 경제 효과에 대한 평가가 특정 정책을 지지하는지에 대한 판단 등은 모두 언어로써 표현되면 논증이된다. 따라서 논증 평가 및 비판은 이러한 지적 과정에 대한 평가 및 비판이다.

논증 문항의 분류

논증 평가 및 비판의 시작은 논증 분석이다. 추리라는 지적 과정이 언어로써 표현될 때, 중요한 주장은 대부분 논증에 명시적으로 드러나 있다. 그러나 논증을 제시하는 자의 입장에서 보았을 때, 자신이나 논증을 접하게 될 상대방이 모두 당연하게 여기거나 또는 상대방이 쉽게 스스로 생각해 낼 수 있는 주장은 글의 간결함을 위해 생략할 수도 있다. 명시적으로 드러나 있는 주장들이 전체 논증에서 다른 문장들과 어떤 논리적 관계를 맺으면서 어떤 논리적 역할을 하고 있는지를 분석하는 능력을 검사하는 문항과 논증의 흐름 또는 구조를 파악하는 과정에서 주장들 간의 논리적 관계를 고려했을 때, 글쓴이가 명시적으로 밝히지

문항 유형 내용 영역	논증 분석		논쟁 및 반론		논증 평가 및 문제해결		
	요소 분석	구조 분석	논쟁 분석 및 평가	반론 구성	논증 평가	강화 또는 약화	문제 해결
인문							
사회							
과학기술							
규범							

는 않았지만 분명히 암묵적으로 전제하고 있음이 틀림없는 전제를 찾아내는 능력을 검사하는 문항이 요소 분석 유형의 문항이다. 이와 같은 논증 요소 분석을 바탕으로 논증 전체의 구조를 명료하게 이해하는 능력을 검사하는 문항은 구조 분석 유형의 문항이다.

논증 분석 문항은 하나의 논증을 분석하는 능력을 검사하는 문항인 반면에 논쟁 및 반론 문항은 두 사람 이상이 논쟁을 벌이고 있는 상황에서 그들이 제시하는 논증을 분석하고 비판하는 능력을 검사하는 문항이다. 우선 논쟁에서 주어져 있는 논증을 이해하여 논쟁점을 파악하고 논쟁에 참여하는 자들이 얼마나 효과적으로 자신의 주장을 옹호하고 상대방의 논증을 비판하고 있는지를 평가하는 능력을 검사하는 문항은 논쟁 분석 및 평가 문항 유형에 속한다. 한편 주어져 있는 갑과 을 간의 논쟁에 스스로 참여하여 갑의 논증에 대하여 을의 입장에서, 또는 을의 논증에 대하여 갑의 입장에서 반론을 직접 구성할 수 있는 능력을 검사하는 문항은 반론 구성 문항 유형에 속한다.

논증 분석과 논쟁 및 반론이 주로 비판 활동의 예비 단계 또는 기초 단계에 해당하는 반면에 논증 평가 및 문제해결은 비판 활동의 완결과 새로운 대안의 제시 또는 더 깊이 있는 문제의 발견 단계에 해당한다. 논증의 타당성 또는 정당성을 평가하는 문항은 논증 평가 문항 유형에 속한다. 강화 또는 약화 문항 유형은 원칙적으로는 논증 평가 문항 유형에 해당하지만, 그 실천적 중요성 때문에 독립적인 문항 유형으로 분리되었다. 증거가 가설을 강화하는지 혹은 약화하는지 평가하는 활동은 귀납논증을 평가하는 핵심적 활동인 동시에 학문 연구, 정책 평가, 법정에서의 판결 등과 같은 매우 광범위한 실천적 판단에서 중요한 역할을 하고 있다.

역설적 주장에 이르는 논증이 그 자체로서는 논리적 오류를 갖지 않을 때, 우리는 논증의 전제를 의심하게 된다. 또한 상반된 주장을 하는 두 개의 논증이 모두 설득력을 가질 때, 우리는 문제를 보는 새로운 패러다임을 갈망한다. 이와 같이 새로운 대안과 더 깊은 문제의 제시 능력을 검사하는 문항은 문제해결 유형에 속한다.

문항 유형 해설 및 기출예제

3. 논증 분석

논증이란 어떤 주장의 참을 입증하거나 설득하기 위해 제시하는 일련의 주장이다. 이때 논증을 제시하는 자가 참임을 입증하려고 하는 주장은 '결론'이라고 일컬어지고, 결론의 참을 입증하기 위해 사용되는 주장은 '전제'라고 일컬어진다. 결국 논증은 전제와 결론으로 이루어진다. 논증 분석이란 바로 이러한 논증의 두 가지 요소인 전제와 결론을 구분하고, 전제가 어떻게 결론을 뒷받침하는지를 전제와 결론의 논리적 관계를 살펴봄으로써 분석하는 것이다.

1) 요소 분석

'요소 분석'은 '명시적 요소 분석'과 '암묵적 요소 분석'으로 나눌 수 있다. '명시적 요소 분석'은 제시문의 논증에 명시적으로 제시되어 있는 문장 중에서 전제와 결론을 찾아내고, 전제가 결론을 어떻게 뒷받침하고 있는지를 분석하는 능력을 평가하고자 한다. '암묵적 요소 분석'은 논증이나 추리 과정에서 의식적 또는 무의식적으로 생략된 전제를 찾아내어 완전한 논증이나 완전한 추리 과정을 재구성하는 능력을 평가하고자 한다.

(1) 명시적 요소 분석

명시적 요소 분석은 논증의 전제와 결론, 그리고 전제 간의 논리적 관계를 분석할 것을 요구한다.

문항은 질문, 제시문, 선택지라는 세 가지 요소로 구성된다. 명시적 요소 분석을 요구하는 문항의 가장 일반적인 질문은 "다음 논증에 대한 분석으로 옳지 않은 것은?"이라는 질문이다. 그러나 이 질문은 암묵적 요소 분석 또는 구조 분석을 요구하는 문항에서도 사용될 수 있다. 일반적으로 명시적 요소 분석의 문항인지, 아니면 암묵적 요소 분석 또는 구조 분석의 문항인지를 정확히 구별하기 위해서는 선택지를 보고 나서 최종적으로 판단할 수밖에 없는 경우가 많다.

앞에서 논증에 해당하는 것을 다음과 같이 열거하였다.

수학자가 이미 참임이 증명된 수학적 진리로부터 추측에 지나지 않았던 수학적 명제의 진리를 증명해 내는 과정, 과학자가 자신의 가설을 다양한 실험 결과로써 입증하는 과정, 인간의 권리와 사회 전체의 이익을 고려할 때 존엄사를 허용하는 것이 옳은지에 대한 판단, 논란이 되는 특정 법률이 헌법적 가치에 부합하는지에 대한 판단, 환경 영향과 경제 효과에 대한 평가가 특정 정책을 지지하는지에 대한 판단 등은 모두 언어로써 표현되면 논증이 된다.

따라서 언뜻 보기에는 명시적 요소 분석과 상관없어 보이는 질문도 명시적 요소 분석 문항의 질문으로 사용될 수 있다. 예컨대 "다음에 등장하는 가설들과 실험의 관계에 대한 진술로 옳지 않은 것은?"이라는 질문은 실험과 가설의 논리적 관계가 논증의 전제와 결론의 논리적 관계와 밀접한 관련성을 갖기 때문에 논증의 명시적 요소 분석을 요구하는 문항의 질문으로 사용될 수 있다. 명시적 요소 분석 문항의 제시문으로 다양한 종류의 글이 사용될 수 있다. 경우에 따라서는 논증의 전제와 결론에 해당하는 역할을 하는 사실이나 주장을 담은 글이 외양상으로는 단순한 사실 기술 형식의 모습으로 제시될 수도 있다. 예를 들어, 2009학년도 22번 문항의 제시문을 한번 살펴보자.

중세 스콜라 학자들은 자연계에 진공이 발생하면 자연은 그 진공을 즉각 없애 버리는 방향으로 움직인다는 가설에 입각해서 자연현상을 설명했다. 예컨대, 펌프로 지하수를 끌어올리는 현상에 대해서, 펌프질을 통해 진공을 만들면 지하수는 이 진공 공간을 메우려고 관을 통해 펌프 안으로 올라오게 된다고 설명하였다. 이 가설이 옳다면 지하수가 있는 깊이에 상관없이 펌프로 진공만 만들어 내면 지하수는 지상까지 올라와야 한다.

하지만 깊이가 10m 이상 되는 곳에 있는 지하수는 펌프를 통해 진공을 만들어도 펌프로 올라오지 않는다는 사실이 알려지면서 이 가설에 의문이 제기되었다. 이 소식을 접한 갈릴레오는, 자연이 진공을 없애려는 힘을 갖고 있지만 그 힘의 크기는 진공 공간의 크기에 비례한다는 가설을 제안했다. 그의 가설에 따르면, 10m 이상의 깊이에 있는 지하수의 경우 기존의 펌프가 만들 수 있는 진공 공간이 작아서 물이 올라오지 못한다는 것이다.

토리첼리는 한쪽이 막힌 1m 길이의 유리관에 수은을 가득 채운 다음 입구를 손으로 막고 수은이 담긴 실험용 용기 속에 유리관을 거꾸로 세웠다. 입구를 막았던 손을 떼었더니, 유리관 속을 가득 채웠던 수은 기둥의 높이가 낮아지다가 용기의 수은면으로부터 약 76cm 높이에서 정지하였고, 유리관 상부에는 진공 공간이 발생하였다. 이어 유리관을 옆으로 기울여 보니, 유리관 진공 부분이 줄어들며 진공의 부피는 감소했지만, 수은면에서 수은 기둥 꼭대기까지의 높이는 유리관의 기울기와 관계없이 약 76cm를 그대로 유지하였다.

겉보기에 위의 글은 단순히 과학적 사실을 나열하고 있을 뿐이다. 그러나 첫째 문단에서는 펌프질의 원리에 대한 스콜라 학자의 가설이, 둘째 문단에서는 갈릴레오의 가설이 소개되며, 셋째 문단에서는 두 가설을 모두 반증하는 실험 결과가 소개되어 있다. 실험 결과와 가설 간의 논리적 관계는 논증의 전제와 결론 간의 논리적 관계와 밀접한 관련성을 갖는다. 일반적으로 가설과 배경지식으로부터 실험 결과의 예측을 연역적으로 추론할 수 있다. 이 경우에는 가설과 배경지식이 전제에 해당하며 실험 결과에 대한 예측은 결론에 해당한다. 그러나 실험이 실제로 행해져 얻은 결과로부터 가설의 진위 여부에 대한 판단을 추론하는 경우도 있다. 이 경우에는 실험 결과가 전제에 해당하며 가설의 진위 여부에 대한 판단은 결론에 해당한다. 위 제시문에서 스콜라 학자의 가설은 "자연계에 진공이 발생하면 자연은 그 진공을 즉각 없애 버리는 방향으로 움직인다"(H_s)는 가설이고, 갈릴레오의 가설은 "자연이 진공을 없애려는 힘을 갖고 있지만 그 힘의 크기는 진공 공간의 크기에 비례한다"(H_g)는 가설이다. 그리고 토리첼리의 실험 결과는 "한쪽이 막힌 1m 길이의, 수은이 가득 담긴 유리관을 수은이 담긴 용기에 거꾸로 세웠을 때, 용기의 수은면으로부터 76cm까지 유리관의 수은 기둥이 내려가 그 윗부분에 진공 공간이 발생하고, 유리관의 수은 기둥의 높이는 유리관을 기울여도 항상 76cm를 유지했다"(E_t)라고 요약할 수 있다. 따라서 다음은 논증, 더욱이 타당한 논증에 해당한다.

$$\frac{E_t}{}$$

따라서 H_s는 거짓이다.

$$\frac{E_t}{}$$

따라서 H_g는 거짓이다.

이와 같은 이유로, 우리는 위 제시문이 넓은 의미에서의 '논증'을 담고 있다고 말할 수 있다.

이 유형에 속하는 문항의 각 선택지는 주로 전제 간의 논리적 관계, 전제와 결론 간의 논리적 관계에 대한 진술로 이루어진다.

(2) 암묵적 요소 분석

논증을 제시하거나, 추리를 할 때, 우리는 당연하다고 여기는 전제나 결론을 의식적으로 생략하기도 한다. 또 더 나아가 완전한 논증이 되기 위해서는 꼭 필요한 전제나 결론을 '무의식적으로' 생략하기도 한다. 논증이나 추리과정에 대한 엄밀한 평가를 위해서는 이와 같이 의식적 또는 무의식적으로 생략된 전제나 결론을 찾아내어 완전한 논증이나 완전한 추리 과정을 재구성하는 것이 필요할 수 있다.

다음의 예제 3-1부터 3-3은 명시적 요소 분석, 3-4부터 3-6은 암묵적 요소 분석 문항이다.

다음 글에 대한 분석으로 옳은 것만을 〈보기〉에서 있는 대로 고른 것은?

㉠ 내가 이전에 먹었던 빵은 나에게 영양분을 제공하였다. 과거에 경험한 이런 한결같은 사실을 근거로, ㉡ 미래에 먹을 빵도 반드시 나에게 영양분을 제공할 것이라고 결론 내릴 수 있을까?

어떤 사람들은 미래에 관한 이런 명제가 과거에 관한 명제로부터 올바르게 추리된다고 주장한다. 즉 전제가 참이면 결론도 반드시 참이라는 의미에서, 미래에 관한 명제가 과거에 관한 명제로 부터 추리된다고 말한다. 하지만 그들이 말하는 그 추리가 연역적으로 타당하게 이끌어진 추리가 아니라는 점은 명백하다. 왜냐하면 그 경우 전제가 참이더라도 결론이 거짓일 수 있기 때문이다. 그렇다면 그 추리는 어떤 성질을 지닌 추리인가?

만약 어떤 사람이 그 추리가 경험에 근거해서 결론이 필연적으로 따라나오는 추리라고 주장한다면, 그 사람은 논점 선취의 오류를 범하는 것이다. 왜냐하면 경험에 근거해서 결론이 필연적으로 따라나오는 추리가 되려면, ㉢ 미래가 과거와 똑같다는 것을 기본 전제로 가정해야 하기 때문이다. 만일 자연의 진행 과정이 변할 수도 있다고 생각할 수 있다면, 모든 경험은 소용이 없게 될 것이며 아무런 추리도 할 수 없게 되거나 아무런 결론도 내릴 수 없게 될 것이다. 따라서 경험을 근거로 하는 어떠한 논증도 미래가 과거와 똑같을 것이라는 점을 증명할 수는 없다. 왜냐하면 그런 논증은 모두 미래가 과거와 똑같을 것이라는 그 가정에 근거해 있기 때문이다.

《 보기 》

ㄱ. ㉢을 참이라고 가정하면 ㉠으로부터 ㉡을 추리할 수 있다.

ㄴ. ㉢이 거짓이라면 ㉡의 참을 확신할 수 없다.

ㄷ. ㉢을 정당화할 수 있는, 경험에 근거한 추리란 없다.

① ㄱ   ② ㄷ   ③ ㄱ, ㄴ

④ ㄴ, ㄷ   ⑤ ㄱ, ㄴ, ㄷ

다음 글에 대한 분석으로 옳은 것만을 〈보기〉에서 있는 대로 고른 것은?

어떤 학자들은 한국어 연결사 '또는'이 두 가지 다른 종류의 의미를 표현하는 데 사용되는 애매한 용어라고 주장한다. ㉠이러한 입장에 따르면, 다음 두 문장에서 사용되는 '또는'의 문자적 의미는 다르다.

⑴ 철수는 노트북 또는 핸드폰을 가지고 있다.
⑵ 후식으로 커피 또는 녹차를 드립니다.

⑴의 경우 '또는'이 철수가 노트북과 핸드폰을 모두 가지고 있는 경우에도 참이 되는 포괄적 의미로 사용된 반면, ⑵의 경우 '또는'은 후식으로 커피와 녹차를 모두 주는 경우 문장이 거짓이 되는 배타적 의미로 사용되었기 때문이다.

하지만 이는 ㉡문자적 의미와 함의를 구분하지 못한 주장이며, 이를 구분하면 '또는'이 애매한 용어가 아니라는 이론을 구성할 수 있다. 다음 문장을 보자.

⑶ 어떤 회원들은 파티에 참석할 수 있다.

문장 ⑶이 문자적 의미로서 표현하는 내용은 〈어떤 회원들은 파티에 참석할 수 있다〉이다. 그런데 ⑶을 사용하는 많은 경우, '어떤'이란 단어를 사용하는 화자의 의도는 〈모든 회원들이 파티에 참석할 수 있는 것은 아니다〉라는 내용 역시 청자에게 전달하는 것이다. 하지만 이는 문자적 의미가 아니라 함의로서 전달되는 것이다. 왜냐하면 문자적 의미와 달리 특정 맥락에서 전달된 함의의 경우, 그 함의된 내용의 부정을 표현하는 문장을 원래 문장 뒤에 나열해도 두 문장 사이에서 어떤 논리적 모순도 발생하지 않기 때문이다. 즉, "어떤 회원들은 파티에 참석할 수 있다. 물론 모든 회원들이 파티에 참석할 수도 있다."에서는 어떤 모순도 발생하지 않는다.

마찬가지로 ㉢'또는'의 문자적 의미는 포괄적 의미일 뿐, 배타적 의미는 함의로서 전달되는 것이라는 진단이 가능하다. 즉, "후식으로 커피 또는 녹차를 드립니다. 물론 둘 다 드릴 수도 있습니다."에서는 어떤 모순도 나타나지 않고, 따라서 우리는 ⑵의 사용을 통해 전달된 내용 〈커피와 녹차를 모두 드릴 수는 없다〉가 원래 문장의 문자적 의미가 아니라 함의였다고 결론 내릴 수 있다.

《 보기 》

ㄱ. "p, q, r, s가 모두 참인 문장일 때, 문장 'p 또는 q'는 참이지만 문장 'r 또는 s'는 거 짓이라면, 전자와 후자의 문장에서 사용된 '또는'이 다른 의미를 나타낸다."라는 것은 ㉠과 상충하지 않는다.

ㄴ. ㉡에 대한 필자의 설명에 따르면, "철수는 밥과 빵을 먹었다."라는 문장을 사용하여 〈철수는 빵을 먹었다〉라는 내용을 함의로서 전달할 수는 없다.

ㄷ. ㉢에 따르면, 〈후식으로 커피와 녹차 모두를 드릴 수 있다〉라는 내용은 (2)의 문자적 의미에 포함되는 것이 아니라 함의로서 전달되는 것이다.

① ㄱ   ② ㄷ   ③ ㄱ, ㄴ

④ ㄴ, ㄷ   ⑤ ㄱ, ㄴ, ㄷ

㉠을 입증하는 실험결과에 포함될 수 <u>없는</u> 것은?

　　사회과학에서 고전적 실험연구는 실험결과를 현실 세계로 일반화시킬 수 없을 가능성이 있다. 예를 들어 '흑인이 영웅으로 등장하는 영화 관람'(실험자극)이 '흑인에 대한 부정적 편견 정도'를 줄이는지를 알아보고자 실험연구를 수행한 결과 다음과 같은 사실이 관찰되었다고 하자. 첫째, 실험자극을 준 실험집단의 경우 사전조사보다 사후조사에서 편견 정도가 낮았다. 둘째, 실험자극을 주지 않은 통제집단에서는 사전과 사후조사에서 편견 정도의 변화가 없었다. 이 경우 영화 관람이 실험집단 피험자들의 편견 정도를 줄였다고 볼 수 있다. 그러나 그 영화를 일상생활 중 관람했다면 동일한 효과가 나타날 것이라고 확신할 수는 없다. 실험에서는 사전조사를 통해 피험자들이 이미 흑인 편견에 대한 쟁점에 민감해져 있을 수 있기 때문이다. 이 문제를 해결하기 위해서는 사전조사를 하지 않는 실험을 추가한 〈실험설계〉를 해야 한다. 이를 통해 ㉠<u>영화 관람이 편견 정도를 줄였다는 것</u>을 입증하는 실험결과를 발견한다면 일반화 가능성을 높일 수 있다.

〈실험설계〉

- 집단1 : 사전조사 ⎯⎯⎯⎯→ 실험자극 ⎯⎯⎯⎯→ 사후조사
- 집단2 : 사전조사 ⎯⎯⎯⎯⎯⎯⎯⎯⎯⎯⎯→ 사후조사
- 집단3 : 사전조사 없음 ⎯⎯→ 실험자극 ⎯⎯⎯→ 사후조사
- 집단4 : 사전조사 없음 ⎯⎯⎯⎯⎯⎯⎯⎯→ 사후조사

단, 집단1~4의 모든 피험자는 모집단에서 무작위로 선정되었다.

① 집단1에서 사후조사 편견 정도가 사전조사 편견 정도보다 낮게 나타났다.
② 집단1의 사후조사 편견 정도가 집단2의 사후조사 편견 정도보다 낮게 나타났다.
③ 집단3의 사후조사 편견 정도가 집단2의 사전조사 편견 정도보다 낮게 나타났다.
④ 집단3의 사후조사 편견 정도가 집단4의 사후조사 편견 정도보다 낮게 나타났다.
⑤ 집단4의 사후조사 편견 정도가 집단1의 사후조사 편견 정도보다 낮게 나타났다.

아래 글의 저자가 암묵적으로 전제하는 것으로 옳지 <u>않은</u> 것은?

　　육식을 정당화하는 사람들은 동물들이 서로 잡아먹는 것을 근거로 들 때가 있다. '그래, 너희들이 서로 먹는다면, 내가 너희들을 먹어서는 안 될 이유가 없지'라고 생각하는 것이다. 그러나 이런 주장에 대해 제기될 수 있는 반박은 명백하다. 먹기 위해 다른 동물을 죽이지 않으면 살아 남을 수 없는 많은 동물들과 달리, 사람은 생존을 위해 반드시 고기를 먹을 필요가 없다. 나아가 동물은 여러 대안을 고려할 능력이나 식사의 윤리성을 반성할 능력이 없다. 그러므로 동물에게 그들이 하는 일에 대한 책임을 지우거나, 그들이 다른 동물을 죽인다고 해서 죽임을 당해도 괜찮다고 판정하는 것은 타당하지 않다. 반면에 인간은 자신들의 식사습관을 정당화하는 일이 가능한지를 고려하지 않으면 안 된다.

　　한편 어떤 사람들은 동물들이 서로 잡아먹는다는 사실은 일종의 자연법칙이 있다는 것을 의미하는 것으로 간주하곤 한다. 그것은 더 강한 동물이 더 약한 동물을 먹고 산다는 일종의 '적자생존'의 법칙을 말한다. 그들에 따르면, 우리가 동물을 먹는 것은 이러한 법칙 내에서 우리의 역할을 하는 것일 뿐이다. 그러나 이런 견해는 두 가지 기본적인 잘못을 범하고 있다. 첫째로, 인간이 동물을 먹는 것이 자연적인 진화 과정의 한 부분이라는 주장은 더 이상 설득력이 없다. 이는 음식을 구하기 위해 사냥을 하던 원시문화에 대해서는 참일 수 있지만, 오늘날처럼 공장식 농장에서 가축을 대규모로 길러내는 것에 대해서는 참일 수 없다. 둘째로, 가임 여성들이 매년 혹은 2년마다 아기를 낳는 것은 의심할 여지없이 '자연스러운' 것이지만, 그렇다고 해서 그 과정에 간섭하는 것이 그릇된 것임을 의미하지는 않는다. 우리가 하는 일의 결과를 평가하기 위해서 우리에게 영향을 미치는 자연법칙을 알 필요가 있음을 부정할 필요는 없다. 그러나 이로부터 어떤 일을 하는 자연적인 방식이 개선될 수 없음이 따라 나오지는 않는다.

① 반성 능력이 없는 존재에게는 책임을 물을 수 없다.
② 자신의 생존에 위협이 되는 행위는 의무로 부과할 수 없다.
③ 어떤 행위의 대안을 고려할 수 있는 존재는 윤리적 대안이 있는데도 그 행위를 하는 경우라면 그것을 정당화해야 한다.
④ 공장식 농장의 대규모 사육은 자연스러운 진화의 과정이 아니다.
⑤ 자연적인 방식이 개선되면 기존의 자연법칙은 더 이상 유효하지 않다.

〈비판〉에 대한 분석으로 옳은 것만을 〈보기〉에서 있는 대로 고른 것은?

덕 윤리학에 의하면 올바른 행동이란 덕을 갖춘 사람이 할 법한 행동을 말한다. 여기서 덕을 갖춘 사람이란 좋은 삶을 영위하기 위해 필요한 어떤 특정한 성격 특성을 가진 사람을 말한다. 이러한 성격 특성은 단순하고 일시적인 경향성이 아니라 다른 특성 및 성향들과 지속적으로 긴밀하게 결합되어 있는 어떤 복합적인 심리적 경향성이다. 예를 들어, 정직한 사람이 된다는 것은 "가능한한 정직한 사람들과 함께 일하고, 자식도 정직한 사람으로 기르려고 하며, 부정직함을 싫어하고 개탄한다."와 같은 복합적 경향성을 가진 특정 유형의 사람이 된다는 의미이다.

〈실험 결과〉

쇼핑몰 내 공중전화 박스 밖에서 서류를 떨어뜨린 후 얼마나 많은 사람들이 서류 줍는 일을 도와주는지 살펴본 결과, 공중전화의 동전 반환구에서 운 좋게 동전을 주운 사람들은 그렇지 않은 사람들보다 서류 줍는 일을 도와줄 확률이 훨씬 높았다.

〈비판〉

우리는 보통 사람들의 행동이 그의 성격에서 기인한다고 생각하지만, 〈실험 결과〉는 사람들이 처한 상황이 그들의 행동에 영향을 미친다는 것을 보여 준다. 특히 이는 타인을 돕는 행위가 여러 상황에서 일관적으로 발휘되지 않음을 보여 준다. 이것은 덕 윤리학이 주장하는 성격 특성이란 존재하지 않음을 보여 준다. 따라서 덕 윤리학은 올바른 윤리 이론일 수 없다.

《 보기 》

ㄱ. 〈비판〉은 '어떤 이론이 가정하고 있는 중심 요소가 실제로 존재하지 않는 것으로 판명된다면 그 이론에는 심각한 문제가 있다'는 원리에 의존하고 있다.

ㄴ. 〈비판〉은 '우리의 행동 성향이 일시적이고 상황에 크게 좌우된다면 우리는 좋은 삶을 영위할 수 없다'고 가정하고 있다.

ㄷ. 〈비판〉은 '덕 윤리학이 주장하는 친절함의 덕을 지닌 사람이라면 여러 상황 하에서 일관되게 친절한 행동을 하는 성향을 가질 것'이라 가정하고 있다.

① ㄱ　　　　　　② ㄴ　　　　　　③ ㄱ, ㄷ
④ ㄴ, ㄷ　　　　　⑤ ㄱ, ㄴ, ㄷ

㉠에 대한 근거로 적절한 것만을 〈보기〉에서 있는 대로 고른 것은?

> 화재가 발생하여 화재의 기전에 의해 사망하는 것을 화재사라고 한다. 화재 현장에서 불완전연소의 결과로 발생한 매연(煤煙)을 들이키면 폐 기관지 등 호흡기 점막에 새까맣게 매(煤)가 부착된다. 화재 현장에서 생성되는 다양한 유독가스 중 일산화탄소는 피해자의 호흡에 의해 혈류로 들어가 헤모글로빈에 산소보다 더 강하게 결합하여 산소와 헤모글로빈의 결합을 방해한다. 생체의 피부에 고열이 작용하면 화상이 일어나는데 그중 가장 경미한 정도인 1도 화상에서는 손상에 대한 생체의 반응으로 피부로의 혈액공급이 많아져 발적과 종창이 나타난다. 더 깊이 침범된 2, 3도 화상에서는 피부의 물집, 피하조직의 괴사 등이 나타난다. 불길에 의해 고열이 가해지면 근육은 근육 단백질의 형태와 성질이 변하여 위축되는 모양을 띤다. 근육의 위축은 그 근육에 의해 가동되는 관절 부위의 변화를 가져오게 되는데 관절을 펴는 근육보다는 굽히는 근육의 양이 더 많으므로 불길에 휩싸여 열변성이 일어난 시신은 대부분의 관절이 약간씩 굽은 모습으로 탄화된다.
> 한편, 화재 현장에서 변사체가 발견되어 부검이 시행되었다. 부검을 마친 법의학자는 ㉠희생자가 생존해 있을 때에 화재가 발생하여 화재의 기전에 의해 사망하였다고 판단하였다.

《 보기 》

ㄱ. 불에 탄 시체의 관절이 약간씩 굽어 있다.

ㄴ. 얼굴에 빨간 발적이나 종창이 일어난 화상이 있다.

ㄷ. 혈액 내에 일산화탄소와 결합한 헤모글로빈 농도가 높다.

① ㄱ   ② ㄴ   ③ ㄱ, ㄷ

④ ㄴ, ㄷ   ⑤ ㄱ, ㄴ, ㄷ

2) 구조 분석

구조 분석 유형의 문항은 논증 전체의 구조 분석을 요구한다. 대부분의 경우에 구조 분석 문항의 제시문은 문장마다 번호가 붙여진 형태로 제시된다. 따라서 구조 분석 문항은 문장 간의 엄밀한 논리적 관계에 대한 이해와 이러한 이해에 기초한 논증 전체의 이해 능력을 측정한다.

"다음 논증의 구조를 분석한 것으로 가장 적절한 것은?"과 "다음 논증에 대한 분석으로 적절한 것은?"이라는 질문이 가장 일반적인 질문 형식이다. 구조 분석 문항을 풀 때, 일반적으로 논증 전체의 결론을 먼저 파악하는 것이 효과적이다.

> **▎논증 구조 분석 요령**
> 결론을 먼저 찾고, 전제들을 찾기. 그다음에 전제 간의 논리적 관계 파악하기

다음의 예제 3-7부터 3-9는 구조 분석 문항이다.

2024학년도 25번　　•내용영역: 인문　　•난이도: ★★★☆☆

다음 논증의 구조를 분석한 것으로 가장 적절한 것은?

　　㉠인간 이성의 본성으로부터 윤리 규범이나 가치의 필연성을 도출해 낼 수는 없다. ㉡규범이나 가치는 사회적, 역사적 우연성을 반영한다. ㉢우리가 지금과 다른 사회·문화적 조건에 처해 있었더라면, 우리는 지금과 다른 실천적 문제에 직면했을 것이고 다른 규범 및 가치 체계를 지녔을 것이기 때문이다. ㉣어떠한 윤리 규범도 우리가 이성적 존재라는 사실에서만 비롯한 것일 수 없으며, 모든 가치는 우리의 평가적 관점에 의존한다. ㉤윤리 규범은 인간 이성의 본성으로부터 도출해 낼 수 있는 '이성의 사실'이 아니다. ㉥우리가 이성의 법칙으로부터 순수 논리학과 수학의 법칙을 이끌어 낼 수 있을지 모르지만, 우리가 참으로 여기는 도덕 법칙을 마찬가지로 연역해 낼 수 있는 것은 아니다. ㉦가치의 원천은 특정 행위자의 평가적 태도에서 찾아야 한다. ㉧어떤 것을 가치 있게 만드는 것은 결국 우리가 그것을 가치 있는 것으로 여긴다는 데에 있기 때문이다.

①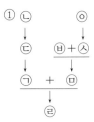

②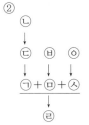

③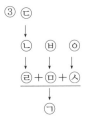

④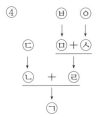

⑤

다음 논증의 구조를 가장 적절하게 분석한 것은?

　　㉠사람들은 종종 마치 로봇이 사람인 것처럼 대하는데, 이와 같은 현상에는 동서양의 차이가 존재하며 그러한 차이는 문화 또는 문화적 요인을 통해 이루어지는 진화, 즉 문화선택에 의한 것으로 보인다. ㉡한 연구 결과에 따르면, 사람의 행동에 반응하여 로봇 개 아이보가 꼬리를 살랑거리며 빙글빙글 도는 모습을 피실험자에게 보여 주었을 때, 서양인 피실험자보다 한국인 피실험자가 더 강한 정도로 사람과 로봇이 친구가 될 수 있다고 답하였다. ㉢어린이가 아이보의 꼬리를 부러뜨리려는 장면을 피실험자에게 보여 주고 그 어린이에게 아이보를 괴롭히지 말라는 도덕 명령을 내릴 것이냐고 물었을 때에도, 서양인 피실험자보다 한국인 피실험자가 더 강한 긍정적인 답을 내놓았다. ㉣이는 로봇을 마치 사람처럼 대하는 현상이 서양인보다 한국인에게서 더 강하게 나타난다는 것을 보여 준다. ㉤묵가에 의하면, 우정 같은 감정은 대상이 나에게 실질적인 이득을 가져다줄 것이라는 판단을 내렸을 때에만 발생할 수 있다. ㉥유가에 의하면, 도덕 판단의 근거는 판단 주체에게 내재한 모종의 원칙이 아닌 대상과의 감정적 관계에 있다. ㉧묵가와 유가 이론을 사람과 로봇 관계에 적용한다면, 사람들은 아이보가 자신에게 즐거움을 준다고 판단할 때 아이보를 친구로 여길 수 있게 되고 아이보를 불쌍하다고 느낄 때 아이보를 도덕 판단의 대상으로 여길 수 있게 된다. ㉨한국 사회 전반에서 묵가와 유가 전통을 통한 문화선택이 발생했으며, 그에 따라 한국인 일반의 감정과 도덕성에 관한 사회적 측면이 부분적으로 결정되었다는 연구 결과가 있다.

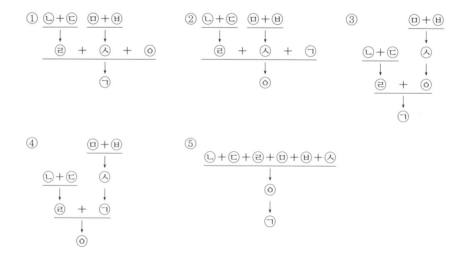

다음 논증의 지지 관계를 분석한 것으로 적절하지 않은 것은?

ㅡ ㉠ 자연권이란 개개인이 자신의 생명을 보존하기 위해 원할 때는 언제나 자신의 힘을 사용할 수 있는 자유를 의미하는 것으로, 모든 사람에게 동등하게 보장된 것이다. 반면 ㉡ 자연법이란 이성에 의해 발견된 계율 또는 일반규칙으로서, 그러한 규칙의 하나에 따르면 인간은 자신의 생명을 보존하는 수단을 박탈하거나, 자신의 생명 보존에 가장 적합하다고 생각되는 행위를 포기하는 것이 금지된다. 권리는 자유를 주는 반면, 법은 자유를 구속한다.

ㅡ ㉢ 인간의 자연 상태는 만인에 대한 만인의 전쟁 상태이며, ㉣ 이 상태에서 모든 이성적 인간은 적에 맞서 자신의 생명을 보존하는 데 도움이 되는 것은 어떤 것이든 사용할 수 있다. 따라서 ㉤그런 상태에서는 모든 사람은 모든 것에 대해, 심지어는 상대의 신체에 대해서도 권리를 갖게 된다. ㉥ 상대의 신체에 대한 권리는 그 신체를 훼손할 권리까지 포함하므로, ㉦ 모든 것에 대한 이러한 자연적 권리가 유지되는 한 인간은 누구도 안전할 수 없다. 그런데 자연법은 생명의 안전한 보존에 가장 적합하다고 생각되는 행위를 결코 포기해서는 안 된다고 명하고 있으므로, ㉧ 모든 사람은 평화를 이룰 희망이 있는 한 그것을 얻기 위해 노력하지 않으면 안 된다. 그렇다면 이성이 우리에게 명하는 또 하나의 계율은 이렇게 요약될 수 있다. ㉨ 평화와 자기 방어에 필요하다고 생각하는 한 우리는 모든 사물에 대한 자연적 권리를 기꺼이 포기하고, 우리가 다른 사람에게 허용한 만큼의 자유에 스스로도 만족해야 한다.

① ㉠이 ㉣의 근거로 제시되고 있다.
② ㉢과 ㉣이 ㉤의 근거로 제시되고 있다.
③ ㉤이 ㉥의 근거로, 그리고 이 ㉥이 다시 ㉦의 근거로 제시되고 있다.
④ ㉡이 ㉧의 근거로 제시되고 있다.
⑤ ㉦과 ㉧이 ㉨의 근거로 제시되고 있다.

4. 논쟁 및 반론

논쟁이란 논증이라는 수단을 이용한 말싸움이다. 그러나 논쟁이 서로 다투는 두 사람 또는 더 많은 수의 사람 중 한 사람의 일방적인 승리로 끝나는 경우는 드물다. 오히려 논쟁에 참여하는 이들은 논쟁 속에서 상대방으로부터 더 정확한 정보나 더 설득력 있는 주장을 얻거나 자신의 오류를 발견함으로써, 한 사람이 독자적으로 사고하여 도달한 결론보다 더 나은 결론에 이를 수도 있다. 따라서 요즘 유행하는 용어인 '집단 지성'이라는 말로써 사람들이 의미하는 것이 구현되는 가장 신뢰할 만한 절차가 바로 '논쟁'이라고 할 수 있다.

논쟁 및 반론 문항 유형의 세부 문항 유형으로는 '논쟁 분석 및 평가', '반론 구성'이 있다.

1) 논쟁 분석 및 평가

논쟁 분석 및 평가 유형 문항의 제시문으로는 둘 또는 세 사람의 대화가 일반적으로 사용된다. 대화하는 두 사람은 보통 'A', 'B'로 또는 '갑', '을'로 지칭된다. 이 유형 문항의 질문으로 보통 "다음 논쟁에 대한 분석으로 옳은 것만을 〈보기〉에서 있는 대로 고른 것은?", "〈논쟁〉에 대한 평가로 적절한 것만을 〈보기〉에서 있든 대로 고른 것은?"이 많이 사용된다. 한편 "갑과 을의 대화 중 자신의 기본 입장과 일관되지 않은 진술은?"이라는 질문은 특정한 측면의 논쟁 분석을 요구하는 조금 더 구체적인 질문이다.

일반적으로 선택지로는 논쟁 참여자들의 논쟁 단계별 진술에 대해 평가하거나, 자신 또는 상대방의 앞선 진술과 어떤 논리적 관계에 있는지에 대해 평가하는 진술이 사용된다.

다음의 예제 4-1부터 4-10은 논쟁 분석 및 평가 문항이다.

다음 글에 대한 분석으로 옳은 것만을 〈보기〉에서 있는 대로 고른 것은?

이동통신 사업자들이 서로 경쟁하는 수단에는 단말기 보조금(이하 보조금이라 한다)과 통신 서비스 요금(이하 요금이라 한다)이 있다. 현재 정부는 이동통신 사업자들이 설정된 상한을 넘겨 보조금을 지급하지 못하도록 보조금상한제를 실시하고 있다. 보조금상한제가 요금 인하에 미치는 영향에 대해 다음과 같은 논쟁이 있다.

甲 : 사업자들은 통신 서비스 가입자를 유치하는 경쟁에서 높은 보조금을 이용한다. 보조금이 높으면 소비자가 더 쉽게 사업자를 전환할 수 있기 때문이다. 그런데 높은 보조금에 끌려 소비자가 통신 사업자를 전환할지 고려하다 보면 요금에 대한 소비자의 반응도 더 민감해질 수 있다. 그 결과 사업자 간 요금 경쟁이 더욱 활발해질 것이다.

乙 : 경쟁이 보조금과 요금 중 어느 하나에 집중되면 다른 하나의 경쟁은 약화된다. 또한 한 영역의 경쟁을 제한하면 경쟁은 다른 쪽으로 옮겨 간다. 보조금 경쟁이 과열될수록 요금 경쟁이 약화될 것이므로, 정부가 법으로써 보조금 수준을 제한하면 요금 경쟁이 활성화되어 요금이 낮아질 것이다.

丙 : 더 많은 가입자를 유치하기 위해 높은 보조금을 지급하는 것이 사업자에게는 전반적인 비용 상승 요인이 된다. 이를 보전하기 위해 요금은 높아질 것이다.

《 보기 》

ㄱ. 보조금상한제 시행 후 소비자가 통신 사업자를 전환하는 비율이 증가했다는 사실은 甲의 주장을 강화한다.

ㄴ. 乙의 주장은 정부가 요금 인하를 위해 보조금상한을 낮추는 정책의 근거가 될 수 있다.

ㄷ. 요금 인하 효과의 측면에서 甲은 보조금상한제를 반대하고 丙은 찬성할 것이다.

① ㄱ   ② ㄴ   ③ ㄱ, ㄷ
④ ㄴ, ㄷ   ⑤ ㄱ, ㄴ, ㄷ

다음 논쟁에 대한 분석으로 옳은 것만을 〈보기〉에서 있는 대로 고른 것은?

　　80년 전 K섬이 국가에 의해 무단으로 점유되어 원주민 A가 K섬에서 강제로 쫓겨나 타지에서 어렵게 살게 되었다. A가 살아 있다면 국가가 저지른 잘못에 대해서 A에게 배상이 이루어져야 하겠지만 A는 이미 사망하였다. A의 현재 살아 있는 자녀 B에게 배상이 이루어져야 할지에 대해서 다음과 같은 논쟁이 벌어졌다.

갑 : 배상은 어떤 잘못에 의해서 영향받은 사람에게 이루어져야 하는데, ㉠잘못된 것 X에 대해 사람 S에게 배상을 한다는 것은, X가 일어나지 않았더라면 S가 누렸을 만한 삶의 수준이 되도록 S에게 혜택을 제공하는 것이다. 피해자의 삶의 수준을 악화시킨 경우 그리고 그런 경우에만 배상이 이루어져야 한다. 따라서 80년 전 K섬의 무단 점유가 없었더라면 B가 누렸을 삶의 수준이 되도록 B에게 혜택을 제공하는 배상이 이루어져야 한다.

을 : 갑의 주장에는 심각한 문제가 있다. K섬의 무단 점유가 없었더라면 B의 아버지는 B의 어머니가 아니라 다른 여인을 만나 다른 아이가 태어났을 것이고 B는 아예 존재하지 않았을 것이다. 따라서 그 섬의 무단 점유가 없었더라면 B가 더 높은 수준의 삶을 누렸을 것이라고 말하는 것은 옳지 않으며, 그런 상황에서 B가 누렸을 삶의 수준이 어느 정도인지의 질문에 대해 애초에 어떤 답도 없다.

병 : B의 배상 원인이 되는 잘못은 80년 전 발생한 K섬의 무단 점유가 아니라, B가 태어난 후 어느 시점에서 K섬의 무단 점유에 대해 A에게 배상이 이루어지지 않았다는 사실이다. 만약 그런 사실이 없었더라면, 다시 말해 B가 태어난 후 K섬의 무단 점유에 대해 A에게 배상이 이루어졌더라면, A는 B에게 더 나은 교육 기회와 자원을 제공하였을 것이고 B는 더 나은 삶을 살았을 것이다. 그러나 과거에 그런 배상이 이루어지지 않았기 때문에 B에게 배상이 이루어져야 하는 것이다.

《 보기 》

ㄱ. 갑이 "80년 전 K섬의 무단 점유가 없었더라면, A는 그가 실제로 누렸던 것보다 훨씬 더 높은 수준의 삶을 누렸겠지만 B는 오히려 더 낮은 수준의 삶을 누렸을 것이다."라는 것을 받아들이게 된다면, 갑은 B에게 배상이 이루어져야 한다는 주장에 동의하지 않을 것이다.

ㄴ. 을이 ㉠의 원리를 받아들인다면, 그는 80년 전 K섬의 무단 점유에 대해 B에게 배상이 이루어져야 한다는 주장에 동의할 것이다.

ㄷ. 병은 ㉠의 원리에 동의하지 않지만, B에게 배상이 이루어져야 한다는 것에 대해서는 갑과 의견을 같이한다.

① ㄱ   ② ㄴ   ③ ㄱ, ㄷ

④ ㄴ, ㄷ   ⑤ ㄱ, ㄴ, ㄷ

다음 논쟁에 대한 분석으로 옳은 것만을 〈보기〉에서 있는 대로 고른 것은?

갑1 : 종이에 쓰인 '개'라는 기호는 개에 관한 것이야. 마찬가지로 우리 머릿속의 개-생각 또한 개에 관한 것이지. 그런데 '개'라는 임의의 기호가 왜 개에 관한 것인지를 설명할 때와 마찬가지로, 개-생각이 어떻게 개에 관한 것인지를 설명하기도 까다로운 것 같아.

을1 : 그건 간단히 설명할 수 있어. 만약 대상 X가 어떤 생각을 인과적으로 야기하고, 그리고 X가 있을 때만 그 생각이 인과적으로 야기된다면, 그 생각은 X에 관한 것이지. 승강기 지시등을 생각해봐. 7층 지시등은 승강기가 7층에 도달하면 그리고 오직 그 경우에만 켜지잖아. 7층 지시등이 7층에 관한 것임과 똑같은 방식으로 개-생각은 개에 관한 것이야.

갑2 : 너의 견해는 만족스럽지 않아. 예를 들어 병이 개를 본다고 해봐. 개에서 병의 개-생각까지 이어지는 인과적 경로는 매우 길어. 빛이 개의 털에 반사되어 병의 망막으로 들어오지. 망막은 특정한 양식으로 활성화되고 그 정보는 시신경을 통해 뇌에 전달돼. 마지막으로 개-생각이 병의 뇌 깊은 데서 형성되지. ㉠병의 망막 위의 활성화 양식을 'd-양식'이라 하자. 그렇다면 개가 아닌 d-양식이라는 대상에 의해, 그리고 오직 그 대상이 있을 때만 병의 개-생각이 인과적으로 야기된다고 말할 수 있지.

을2 : 하지만 그 d-양식을 인과적으로 야기한 대상의 인과관계를 계속 거슬러 올라가면 마지막에는 항상 개가 있지. 그러므로 병의 개-생각은 여전히 개에 관한 것임에 변함이 없어.

갑3 : 그러면 병이 안개 낀 저녁에 양을 개로 오인하고 '저 안개 너머에 개가 있다.'라고 생각했다고 해볼까? 지금 병의 개-생각은 양에 의해서 야기되었어. 반면 정상적인 상황에서는 양이 아닌 개가 병의 개-생각을 야기하겠지. 개-생각은 양에 의해 야기되기도 하고 개에 의해 야기되기도 해. 그렇다면 개-생각은 개 또는 양에 의해 야기된다고 해야 해. 그러므로 너의 견해가 옳다면 병의 개-생각은 개가 아닌 개-또는-양이라는 대상에 관한 것이라는 결론에 도달해.

《 보기 》

ㄱ. ⑤까지 이어지는 인과적 경로의 출발점이 개 전체가 아니라 개의 일부라고 가정하더라도 갑2의 결론은 똑같이 도출된다.

ㄴ. 을2는 대상 a, b, c에 대해서 만약 a가 b를 인과적으로 야기하고 b가 c를 인과적으로 야기한다면 a는 c를 인과적으로 야기한다는 원리를 전제한다.

ㄷ. 갑2와 갑3에 제시된 논증은, 만약 을1의 견해를 수용한다면 병의 개–생각이 개가 아닌 다른 무언가에 관한 것일 수 있다는 것이다.

① ㄱ   ② ㄷ   ③ ㄱ, ㄴ

④ ㄴ, ㄷ   ⑤ ㄱ, ㄴ, ㄷ

〈견해〉에 대한 평가로 옳은 것만을 〈보기〉에서 있는 대로 고른 것은?

X국에서는 개명을 할 때 법원의 허가를 받도록 법으로 규정하고 있다. 그러나 법원의 개명 허가 기준에 관한 세부 규정이나 지침이 없어 다음과 같이 견해가 나뉘고 있다.

〈견해〉

A : 이름을 변경할 권리는 보호되어야 해. 자신의 의사와 상관없이 부모 등에 의해 일방적으로 결정되는 이름에 불만이 있는데도 그 이름으로 살아갈 것을 강요하는 것은 정당화될 수 없어 개명 신청이 있으면, 법원은 과거의 범죄행위를 은폐하여 새로운 범죄행위를 할 위험이 있는 경우를 제외하고는 모두 허가해 주는 것이 마땅해.

B : 이름을 바꾸는 것은 이름을 짓는 것과 달라서 사회적 질서나 신뢰에 영향을 주어 혼란을 초래할 수 있어. 개명은 개인의 자유로운 의사에 맡기면 범죄를 은폐하는 수단으로 활용될 수도 있어. 그러니 개명은 독립된 사회생활의 주체라 할 수 없는 아동에 대해서만 제한적으로 허용해야 해.

C : 글쎄... A와 B 모두 일면 타당한 점이 있어. 다만 개명 허가 여부를 법관의 재량에 맡겨 두면 법관 개인의 기준에 따라 결과가 달라질 소지가 있기 때문에 현재로서는 어떻게든 구체적인 기준을 마련하여 이에 따라 허용 여부를 결정하는 것이 시급해.

《 보기 》

ㄱ. 이름을 결정할 권리는 자기 고유의 권리이나 출생 시점에는 예외적으로 부모가 대신 행사하는 것일 뿐이라고 보는 견해는 A를 지지한다.

ㄴ. 수사 과정에서 범죄자의 동일성 식별에 이름 대신 주민등록번호가 사용된다는 사실은 B를 약화한다.

ㄷ. 개명을 원하는 초등학생이 바꾸려는 이름과 이유를 기재한 개명 신청서를 법원에 제출하기만 하면 범죄에 악용될 우려가 없는 한 개명을 허용하게 하는 '초등학생 개명 허가처리지침'을 시행하는 것에는 A는 반대하고 B와 C는 찬성할 것이다.

① ㄴ   ② ㄷ   ③ ㄱ, ㄴ
④ ㄱ, ㄷ   ⑤ ㄱ, ㄴ, ㄷ

예제 4-5

2024학년도 5번   • 내용영역: 규범   • 난이도: ★★★★★

다음으로부터 추론한 것으로 옳지 <u>않은</u> 것은?

계약은 당사자의 자율적 합의로 성립된다. 계약의 본질과 기능에 비추어 계약법은 당사자의 자율을 승인할 뿐만 아니라 이를 최대한 관철시키고 강화하는 규범체계라야 한다. 당사자의 자율은 어느 경우에 제한할 수 있는가? 이에 대해 세 가지 견해가 있다.

A : 자율은 그것이 가져오는 결과보다는 자율 그 자체에 가치가 있는 것이기에 보호되어야 한다. 당사자의 의사는 '원래' 존중할 가치가 있기 때문에, 당사자 일방이 의도했던 의사가 다르게 표시되어 상대방이 그 표시대로 믿었더라도 표시보다는 당사자 일방이 의도한 의사를 존중해야 한다. 국가의 후견적 관여는 자율의 행사가 오히려 자율 그 자체를 본질적으로 침해하는 정도에 이르러야 비로소 정당화된다.

B : 자율 그 자체의 가치보다는 자율이 당사자에게 가져다주는 효용에 주목하여 자율을 보호해야 한다. 자율을 제한함으로써 당사자에게 발생하는 비용(−)의 절댓값이 당사자에게 발생하는 효용(+)의 절댓값보다 작으면, 자율에 대한 제한은 정당화된다. 자율을 제한하여 당사자 이외의 제3자(국가나 사회 포함)의 효용을 높일 수 있다는 것만으로는 자율에 대한 제한이 정당화되지 않는다.

C : 자율 그 자체의 가치보다는 자율이 사회 전체에 가져다주는 효용에 주목하여 자율을 보호해야 한다. 이러한 사고는 효용을 평가할 때 당사자가 아닌 사회 전체에 초점을 맞춘다. 다만 자율을 제한함으로써 당사자에게 발생하는 비용(−)의 절댓값이 당사자에게 발생하는 효용(+)의 절댓값보다 큰 경우에는 그 차액만큼 국가 등이 보상해 주어야 자율을 제한할 수 있다. 보상된 만큼 당사자의 효용은 증가된 것으로 본다.

① A에 따르면, 당사자 일방이 자신이 의도했던 의사가 ㉮임에도 실수로 ㉯로 표시하여 상대방이 ㉯로 인식한 경우에도 당사자 일방의 의사를 ㉮로 본다.

② B에 따르면, 당사자의 자율을 정당하게 제한함으로써 발생하는 당사자의 비용(−)과 효용(+)의 합은 항상 양(+)이다.

③ C에 따르면, 당사자의 자율을 제한하는 경우에 당사자의 비용(−)과 효용(+)의 합이 음(−)인 경우가 발생한다.

④ A와 C 중 어느 것에 따르든, 당사자의 자율을 제한하여 발생하는 당사자의 비용(−)과 효용(+)의 합이 양(+)이 되더라도 당사자의 자율을 제한할 수 없는 경우가 존재한다.

⑤ X국 규제기본법이 "사회 전체에 창출되는 효용의 총합이 자율을 제한하여 발생하는 비용을 초과하는 경우에만 당사자의 자율을 제한한다."라고 규정한다면, 이는 B보다는 C에 따라 입법된 것이다.

다음 논쟁에 대한 분석으로 옳은 것만을 〈보기〉에서 있는 대로 고른 것은?

갑 : 형사절차에서 추구해야 할 진실은 사건의 진상, 즉 '객관적 진실'이다. 그리고 객관적 진실을 발견하기 위해서 사건 당사자(피고인, 검사) 못지않게 판사의 적극적인 진실발견의 활동과 개입이 필요하다. 따라서 진실발견을 위해 필요한 경우, 중대한 절차 위반이 없다면 판사가 사건 당사자의 주장이나 청구에 제약을 받지 않고 직접 증거를 수집하거나 조사하는 것도 가능하다.

을 : '사건의 진상' 또는 '객관적 진실'은 오직 신(神)만이 알 수 있다. 사건 당사자들이 주장하는 사실과 제출된 증거들을 통해 판사가 내리는 결론도 엄밀히 말하면 판사의 주관적 진실에 불과하다. 다만 판사의 주관적 진실을 '판결'이라는 이름으로 신뢰하고 규범력까지 인정하는 이유는 그것이 단순히 한 개인의 주관적인 진실이 아니라, 공정한 형사절차를 통해 도출된 결론이기 때문이다. 따라서 형사절차에서 추구해야 하는 것은 '절차를 통한 진실'이고, 이를 위해 사건 당사자들이 법정에서 진실을 다툴 수 있는 공정한 기회가 보장되어야 한다. 이때 판사의 역할도 진실을 담보해 내기 위해 절차를 공정하고 엄격하게 해석·적용·준수하는 것이어야 한다. 즉 판사는 정해진 절차 속에서 행해지는 사건 당사자들의 주장과 입증을 토대로 중립적인 제3자의 지위에서 판단자의 역할을 수행해야 한다.

병 : 객관적 진실은 존재하고, 형사절차는 그러한 객관적 진실에 최대한 가까이 접근하고자 마련된 절차이다. 따라서 형사절차에서 사건의 진상을 명백히 밝힘으로써 객관적 진실을 추구해야 한다는 것에는 기본적으로 동의한다. 하지만 객관적 진실의 발견은 전적으로 사건 당사자들의 증거제출과 입증에 맡겨야 하고, 이러한 진실발견의 과정에 판사가 직접적·적극적으로 개입하는 것은 바람직하지 않다. 따라서 판사는 원칙적으로 제3자의 입장에서 중립적인 판단자의 역할을 수행하되, 인권침해를 통해서 얻어낸 객관적 진실은 정당성을 획득할 수 없으므로 판사는 형사절차의 진행 과정에서 인권침해가 발생하지 않도록 감시하고, 인권침해가 발생했을 경우에는 이를 바로잡는 역할과 의무도 함께 부담한다.

《 보기 》

ㄱ. 범죄를 조사하기 위해 구속기간 연장의 횟수 제한을 없애자는 법률개정안에 대해 갑
　과 병은 찬성할 것이다.

ㄴ. '법이 정한 적법한 절차를 위반하여 수집된 증거는 설사 그것이 유죄를 입증할 유일
　하고 명백한 증거라 하더라도 예외 없이 유죄의 증거로 사용할 수 없다'는 법원칙에
　대해 을은 찬성하지만, 갑은 반대할 것이다.

ㄷ. '피고인이 재판에 출석하지 아니한 때에는 특별한 규정이 없으면 재판을 진행하지 못
　한다'는 법원칙에 대해 을과 병은 찬성할 것이다.

① ㄱ　　　　　　　② ㄴ　　　　　　　③ ㄱ, ㄷ

④ ㄴ, ㄷ　　　　　　⑤ ㄱ, ㄴ, ㄷ

다음 글에 대한 분석으로 옳은 것만을 〈보기〉에서 있는 대로 고른 것은?

A : 내가 불충분한 증거에 근거해서 믿음을 갖게 된다면, 그 믿음 자체로는 큰 해가 되지 않을지도 모른다. 그 믿음이 궁극적으로 사실일 수도 있고, 결코 외부적인 행동으로 나타나지 않을지도 모른다. 그러나 나 자신을 쉽게 믿는 자로 만드는, 인류를 향한 범죄를 저지르는 것은 피할 수 없다. 한 사회가 잘못된 믿음을 가졌다는 것 자체도 큰 문제이나, 더 큰 문제는 사회가 속기 쉬운 상태가 되고, 증거들을 검토하고 자세히 조사하는 습관을 잃어서 야만의 상태로 돌아간다는 것이다. ㉠불충분한 증거에서 어떤 것을 믿는 것은 언제나 어디서나 누구에게나 옳지 않다.

– 윌리엄 클리포드, 『믿음의 윤리학』 –

B : "진리를 믿어라!", "오류를 피하라!" 이는 인식자에게 가장 중요한 명령입니다. 그러나 이 둘은 별개의 법칙입니다. 그리고 이들 사이에서 어떤 선택을 하느냐에 따라서 우리의 지적인 삶 전체가 달라질 수 있습니다. 진리의 추구를 가장 중요한 것으로 여기고 오류를 피하는 것을 부차적인 것으로 여길 수도 있고, 반대로 오류를 피하는 것을 가장 중대한 것으로 보고 진리를 얻는 것을 부차적인 것으로 여길 수도 있습니다. 클리포드는 우리에게 후자를 선택하도록 권고하고 있습니다. 그는 불충분한 증거에 기초해서 거짓을 믿게 되는 끔찍한 위험을 초래하기보다는, 아무것도 믿지 말고 마음을 보류 상태에 두라고 말하고 있는 것입니다. 나 자신은 클리포드 편을 들지 못할 것 같습니다. 어떤 경우든 우리가 잊지 말아야 할 것은, 진리 또는 오류에 관련된 의무에 대해서 우리가 갖고 있는 이런 태도는 증거에 기초한 것이 아니라 정념에 기초한 것이라는 점입니다. "거짓을 믿기보다는 영원히 믿지 않는 편이 낫다!"라고 말하는 클리포드 같은 사람은 순진하게 속는 것에 대한 두려움을 표현하고 있을 뿐입니다.

– 윌리엄 제임스, 『믿음에의 의지』 –

《 보기 》

ㄱ. A는 A의 결론대로 행하지 않을 경우에 발생하게 될 바람직하지 않은 결과를 지적함으로써 그 결론을 뒷받침하고 있다.

ㄴ. B에 따르면, ㉠에 대한 클리포드의 믿음은 충분한 증거에 기초하고 있지 않다.

ㄷ. B의 논증은 '충분한 증거에 기초한 믿음이라도 오류일 수 있다'는 전제를 필요로 한다.

① ㄱ   ② ㄷ   ③ ㄱ, ㄴ   ④ ㄴ, ㄷ   ⑤ ㄱ, ㄴ, ㄷ

다음 논쟁에 대한 분석으로 옳은 것만을 〈보기〉에서 있는 대로 고른 것은?

'맛있다' 혹은 '재밌다'와 같은 사람들의 취향과 관련된 술어를 취향 술어라고 한다. 취향 술어를 포함한 문장에 관하여 갑과 을이 다음과 같이 논쟁하였다.

갑 : "곱창은 맛있다."라는 문장은 사실 'x에게'라는 숨겨진 표현을 언제나 문법적으로 포함한다. 이때 'x'는 변항으로서, 특정 맥락의 발화자가 그 값으로 채워진다. 예를 들어, 곱창을 맛있어 하는 지우가 "곱창은 맛있다."라고 말한다면, 지우의 진술은 〈곱창은 지우에게 맛있다〉라는 명제를 표현하는 참인 진술이 된다. 반면, 곱창을 맛없어 하는 영호가 동일한 문장을 말한다면, 영호의 진술은 〈곱창은 영호에게 맛있다〉라는 다른 명제를 표현하는 거짓인 진술이 된다.

을 : 지우가 "곱창은 맛있다."라고 말하는 경우, 영호는 "아니, 곱창은 맛이 없어!"라고 반박할 수 있고, 그렇다면 둘은 이에 대해 논쟁하기 시작할 것이다. 하지만 만일 갑의 견해가 맞는다면, 지우는 단지 〈곱창은 지우에게 맛있다〉라는 명제를 표현하고, 영호는 그와는 다른 명제의 부정을 표현하는 것이므로, 이 둘은 진정한 논쟁을 하는 것이 아니다. 그러나 분명히 두 사람은 이러한 상황에서 진정한 논쟁을 할 수 있으며, 이는 갑의 견해에 심각한 문제가 있음을 보여 주는 것이다. 이를 해결하기 위해서는, "곱창은 맛있다."라는 문장은, 누가 말하든지 〈곱창은 맛있다〉라는 명제를 표현한다고 간주해야 한다.

《 보기 》

ㄱ. 갑에 따르면, 곱창을 맛있어 하는 사람들의 진술 "곱창은 맛있다."는 모두 같은 명제를 표현하지만, 이는 곱창을 맛없어 하는 사람들의 진술 "곱창은 맛있다."가 표현하는 명제와는 다르다.

ㄴ. 영호가 곱창을 맛없어 하는 경우, 영호의 진술 "곱창은 맛있다."는, 갑에 따르면 참이 될 수 없지만 을에 따르면 참이 될 수 있다.

ㄷ. 을의 논증은, 같은 명제에 대해 두 사람의 견해가 불일치한다는 사실이 그들의 논쟁이 진정한 논쟁이 되기 위한 필요조건임을 가정하고 있다.

① ㄱ   ② ㄴ   ③ ㄱ, ㄷ
④ ㄴ, ㄷ   ⑤ ㄱ, ㄴ, ㄷ

〈논쟁〉에 대한 평가로 적절한 것만을 〈보기〉에서 있는 대로 고른 것은?

> X국은 월별 가정용 전기 요금으로 다음과 같은 누진 요금제를 적용하고 있다.
>
> | 구간별 사용량(kWh) | 기본 요금(원) | 단가(kWh당 요금, 원) |
> |---|---|---|
> | 1구간 : 200 이하 | 900 | 90 |
> | 2구간 : 200 초과 400 이하 | 1,600 | 180 |
> | 3구간 : 400 초과 | 7,300 | 280 |
>
> 일례로 한 달에 300kWh의 전력을 소비한 가정은 기본 요금 1,600원에, 단가는 1구간에 90원, 2구간에는 180원이 적용되어 총 37,600원($=1{,}600+200\times90+100\times180$)의 전기 요금을 부담하게 된다.
>
> 최근 X국은 여름철에 사용한 전기에 대해서는 사용량의 각 구간을 '300 이하', '300 초과 450 이하', '450 초과'로 변경하되, 구간별 요금 체계는 이전과 동일하게 하는 '쿨섬머 제도'를 도입하였다.
>
> 〈논쟁〉
>
> A : 안정적인 전력 공급을 위해서는 시간당 전력 소비가 가장 클 때의 전력을 발전 설비가 감당할 수 있어야 한다. 쿨섬머 제도 도입으로 전력 공급의 안정성은 낮아질 것이다.
>
> B : 냉방은 선택이 아닌 필수이다. 대부분 가정의 여름철 전기 요금 부담을 낮춰 주기 위해 쿨섬머 제도보다는 1,600원의 기본 요금에 단가를 180원으로 하는 단일 요금제로 변경하는 것이 낫다.
>
> C : 모든 가정보다는 취약 계층 복지에 초점을 맞추는 것이 낫다. 쿨섬머 제도를 취약 계층에 한해 적용하도록 변경할 필요가 있다.

《 보기 》

ㄱ. X국의 시간당 전력 소비가 여름철에 가장 크게 나타난다는 자료는 A를 약화한다.

ㄴ. 대부분의 가정이 월 400~450kWh의 전력을 소비한다는 자료는 B를 약화한다.

ㄷ. 취약 계층의 대다수를 차지하는 독거노인들은 월 200kWh 이하의 전력만 사용한다는 자료는 C를 약화한다.

① ㄱ　　　　　② ㄴ　　　　　③ ㄱ, ㄷ
④ ㄴ, ㄷ　　　　⑤ ㄱ, ㄴ, ㄷ

㉠과 ㉡에 대한 평가로 적절한 것만을 〈보기〉에서 있는 대로 고른 것은?

서인도양의 세이셸 제도에는 '호랑이 카멜레온'이라는 토착종이 살고 있다. 그런데 세이셸 제도는 아프리카 남동쪽의 큰 섬인 마다가스카르로부터 북동쪽으로 약 1,100km, 인도로부터는 서쪽으로 약 2,800km 떨어진 외딴 곳이다. 날지도 못하고 수영도 능숙하지 않은 이 작은 동물이 어떻게 이곳에 살게 되었을까?

이에 대해 다음의 두 설명이 제시되었다. 하나는 ㉠호랑이 카멜레온의 조상은 원래 장소에 계속 살고 있었으나 대륙의 분리 및 이동으로 인해 외딴 섬들에 살게 되었다는 것이다. 세이셸 제도는 원래 아프리카, 인도, 마다가스카르 등과 함께 곤드와나 초대륙의 일부였으나 인도-마다가스카르와 아프리카가 분리되고, 이후 인도와 마다가스카르가 분리된 다음, 최종적으로 인도와 세이셸 제도가 분리되어 지금에 이르렀다. 위 설명에 따르면, 호랑이 카멜레온의 조상은 세이셸 제도가 다른 지역과 분리된 후 독립적으로 진화했다.

다른 하나는 ㉡호랑이 카멜레온의 조상이 마다가스카르 또는 아프리카의 강이나 해안가로부터 표류하는 나뭇가지 등의 '뗏목'을 타고 세이셸 제도에 도착했다는 것이다. 이에 따르면 호랑이 카멜레온의 조상은 본래 아프리카나 마다가스카르에 살고 있었는데, 서식지 근처 강의 범람과 같은 사건의 결과로 표류물을 타고 세이셸 제도로 이주한 후 독립적으로 진화했다.

《 보기 》

ㄱ. 해저 화산의 분화로 형성된 후 대륙과 연결된 적이 없는 외딴 섬인 코모로 제도에만 서식하는 카멜레온 종이 있다는 사실은 ㉠을 강화한다.

ㄴ. 세이셸 제도가 인도에서 분리된 후 최근까지 서인도양의 해류가 서쪽에서 동쪽으로 흘렀다는 연구 결과가 있다면 이는 ㉡을 약화한다.

ㄷ. 아프리카 동부의 카멜레온과 호랑이 카멜레온의 가장 가까운 공동조상이 마다가스카르의 카멜레온과 호랑이 카멜레온의 가장 가까운 공동조상보다 더 나중에 출현했다는 연구 결과가 있다면 이는 ㉠을 약화하나 ㉡은 약화하지 않는다.

① ㄱ　　　　　　② ㄷ　　　　　　③ ㄱ, ㄴ
④ ㄴ, ㄷ　　　　⑤ ㄱ, ㄴ, ㄷ

2) 반론 구성

주어진 주장이나 논증에 대해 반박하는 능력을 측정하는 문항 유형이다. 제시문으로 단순히 하나의 주장, 이론, 논증이 주어지는 경우가 대부분이지만, 두 사람 이상이 참여하는 논쟁이 주어질 수도 있다. 반론 구성 문항은 "다음 주장(논증)에 대한 반론이 될 수 있는 것만을 〈보기〉에서 있는 대로 고른 것은?"과 같은 형식의 질문을 주로 가진다.

선택지에 제시된 주장이 제시문에서 주어진 주장이나 논증에 대한 반론이 될 수 있는지 판단하기 위해서는 주어진 주장 또는 논증의 내용을 정확하게 파악하는 것이 매우 중요하다. 주장 또는 논증의 내용을 잘못 이해할 경우 반론이 될 수 없는 것을 반론이 될 수 있다고 오판할 수 있기 때문이다.

다음의 예제 4-11부터 4-13은 반론 구성 문항이다.

예제 4-11　　　2024학년도 22번　　•내용영역: 인문　•난이도: ★★★☆☆

B의 논증에 대한 반론이 될 수 있는 것만을 〈보기〉에서 있는 대로 고른 것은?

> A : 감정은 언제나 적절한 평가적 믿음을 요구한다. 어떤 대상에 대한 두려움은 그 대상이 나에게 위험하다는 믿음에 근거하고, 어떤 일에 대한 슬픔은 그 일이 나에게 큰 손실이라는 믿음을 기초로 삼는다. 만약 내가 이러한 평가적 믿음과 모순되는 믿음을 가진다면, 이 경우 나는 감정을 느끼는 것이 아니거나 하나의 주장을 긍정하는 동시에 부정하고 있는 것이다.
>
> B : 적절한 평가적 믿음을 갖지 않고도 감정을 경험하는 것은 충분히 가능할 뿐 아니라, 실제로 흔한 일이다. 어떤 사람은 눈앞에 있는 거미가 자신에게 위험하지 않다고 굳게 믿으면서도, 그 거미에 대해 두려움을 느낄 수 있다. 나아가, 동물이나 영유아도 명백히 두려움 같은 감정을 느낄 수 있다. 그러나 언어능력이 없는 동물이나 영유아는 '위험'과 같은 평가적 개념을 아예 갖고 있지 않으며, 그러므로 뭔가가 자신에게 위험하다는 믿음을 가질 수도 없다.

《 보기 》

ㄱ. 모순되는 믿음들을 가지는 것은 충분히 가능할 뿐만 아니라 흔한 일이다. 모순되는 믿음들을 지니는 것과, 평가적 믿음과 그에 모순되는 감정을 가지는 것 사이에는 그 가능성이나 빈도 면에서 큰 차이가 없다.

ㄴ. 감정이 언제나 적절한 평가적 믿음을 요구한다는 주장은 그러한 평가적 믿음만 있으면 그에 따른 감정을 느끼게 된다는 주장이 아니다. 즐거움이나 고통과 같은 감각들도 감정의 필수 요소이고, 동물이나 영유아도 이런 감각들은 충분히 느낄 수 있다.

ㄷ. 어떤 개념을 갖는다는 것이 그 개념을 언어적으로 표현할 능력이 있다는 것을 의미하지는 않는다. 포식자가 접근할 때 재빠르게 도망치는 성향을 지닌 동물이 있다면, 이 동물이 '위험'이라는 단어를 아는지와 무관하게 포식자의 위험성에 대한 믿음을 지닌다고 볼 수 있다.

① ㄱ　　　　　　　② ㄷ　　　　　　　③ ㄱ, ㄴ

④ ㄴ, ㄷ　　　　　　⑤ ㄱ, ㄴ, ㄷ

〈주장〉에 대한 반대 논거가 될 수 있는 것만을 〈보기〉에서 있는 대로 고른 것은?

[A법]

제1조 3심제의 최종심인 상고심은 대법원이 담당한다.

제2조 대법원은 상고 신청의 이유가 적절하지 않다고 인정되는 때에는 재판을 열지 않고 판결로 상고를 기각한다.

제3조 제2조에 따라 상고를 기각하는 판결에는 이유를 기재하지 않을 수 있다.

〈주장〉

 A법 제2조는 대법원에 상고가 남용되는 상황을 예방하고 사건에 대한 신속한 처리를 통하여 적절한 신청 이유를 가진 당사자의 재판 받을 권리를 충실히 보장하기 위한 규정으로서 입법 취지 및 규정 내용 등에 비추어 그 합리성이 충분히 인정된다. A법 제3조는 제2조를 실현하기 위해 요구되는 절차적 규정이다. 즉 상고기각 판결에 이유를 기재하는 것은 대법원에 불필요한 부담만 가중하고 정작 재판이 필요한 사건에 할애해야 할 시간을 낭비하는 것이기 때문에 제3조의 취지 또한 정당화된다. 일반적으로 판결에 이유 기재를 요구하는 목적은 당사자에게 법원의 판단 과정을 납득시키고 불복수단을 강구하도록 하려는 것이나, 소송금액이 적은 사건처럼 경미한 사건을 신속하게 처리하기 위하여 판결이유를 생략하는 것이 인정되는 것과 같이, 이유 기재는 판결의 필수적인 요소가 아니라 법원이 그 여부를 선택할 수 있는 사항이다. 게다가 대법원이 존재한다고 하여 모든 사건에 대해 대법원에서 재판받을 기회가 보장되어야 하는 것은 아니기 때문에, 판결이유 기재를 비롯한 대법원의 재판에 대한 구체적인 제도의 내용은 대법원의 재량범위에 속한다.

《 보기 》

ㄱ. 재판을 받을 권리는 재판이라는 국가적 행위를 청구하는 권리이고, 청구권에는 청구에 상응하는 상대방의 의무가 반드시 결부되며 그 의무에는 청구에 응할 의무와 성실히 답할 의무가 포함된다.

ㄴ. 재판을 받을 권리는 재판절차에의 접근성 보장과 절차의 공정성 보장 등을 주된 내용으로 하는 기회 보장적 성격을 가지며, 법원의 판결의 정당성은 그 판결에 대한 근거 제시에 의해 좌우된다.

ㄷ. 대법원의 판결은 국민이 유사한 사안을 해석하고 규범적 평가를 내리는 사실상의 판단기준으로서 기능하며, 판결의 결론뿐만 아니라 그 논증 과정 역시 동일한 기능을 수행한다.

① ㄱ   ② ㄴ   ③ ㄱ, ㄷ   ④ ㄴ, ㄷ   ⑤ ㄱ, ㄴ, ㄷ

다음 주장에 대한 반론이 될 수 있는 것만을 〈보기〉에서 있는 대로 고른 것은?

모든 인간은 인류 진화의 결과로 고착된 일체의 생물학적 특성과 자질이 동일한 상태로 태어난다. 그래서 아기들은 어디에서 태어나든 기본적인 특성과 자질 면에서 모두 같다. 하지만 성인들은 행동적·정신적 조직화(패턴화된 행동, 지식 등) 면에서 상당히 다르다는 사실이 일관되게 관찰된다. 성인에게서 발견되는 행동적·정신적 조직화의 내용은 유아에게 결여되어 있으므로, 유아는 성장 과정에서 그것을 외부로부터 획득할 수밖에 없다. 그 외부 원천은 사회문화적 환경이다. 인간 생활의 내용을 복잡하게 조직화하고 풍부하게 형성하는 것은 바로 이 사회문화적 환경인 것이다. 복잡한 사회질서를 만드는 것은 인간 본성이나 진화된 심리처럼 선천적으로 주어진 그 무엇이 아니라 개인의 외부에 있는 사회 세계이다. 결국 인간 본성과 같이 선천적으로 주어진 생물학적 특성과 자질은 인간 생활의 조직화에 아무런 중요한 역할을 못하는 빈 그릇과 같다. 인간 정신은 사회문화적 환경에 따라 거의 무한정하게 늘어나는 신축적인 특성을 지니기 때문이다.

《 보기 》

ㄱ. 갓 태어났을 때는 치아가 없지만 성숙하면서 사람마다 다른 형태로 생겨나는 것처럼, 진화된 심리적 기제가 동일 사회문화적 환경에서도 각자 복잡하고 다양한 형태의 행동적·정신적 조직화로 발현된다.

ㄴ. 사회현상의 원인으로서 생물학적 요인과 사회환경적 요인은 서로 배타적이지 않다. 인간의 진화된 심리적 구조를 고려하지 않고 사회현상을 설명하려고 할 때 오류에 빠질 가능성이 늘 존재한다.

ㄷ. 태어나자마자 떨어져 서로 다른 문화권에서 자란 일란성 쌍둥이가 성인이 된 이후에도 매우 유사한 행동적·정신적 특성을 갖는 경우가 많은데, 그 이유는 태어날 때부터 동일한 생물학적 특성과 자질을 공유하기 때문이다.

① ㄱ　　　　　　② ㄷ　　　　　　③ ㄱ, ㄴ
④ ㄴ, ㄷ　　　　　⑤ ㄱ, ㄴ, ㄷ

5. 논증 평가 및 문제해결

논쟁 분석 및 평가 유형의 문항은 두 개 이상의 주장을 포함하는 논쟁을 정확히 분석하고 평가하는 능력을 측정하는 문항이다. 반면에 논증 평가 문항은 하나의 논증에 대한 심층적 평가를 요구한다.

논증은 연역 논증과 귀납 논증으로 구분된다. 전제가 참이라면 결론도 반드시 참이라고 주장되는 논증을 연역 논증이라고 한다. 예컨대, "모든 외계인은 죽는다. 철수는 외계인이다. 그러므로 철수는 죽는다"라는 전제가 참이라면 결론도 반드시 참인 논증으로 연역 논증이다. 이에 비해 전제가 참일 경우, 결론이 반드시 참인 것은 아니지만 참일 개연성이 높다고 주장되는 논증이 귀납 논증이다. 예컨대, "K대 신입생의 95%는 서울 거주자이다. 철수는 K대 신입생이다. 그러므로 철수는 서울 거주자이다"라는 전제가 참이라고 하여도 결론이 거짓일 수 있지만, 결론이 참일 개연성이 높은 귀납 논증이다.

연역 논증이나 귀납 논증의 적절성과 설득력을 평가하는 문항이 논증 평가 문항이다. 실험이나 관찰의 결과로부터 가설의 진위에 대한 판단을 추론하는 것은 대표적인 귀납 논증으로서, 실험이나 관찰의 결과가 가설이 참일 가능성을 높일 경우 가설을 '강화'한다고 하고, 실험이나 관찰의 결과가 가설이 참일 가능성을 낮출 경우 가설을 '약화'한다고 일컬어진다. 어떤 새로운 정보가 주어진 가설을 강화하거나 약화한다고 평가하는 것은 대표적인 논증 평가라고 말할 수 있다. 그러나 그 중요성 때문에 강화하거나 약화한다는 판단에 대해 평가하는 문항을 강화 또는 약화라는 독립적인 문항 유형으로 분류하였다. 문제해결 문항은 해결해야 할 문제가 주어진 상황에서 추가적인 정보를 이용하여 문제를 해결하는 능력을 평가하는 문항이다.

1) 논증 평가

논증의 적절성과 강도를 평가하는 능력을 검사하는 문항이 논증 평가 문항이다. 논증에 대하여 종합적으로 평가하고 그러한 평가의 원리 내지 가정을 파악할 것을 요구한다.

논증 평가 문항의 질문은 "다음에 대한 평가로 옳은 것만을 〈보기〉에서 있는 대로 고른 것은?" 형식이 주로 이용되지만, '~에 대한 분석으로 옳은 것만을...'

이라는 표현도 사용되기도 한다.

주어진 논증의 오류가 무엇인지 찾는 능력을 측정하는 문항도 논증 평가 유형에 속하는 것으로 하였다. 어떤 옳지 않은 논증에 대해 그 논증이 어떤 오류를 범하고 있는지 판단하는 것도 논증 평가 활동으로 볼 수 있기 때문이다. 법학적성시험에서 출제되는 오류 찾기 문항은 논리학 관련 서적에 등장하는 오류의 종류와 그 이름을 숙지할 것을 요구하지 않는다. 건전하고 예리한 논리적 사고력을 가진 수험생은 누구나 제시문의 논증에서 논리적 오류를 발견할 수 있도록 문항이 제작된다.

다음의 예제 5-1부터 5-4는 논증 평가 문항이다.

다음 논증에 대한 평가로 옳은 것만을 〈보기〉에서 있는 대로 고른 것은?

인간의 마음을 연구하는 많은 학자들은 정신적인 현상이 물리적인 현상에 다름 아니라는 물리주의의 입장을 받아들인다. 물리주의는 다음과 같은 원리들을 받아들일 때 자연스럽게 따라 나온다고 생각된다. 첫 번째 원리는 모든 정신적인 현상은 물리적 결과를 야기한다는 원리이다. 이는 지극히 상식적이며 우리 자신에 대한 이해의 근간을 이루는 생각이다. 가령 내가 고통을 느끼는 정신적인 현상은 내가 "아야!"라고 외치는 물리적 사건을 야기한다. 두 번째 원리는 만약 어떤 물리적 사건이 원인을 갖는다면 그것은 반드시 물리적인 원인을 갖는다는 원리이다. 다시 말해 물리적인 현상을 설명하기 위해서 물리 세계 밖으로 나갈 필요가 없다는 것이다. 세 번째 원리는 한 가지 현상에 대한 두 가지 다른 원인이 있을 수 없다는 원리이다.

이제 이 세 가지 원리가 어떻게 물리주의를 지지하는지 다음과 같은 예를 통해서 살펴보자. 내가 TV 뉴스를 봐야겠다고 생각한다고 하자. 첫 번째 원리에 의해 이는 물리적인 결과를 갖는다. 가령 나는 TV 리모컨을 들고 전원 버튼을 누를 것이다. 이 물리적 결과는 원인을 가지고 있으므로, 두 번째 원리에 의해 이에 대한 물리적 원인 또한 있다는 것이 따라 나온다. 결국 내가 리모컨 버튼을 누른 데에는 정신적 원인과 물리적 원인이 모두 있게 되는 것이다. 정신적 원인과 물리적 원인이 서로 다른 것이라면, 세 번째 원리에 의해 이는 불가능한 상황이 된다. 따라서 정신적인 원인은 물리적인 원인에 다름 아니라는 결론이 따라 나온다.

───────────〈 보기 〉───────────

ㄱ. 어떤 물리적 결과도 야기하지 않는 정신적인 현상이 존재한다면, 이 논증은 이런 정신적 현상이 물리적 현상에 다름 아니라는 것을 보여 주지 못한다.

ㄴ. 아무 원인 없이 일어나는 물리적 사건이 있다면, 위의 세 원리 중 하나는 부정된다.

ㄷ. 행동과 같은 물리적인 결과와 결심이나 의도와 같은 정신적인 현상을 동시에 야기하는 정신적 현상이 존재한다면, 이 논증이 의도한 결론은 따라 나오지 않는다.

① ㄱ　　　　　　② ㄷ　　　　　　③ ㄱ, ㄴ

④ ㄴ, ㄷ　　　　　⑤ ㄱ, ㄴ, ㄷ

다음 글에 대한 분석으로 옳은 것만을 〈보기〉에서 있는 대로 고른 것은?

> 일반적으로 과학적 탐구는 관찰과 관찰한 것(자료)의 해석으로 압축된다. 특히 자료의 해석은 객관적이고 올바르며 엄밀해야 한다. 그런데 간혹 훈련받은 연구자들조차 사회 현상을 해석할 때 분석 단위를 혼동하거나 고정관념, 속단 등으로 인해 오류를 범하기도 한다. 예를 들어 집단, 무리, 체제 등 개인보다 큰 생태학적 단위의 속성에 대한 판단으로부터 그 단위를 구성하는 개인들의 속성에 대한 판단을 도출하는 경우(A 오류), 편견이나 선입견에 사로잡혀 특정 집단에 특정 성향을 섣불리 연결하는 경우(B 오류), 집단의 규모를 고려하지 않고, 어떤 집단이 다른 집단보다 특정 행위의 발생 건수가 많다는 점으로부터 그 집단은 다른 집단보다 그 행위 성향이 강할 것이라고 속단하는 경우(C 오류) 등이 이에 해당한다. 이와 같은 오류들로 인해 과학적 탐구 결과가 왜곡될 수 있으므로 주의가 필요하다.

《 보기 》

ㄱ. 상대적으로 젊은 유권자가 많은 선거구가 나이 든 유권자가 많은 선거구보다 여성 후보에게 더 많은 비율로 투표했다는 사실로부터 젊은 사람이 나이 든 사람보다 여성 후보를 더 지지한다고 결론을 내린다면, A 오류를 범하게 된다.

ㄴ. 외국인과 내국인 사이에 발생한 범죄가 증가하고 있다는 자료로부터 가해자가 외국인이고 피해자가 내국인인 범죄가 증가한다고 결론을 내린다면, B 오류를 범하게 된다.

ㄷ. 자살자 수가 가장 많은 연령대는 1,490명을 기록한 50~54세라는 통계로부터 50~54세의 중년층은 다른 연령대보다 자살 위험성이 가장 크다고 결론을 내린다면, C 오류를 범하게 된다.

① ㄴ   ② ㄷ   ③ ㄱ, ㄴ

④ ㄱ, ㄷ   ⑤ ㄱ, ㄴ, ㄷ

〈견해〉에 대한 평가로 옳은 것만을 〈보기〉에서 있는 대로 고른 것은?

A, B, C 세계가 있다고 하자.

A : 1억 명이 산다. 이들 모두는 각자 100단위의 높은 복지를 누린다.

B : 100억 명이 낮은 수준이지만 살 만한 가치가 있는 각자 5단위의 복지를 누리며 살고 있었는데, A에 살고 있던 1억 명이 이주해 왔다. A에서 이주한 1억 명은 각자 105단위의 복지를 누린다. B에 본래 살고 있던 100억 명은 각자 5단위의 복지를 그대로 누린다.

C : 아무도 살지 않던 C로 B에 살고 있던 101억 명이 모두 이주하였다. C에 사는 101억 명 모두 각자 10단위의 복지를 누린다.

〈견해〉

갑 : A에 살다가 B로 이주한 사람들은 A에 살았을 때보다 복지 수준이 높아졌다. 또한 B에 사는 나머지 사람들은 살 만한 가치가 있는 각자 5단위의 복지 수준을 그대로 누리고 있다. 따라서 B가 A보다 좋다.

을 : C에는 완전한 평등이 있고, C가 B보다 복지 평균도 높다. 따라서 C가 B보다 좋다.

병 : 복지 총합은 C가 A보다 크지만, 복지 평균은 A가 C보다 높다. 따라서 A가 C보다 좋다.

── 《 보기 》──

ㄱ. 불평등이 더 적은 세계가 더 좋은 세계라면, 갑의 결론은 부정되고 을의 결론은 부정되지 않는다.

ㄴ. 을이 C가 B보다 좋다고 주장하는 이유를 적용한다면, 을은 병의 결론에는 동의하고 갑의 결론에는 동의하지 않을 것이다.

ㄷ. 복지 평균이 더 높은 세계가 더 좋은 세계라면 갑의 결론은 부정되며, 복지 총합이 더 큰 세계가 더 좋은 세계라면 을의 결론은 부정되지 않고 병의 결론은 부정된다.

① ㄱ　　　　　　② ㄷ　　　　　　③ ㄱ, ㄴ

④ ㄴ, ㄷ　　　　　⑤ ㄱ, ㄴ, ㄷ

A~D에 대한 평가로 옳은 것만을 〈보기〉에서 있는 대로 고른 것은?

〈연구 목적〉

X국에서 차량 과속 단속에 걸린 운전자 중 특정 인종의 비율이 높은 것으로 나타났다. 甲은 그러한 현상이 특정 인종이 실제 과속을 많이 하기 때문인지 아니면 경찰이 과속한 차량을 모두 단속하지 않고 인종적 편견에 따라 차별적으로 일부 차량만 단속했기 때문인지 궁금해졌다. 이에 甲은 "경찰이 과속하는 차량들 중 어떤 차는 세워 단속하고 어떤 차는 무시할지를 결정하는 데 운전자의 인종이 중요한 요인으로 작용한다"라는 ㉠가설을 세우고 이를 검증하고자 한다.

〈연구 설계〉

甲은 경찰의 과속 단속에서 어떤 인종 차별도 개입하지 않을 때 기대되는 특정 인종 집단에 대한 단속률과 경찰에 의해 실제 단속이 행해진 특정 인종 집단에 대한 단속률을 비교한다. 구체적인 연구 설계는 다음과 같다.

A : 고속도로 요금소를 통과하는 운전자 모집단 중 특정 인종 비율과 고속도로에서 과속으로 경찰에 의해 단속된 운전자들 중 특정 인종의 비율을 비교한다.

B : 주간과 야간의 과속 단속 결과에서 단속된 운전자의 인종별 비율을 비교한다.

C : 경찰의 6개월간 과속 운전자 단속 자료의 인종 분포를 같은 기간 동일한 조건(시간대, 장소 등)에서 甲이 객관적으로 직접 관찰한 과속 운전자의 인종 분포와 비교한다.

D : 관할 구역 거주민 모집단에서 특정 인종이 차지하는 비율과 경찰에 의해 단속된 운전자들 중에서 특정 인종이 차지하는 비율을 비교한다.

《 보기 》

ㄱ. A는 ㉠의 타당성을 검증하지 못한다.

ㄴ. B를 통해 ㉠의 타당성을 검증하려면, 운전자의 인종을 구별할 수 있는 외양적 특징이 주·야간에 다르게 드러난다는 조건이 충족되어야 한다.

ㄷ. C에서 경찰 단속 결과에 나타난 과속 운전자의 인종 비율과 甲의 관찰 결과에 나타난 과속 운전자의 인종 비율이 유사하다면, 이는 ㉠을 약화한다.

ㄹ. D에서 만약 관할 구역 거주민 모집단 중 특정 인종 비율이 15%이고 단속된 운전자들 가운데 특정 인종 비율이 25%였다면, 이는 ㉠의 타당성을 뒷받침하는 논거가 된다.

① ㄱ, ㄹ   ② ㄴ, ㄷ   ③ ㄴ, ㄹ

④ ㄱ, ㄴ, ㄷ   ⑤ ㄱ, ㄷ, ㄹ

2) 강화 또는 약화

이 문항 유형은 하나 혹은 둘 이상의 주장이나 가설을 제시하고 새로운 경험적 증거나 가정적으로 새롭게 도입된 정보에 의해 이들 주장이나 가설의 설득력이 어떤 영향을 받는지를 평가하도록 요구한다. 특히 이 유형에는 동일한 현상을 설명하는 서로 경쟁하는 가설들이 있을 때 추가적인 증거나 정보가 각각의 가설에 대해 차별적으로 갖는 지지 관계를 판단할 수 있는지를 묻는 문항이 포함된다.

예컨대 사람들은 고난에 빠진 사람들을 보면 공감하게 되고 종종 돕는 행동을 하게 되는데, 이렇게 돕는 행동의 심적 기제와 관련해 다음과 같은 두 가지 경쟁 가설이 있다고 하자. (2019학년도 18번 문항 참조)

> A: 사람들은 불쌍한 사람을 보면 공감하게 되고, 공감을 느끼는 것이 이타적인 욕구를 일으켜 돕는 행동을 하게 된다. 불쌍한 사람에게 더 많이 공감할수록 이타적인 욕구가 강해지고, 따라서 그 사람을 돕는 행동을 할 가능성이 높아진다.
>
> B: 불쌍한 사람에게 더 많이 공감할수록, 그를 돕지 않는 것이 알려질 경우 사회적 비난이 더 커질 것이라고 두려워하고, 따라서 사회적 비난을 피하기 위해 돕는 행동을 할 가능성이 더 높아진다.

가설 A는 불쌍한 사람을 돕는 행동에 관한 이타주의적 가설의 일종이고, 가설 B는 이기주의적 가설의 일종이다. 이제 다음 정보가 주어졌다고 하자.

▎ 정보 1 **불쌍한 X를 돕지 않는 것이 알려지지 않을 것이라고 믿더라도 X에 대해 공감하는 정도가 높아질수록 X를 도울 가능성이 높아진다.**

가설 A에 따르면 불쌍한 사람에게 더 많이 공감할수록 그 사람을 돕고자 하는 이타적인 욕구가 강해지고, 따라서 그 사람을 돕는 행동을 할 가능성이 높아진다. 따라서 가설 A가 참이라면, 불쌍한 X를 돕지 않는 것이 알려지지 않을 것이라고 믿더라도 X에 대해 공감하는 정도가 높아질수록 X를 도울 가능성이 높아질 것이라고 충분히 예상된다. 즉, 가설 A가 참인 경우 (정보 1)이 참일 확률이 높아진다고 할 수 있다. 그리고 이런 경우 (정보 1)은 가설 A를 강화한다. 일반적으로 정보 E와 가설 H 사이에 다음이 성립한다.

H가 참인 경우 E가 참이라는 것이 충분히 예상된다(달리 말하면, H가 참인 경우 E가 참일 확률이 높아진다) ⇔ E는 H를 강화한다.

이제 다음과 같은 다른 정보가 주어졌다고 하자.

▍정보 2 불쌍한 X를 돕지 않는 것이 알려진다고 믿는지 여부와 상관없이 X를 돕는 행동을 할 가능성에 큰 차이가 없다.

가설 B가 참이라면, 불쌍한 X를 돕지 않는 것이 알려진다고 믿는 경우 사회적 비난을 피하기 위해서 X를 돕는 행동을 할 가능성이 높을 것이다. 반면에 불쌍한 X를 돕지 않는 것이 알려진다고 믿지 않을 경우, '돕지 않으면 사회적 비난이 있을 것'이라고 생각하지 않을 것이기 때문에 돕는 행동을 하지 않을 것이다. 따라서 가설 B가 참인 경우 불쌍한 X를 돕지 않는 것이 알려진다고 믿는지 여부에 따라 X를 돕는 행동을 할 가능성에 큰 차이가 있다. 그러므로 가설 B가 참인 경우 (정보 2)가 거짓이라고 충분히 예상된다. 즉, 가설 B가 참인 경우 (정보 2)가 거짓일 확률이 높아진다. 그리고 이런 경우 (정보 2)는 가설 B를 약화한다. 일반적으로 정보 E와 가설 H 사이에 다음이 성립한다.

H가 참인 경우 E가 거짓이라는 것이 충분히 예상된다(달리 말하면, H가 참인 경우 E가 거짓일 확률이 높아진다) ⇔ E는 H를 약화한다.

마지막으로 다음 정보가 주어졌다고 하자.

▍정보 3 불쌍한 X를 돕지 않는 것이 알려지지 않을 것이라고 믿을 때 X에 대해 공감하는 정도가 높아짐에도 불구하고 X를 도울 가능성이 높아지지 않는다.

가설 B에 따르면 불쌍한 X를 돕지 않는 것이 알려지지 않을 것이라고 믿을 때 X에 대해 공감하는 정도가 높아지더라도 돕지 않음에 대한 사회적 비난이 없을 것이라고 생각할 것이기 때문에 그를 도울 가능성은 높아지지 않는다. 그러므로 가설 B가 참인 경우 (정보 3)이 참이라고 충분히 예상할 수 있다. 즉, 가설 B가 참인 경우 (정보 3)이 참일 확률이 높아진다. 따라서 (정보 3)은 가설 B를 강화한다.

다음의 예제 5-5부터 5-16은 강화 또는 약화 문항이다.

다음 글에 대한 평가로 옳은 것만을 〈보기〉에서 있는 대로 고른 것은?

〈가설〉

상황의 압박을 받아 행해진 행동 X와 그 행위자의 도덕성에 대해 사람들은 다음과 같이 판단한다.

- X가 나쁘면 자발적이라고 판단하고, X가 좋으면 강제되었다고 판단한다.
- X가 자발적이라고 판단하면 X를 근거로 행위자의 도덕성을 판단하지만, X가 강제되었다고 판단하면 X로부터 도덕성을 판단하지 않는다.

〈실험〉

100명의 참여자를 집단 1과 집단 2로 나누고, 집단 1은 글 1을, 집단 2는 글 2를 각각 읽도록 한다.

글 1 : 갑과 을이 노숙자와 마주친다. 갑이 을에게 가진 돈을 모두 노숙자에게 주라고 시킨다. 을은 가지고 있던 모든 돈을 노숙자에게 준다.

글 2 : 갑과 을이 노숙자와 마주친다. 갑이 을에게 노숙자의 돈을 빼앗으라고 시킨다. 을은 노숙자의 돈을 빼앗는다.

글을 읽은 각 집단에게 을의 행동이 자발적인지 강제되었는지, 그리고 을이 도덕적인지 아닌지 묻는다.

《 보기 》

ㄱ. 집단 1에서 을의 행동이 강제되었다고 답한 사람의 대부분이 을이 도덕적이라고 답하였다면, 〈가설〉은 약화된다.

ㄴ. 집단 1의 대부분이 을의 행동이 강제되었다고 답하였지만 집단 2의 대부분은 을의 행동이 자발적이라고 답하였다면, 〈가설〉은 약화된다.

ㄷ. 집단 1의 대부분이 을이 도덕적인지 아닌지 모르겠다고 답하였지만 집단 2의 대부분은 을이 부도덕하다고 답하였다면, 〈가설〉은 약화된다.

① ㄱ   ② ㄷ   ③ ㄱ, ㄴ

④ ㄴ, ㄷ   ⑤ ㄱ, ㄴ, ㄷ

다음 글에 대한 평가로 옳은 것만을 〈보기〉에서 있는 대로 고른 것은?

이기적 인간은 자신의 소비를 통한 효용만을 고려한다. 그렇다면 기부 행위는 왜 존재하는가? 자신의 기부를 받을 수혜자의 효용까지도 함께 고려하는 이타심 때문이다. 인간은 자신의 소비를 통한 효용뿐 아니라 수혜자의 효용까지 고려한다는 주장을 ㉠순수이타주의 가설이라 한다. 이 가설하에서 기부자는 수혜자가 필요한 총 기부액을 우선 결정한다. 만약 수혜자가 다른 기부자로부터 일정 금액의 기부를 받는 것을 알게 되면, 기부자는 정확히 그 금액만큼 기부액을 줄이게 된다. 한편, 기부 행위 자체를 통해 얻는 감정적 효용도 기부 행위에서 중요한 역할을 한다는 주장이 있다. 이를 ㉡비순수이타주의 가설이라 한다. 비순수이타주의 가설에서는 순수이타주의 가설에서 고려하는 기부자의 효용과 수혜자의 효용에 더하여 기부자 자신의 감정적 효용까지도 모두 고려한다.

위 두 가설을 검증하기 위해 다음과 같은 실험을 다수의 참가자에게 독립적으로 실시한다.

〈실험〉

각 참가자는 아래 표를 제공받아 a~f를 모두 결정한다. 이후, 각 참가자는 A~F 중 임의로 선택된 한 상황에서 해당하는 소득을 실제로 제공받고 결정했던 만큼의 기부를 한다.

상황	참가자의 소득	참가자의 기부액	자선 단체의 기부액
A	40	a	4
B	40	b	10
C	40	c	28
D	40	d	34
E	46	e	4
F	46	f	28

《 보기 》

ㄱ. 참가자 대부분에서 $b=e-6$이면, ㉡을 강화한다.
ㄴ. 참가자 대부분에서 $e-a<f-c$이면, ㉠을 강화한다.
ㄷ. 참가자 대부분에서 $0<a-30<b-24<c-6<d$이면, ㉡을 강화한다.

① ㄱ   ② ㄷ   ③ ㄱ, ㄴ
④ ㄴ, ㄷ   ⑤ ㄱ, ㄴ, ㄷ

다음 글에 대한 평가로 옳은 것만을 〈보기〉에서 있는 대로 고른 것은?

피해자 영향 진술(VIS) 제도는 재판의 양형 단계에서 피해자에게 범죄로부터 받은 영향을 표현할 수 있도록 기회를 제공한다. 그런데 VIS가 없는 경우보다 있는 경우에 형량이 더 무거운 경향이 있는데, 그 이유와 관련하여 두 가지 견해가 제시된다. A견해에서는 VIS의 유무가 아니라 피해의 심각성이 무거운 형량을 유도한다고 본다. 이에 따르면, 피해가 심각할수록 형량이 무거워지는데, 주로 심각한 피해를 입은 피해자들이 공소장에 적시된 피해 내용을 부각하기 위해 VIS를 제시하고 피해가 심각하지 않은 피해자들은 VIS를 제시하지 않으므로, VIS와 양형 간에 유의미한 관계가 있는 것처럼 보인다는 것이다. B견해에서는 판사나 배심원들이 피해자가 VIS를 통해 부각하고자 하는 피해 내용에 의해 영향을 받을 뿐만 아니라 피해자가 VIS를 통해 표출하는 강한 감정으로부터도 영향을 받기 때문에, VIS가 무거운 형량을 유도한다고 주장한다. 각 견해의 타당성을 검증하기 위해 연구 방법 P, Q를 구상하였다.

P : 무작위로 추출된 모의 배심원을 세 집단으로 구분한 뒤 사건에 대한 객관적 정보를 제공한다. [집단 1]에는 일반적인 기대를 뛰어넘는 심각한 내용의 정서적 상해가 기술된 VIS를 제공하고, [집단 2]에는 일반적인 기대에 미치지 않는 정서적 상해가 기술된 VIS를 제공하며, [집단 3]에는 VIS를 제공하지 않는다. 이후 각 집단이 제시한 평균 형량을 비교한다.

Q : 무작위로 추출된 모의 배심원을 세 집단으로 구분한 뒤 사건에 대한 객관적 정보를 제공한다. [집단 1]에는 피해자가 감정적으로 매우 고조된 상태로 심각한 내용의 VIS를 낭독하는 재판 영상을 제공하고, [집단 2]에는 동일한 내용의 VIS를 피해자가 차분하게 낭독하는 재판 영상을 제공하며, [집단 3]에는 앞의 경우보다 덜 심각한 내용의 VIS를 피해자가 차분하게 낭독하는 재판 영상을 제공한다. 이후 각 집단이 제시한 평균 형량을 비교한다.

《 보기 》

ㄱ. P에서 [집단 1]의 평균 형량이 [집단 2]의 평균 형량보다 유의미하게 높고 [집단 2]의 평균 형량이 [집단 3]의 평균 형량보다 유의미하게 높으면, A견해는 강화된다.

ㄴ. Q에서 [집단 1]의 평균 형량이 [집단 2]의 평균 형량보다 유의미하게 높고 [집단 2]의 평균 형량이 [집단 3]의 평균 형량보다 유의미하게 높으면, B견해는 강화된다.

ㄷ. Q에서 연구 방법을 수정하여 [집단 1]과 [집단 2]만을 비교할 경우, 두 집단의 평균 형량에 유의미한 차이가 없다면, A견해는 약화된다.

① ㄱ   ② ㄴ   ③ ㄱ, ㄷ

④ ㄴ, ㄷ   ⑤ ㄱ, ㄴ, ㄷ

㉠과 ㉡에 대한 판단으로 옳은 것만을 〈보기〉에서 있는 대로 고른 것은?

의태란 한 종의 생물이 다른 종의 생물과 유사한 형태를 띠는 것이다. 의태 중에서 가장 잘 알려진 것 중 하나는 베이츠 의태로, 이는 독이 없는 의태자가 독이 있는 모델과 유사한 경고색 혹은 형태를 가짐으로써 포식자에게 잡아먹히는 것을 피하는 것이다. 서로 형태가 유사하지만 독성이 서로 다른 2종의 모델, 즉 약한 독성을 가진 모델 A와 강한 독성을 가진 모델 B가 동시에 존재하는 경우에 의태자 C가 어떻게 의태할지에 대해서는 여러 가지 가설이 제시되었다. 그중 ㉠C가 A보다 B의 형태로 진화하는 것이 생존에 유리하다는 가설이 지배적이었다.

하지만 최근에 '자극의 일반화'라는 현상을 기반으로 ㉡C가 B보다 A의 형태로 진화하는 것이 생존에 유리할 것이라는 가설이 제시되었다. 자극의 일반화란 자신에게 좋지 않은 약한 자극에 노출된 경우에는 포식자가 이후에 이와 동일한 자극만 회피하려고 하지만, 자신에게 좋지 않은 강력한 자극에 노출된 경우에는 포식자가 이후에 이 자극과 동일 종류의 자극뿐 아니라 유사한 종류의 자극도 회피하려고 한다는 것이다. 이로 인해 C가 A를 의태할 경우에는 A 또는 B에 대한 학습 경험이 있는 포식자 모두로부터 잡아먹히지 않지만, B를 의태할 경우에는 B에 대한 학습 경험만 있는 포식자로부터만 잡아먹히지 않는다는 것이다.

《 보기 》

ㄱ. 독에 대한 경험이 없던 닭들이 개구리의 형태로 독성을 판단하여 강한 독을 가진 개구리는 잡아먹으려고 시도하지 않지만 약한 독을 가진 개구리는 잡아먹으려고 시도한다는 사실은 ㉠을 강화하고, ㉡을 약화한다.

ㄴ. 독에 대한 경험이 없던 닭들 중 강한 독이 있는 나방을 잡아먹은 닭들은 모두 죽었으나, 약한 독이 있는 나방을 잡아먹은 닭들은 죽지 않고 이후에 약한 독이 있는 나방과 동일하게 생긴 독이 없는 나방을 잡아먹지 않으려고 한다는 사실은 ㉠과 ㉡ 모두를 약화한다.

ㄷ. 독에 대한 경험이 없던 닭들이 아주 강력한 독이 있는 나방을 잡아먹은 이후에 이와 유사하게 생긴 독이 없는 나방은 잡아먹으려 하지 않지만, 전혀 다르게 생긴 독이 있는 개구리는 잡아먹으려고 시도한다는 사실은 ㉡을 약화한다.

① ㄱ   ② ㄷ   ③ ㄱ, ㄴ

④ ㄴ, ㄷ   ⑤ ㄱ, ㄴ, ㄷ

다음 글에 대한 평가로 옳은 것만을 〈보기〉에서 있는 대로 고른 것은?

노동조합이 없는 회사보다 있는 회사에 다니는 노동자들의 임금이 더 높은 것으로 알려져 있다. 이를 노동조합의 임금 프리미엄이라고 한다. 이 현상을 설명하기 위해 노동조합이 없는 직장에서 일하는 노동자(무조합원), 노동조합이 있으나 가입하지 않은 노동자(비조합원), 노동조합에 가입한 노동자(조합원) 사이의 임금 격차에 관해 주장 A와 B가 있다.

A : 노동조합은 독점적 노동 공급원이다. 노동조합은 조합원의 수 이내에서 기업에 노동 공급의 독점력을 행사할 수 있기 때문에 비조합원이나 무조합원의 노동력이 거래되는 경쟁 시장보다 높은 임금을 이끌어낼 수 있다. 이때 형성된 높은 임금으로 인해, 노동조합의 독점력이 없었다면 고용될 수 있었던 노동력이 경쟁 시장으로 몰리고 이는 다시 경쟁 시장의 임금을 낮춰 임금 프리미엄을 키우는 파급 효과를 가져온다.

B : 노동조합은 노동자들의 집합적 목소리를 대표하는 의사 대표 제도이다. 노동조합은 사측에 동일노동－동일임금 원칙, 작업장의 안전성 제고 등을 요구함으로써 직장 내 모든 노동자의 만족도를 높이고 이직률을 낮춘다. 나아가 노동조건의 임의적 변경을 막고 협의를 통한 작업 재배치와 자본 투자 제고를 촉진한다. 또한 노동조합은 소수자의 이해를 대변함으로써 이들을 지지하고 배려한다. 노동조합의 이런 활동들이 노동자의 생산성을 높이고 이는 자연스럽게 기업 전반의 임금 수준을 높일 것이다.

《 보기 》

ㄱ. 직종과 숙련도에서 유사한 노동자들을 비교한 조사에서, 조합원의 임금이 비조합원의 임금보다 높고 비조합원과 무조합원 사이에는 임금 차이가 없다는 결과는 A를 강화하고 B를 약화한다.

ㄴ. 직종과 숙련도에서 유사한 남녀 사이의 임금 격차에 관한 조사에서, 조합원들의 남녀 임금 격차가 비조합원들의 남녀 임금 격차보다 적다는 결과는 A를 약화한다.

ㄷ. 노동조합이 있는 회사의 노동자들을 대상으로 진행한 조사에서, 조합원들의 임금이 직종과 숙련도에서 유사한 비조합원들의 임금과 유사하다는 결과는 B를 약화한다.

① ㄱ   ② ㄷ   ③ ㄱ, ㄴ
④ ㄴ, ㄷ   ⑤ ㄱ, ㄴ, ㄷ

다음으로부터 평가한 것으로 옳은 것만을 〈보기〉에서 있는 대로 고른 것은?

사람들의 행위 동기를 연구하기 위해 다음 실험이 수행되었다.

〈실험〉

보상이 기대되는 긍정적인 업무와 아무런 보상도 기대할 수 없는 중립적 업무가 참가자에게 각각 하나씩 제시된다. 참가자에게 참가자가 아닌 익명의 타인이 한 명씩 배정되고, 참가자는 두 개의 업무를 그 타인과 본인에게 하나씩 할당해야 한다. 할당 방식에는 두 가지가 있다. A방식은 참가자 본인의 임의적 결정으로 업무를 할당하는 것이며, B방식은 참가자가 동전 던지기를 통해 업무를 할당하는 것이다. 참가자는 둘 중 하나의 방식을 공개적으로 선택하지만, 선택이 끝난 후 업무를 할당하기까지의 전 과정은 공개되지 않는다.

〈결과〉

40명의 참가자를 대상으로 실험한 결과, 20명의 참가자가 A방식을 선택하였고 이들 중 17명이 긍정적 업무를 자신에게 할당하였다. 긍정적 업무를 타인에게 할당한 참가자는 3명이었다. 한편 나머지 20명의 참가자는 B방식을 선택했는데, 이들 중 18명이 자신에게 긍정적 업무를 할당하였고 타인에게 긍정적 업무를 할당한 참가자는 2명이었다.

동전 던지기에서 통상적으로 기대되는 결과와 비교할 때 B방식에 따른 이런 할당 결과는 매우 이례적인 것이어서 이를 설명하기 위해 다음 가설들이 제시되었다.

가설 1 : B방식을 택한 대부분의 사람들은 원래는 공정하게 업무를 할당할 의도가 있었지만, 실제로 동전을 던져서 자신에게 불리한 결과가 나왔을 때 이기적인 동기가 원래의 공정한 의도를 압도하면서 결과를 조작한 것이다.

가설 2 : B방식을 택한 대부분의 사람들은 원래부터 공정하게 업무를 할당할 의도가 없었으며, 단지 결과 조작을 통해 업무 할당의 이득을 안전하게 확보할 수 있고 사람들에게 공정한 사람처럼 보일 수 있는 추가 이득까지 얻을 수 있기 때문에 이 방식을 택한 것뿐이다.

《보기》

ㄱ. B방식을 택한 참가자들 대부분이 A방식도 B방식만큼 공정하다고 사람들이 생각하리라 믿었다면, 가설 2는 약화된다.

ㄴ. B방식을 택한 참가자들 중 결과를 조작한 사람들 대부분이 자신의 업무 할당이 공정하지 않았음을 인정한다면, 가설 1은 약화되고 가설 2는 강화된다.

ㄷ. B방식에서 동전 던지기를 통한 업무 할당 과정이 공개되도록 실험 내용을 수정하여 동일한 수의 새로운 참가자들을 대상으로 실험한 후에도 B방식을 선택하는 참가자의 수에 큰 변화가 없다면, 가설 1은 강화되고 가설 2는 약화된다.

① ㄱ   ② ㄴ   ③ ㄱ, ㄷ

④ ㄴ, ㄷ   ⑤ ㄱ, ㄴ, ㄷ

다음 글에 대한 평가로 옳은 것만을 〈보기〉에서 있는 대로 고른 것은?

> 결정론은 인간의 마음 상태와 행위를 포함해 모든 사건이 이전 사건들에 의해 완전히 결정된다는 견해이다. 결정론하에서도 행위자가 한 일에 대해 도덕적 책임을 부과할 수 있을까? 그럴 수 없다고 주장하는 견해가 양립 불가론이다. 결정론을 받아들이면 자유의지가 존재할 여지가 없기 때문이다. 반면, 결정론을 받아들여도 누군가에게 도덕적 책임을 부과할 수 있다고 주장하는 견해가 양립론이다. 행위자의 마음 상태가 행위 발생의 원인이기만 하면, 어쨌거나 행위의 발생에 영향을 미쳤다고 말할 수 있고, 그러면 도덕적 책임을 부과하기에 충분하다는 것이다.
>
> 양립론자 갑은 사람들이 바로 그 점을 이해하지 못해 양립 불가론을 주장하는 것으로 판단하였다. 이에 갑은 다음 가설을 제시했다.
>
> 〈가설〉
> 결정론적 세계에서도 행위자의 마음 상태가 행위 발생에 영향을 미칠 수 있다는 사실을 인정하면, 양립론을 받아들일 가능성이 크다.
>
> 갑은 이 가설을 검증하기 위해 100명의 실험 대상자에게 아래 시나리오에 등장하는 우주가 실제로 존재한다고 가정할 때 [진술1]과 [진술2]에 대해 각각 동의하는지 동의하지 않는지 둘 중 하나로만 답하게 했다.
>
> 〈시나리오〉
> 생성소멸의 전 과정이 되풀이되는 우주가 있다. 이 우주에서는 과정이 되풀이될 때마다 모든 사건이 똑같이 발생하게끔 결정돼 있다. 이 우주에서 톰이라는 사람이 특정 시각에 특정 반지를 훔치기로 결심하고 실제로 훔친다. 과정이 되풀이될 때마다 톰은 똑같이 결심하고 똑같이 행동한다.
>
> [진술1] 반지를 훔치겠다는 톰의 결심은 반지를 훔친 그의 행위에 영향을 미친다.
> [진술2] 반지를 훔친 톰에게 도덕적 책임이 있다.

《 보기 》

ㄱ. [진술1]에 동의하지 않는 사람은 모두 양립 불가론자이며, [진술2]에 동의하는 사람은 모두 양립론자이다.

ㄴ. [진술1]과 [진술2]에 모두 동의하는 실험 대상자가 두 진술 중 어느 것에도 동의하지 않는 실험 대상자보다 훨씬 더 많다면, 〈가설〉은 강화된다.

ㄷ. [진술2]에 동의하지 않은 실험 대상자 50명 중 거의 전부가 [진술1]에 동의하고, [진술2]에 동의한 실험 대상자 50명 중 거의 전부가 [진술1]에 동의하지 않는다면, 〈가설〉은 약화된다.

① ㄱ 　　　　② ㄷ 　　　　③ ㄱ, ㄴ
④ ㄴ, ㄷ 　　　⑤ ㄱ, ㄴ, ㄷ

다음 글에 대한 평가로 적절한 것만을 〈보기〉에서 있는 대로 고른 것은?

배심원들이 확률적 증거에 기초하여 피고에게 사건의 책임이 있을 가능성이 크다고 추론하였음에도 불구하고 유죄나 원고 승소 평결을 내리기 주저하는 현상이 발견된다. 이를 설명하는 〈가설〉이 있다.

〈가설〉

사건의 책임이 누구에게 있는지를 명시적으로 제시하지 않은 증거는 그 자체로 타당하다고 받아들여지더라도 정보로서의 가치가 낮게 평가된다. 따라서 이러한 정보는 배심원의 평결에 영향을 덜 미치게 된다.

즉 "피고에 책임이 있을 확률이 80%이다."라는 증언과 "맞을 확률이 80%인 증거에 근거할 때 피고에 책임이 있다."라는 증언은 배심원들이 받아들이는 데에 심리적으로 큰 차이가 있다는 것이다. 연구진은 이 가설을 검증하기 위해 〈실험〉을 진행하였다.

〈실험〉

모의 배심원들에게 다음과 같은 사건 개요를 읽게 한다.

"갑은 같이 산책 중이던 자신의 개를 친 혐의로 버스 회사 B를 고소했다. 갑이 사는 도시에는 파란색 버스만 운행하는 회사 B와 회색 버스만 운행하는 회사 G, 2개만 있는데, 갑은 색맹이어서 사고를 낸 버스의 색을 확인할 수 없었다."

모의 배심원을 무작위로 둘로 나눈 뒤, 집단 1에게는 조사관의 증언 X만을, 집단 2에게는 조사관의 증언 X와 Y 모두를 제시한다.

X : 타이어 매칭 기술을 적용한 결과 B의 전체 버스 10대 중 8대와 G의 전체 버스 10대 중 2대가 사고 현장에서 수거한 타이어 자국과 완벽하게 일치한다.

Y : 나는 타이어 자국 증거에 근거해서 B의 버스가 원고의 개를 쳤다고 본다.

모의 배심원들로 하여금 B의 버스가 실제로 개를 쳤을 확률을 제시하고 B에 대한 평결을 내리도록 했다. 실험 결과, 모의 배심원이 B에 책임이 있을 확률로 제시한 값인 '주관적 확률'은 두 집단이 같았고, 각 집단에서 B에 책임이 있다고 판단한 모의 배심원의 비율인 '원고 승소 평결률'은 두 집단 모두에서 주관적 확률보다 낮았다.

《 보기 》

ㄱ. 집단 1의 원고 승소 평결률이 집단 2보다 유의미하게 낮다면, 〈가설〉은 약화된다.

ㄴ. 주관적 확률과 원고 승소 평결률 사이의 차이가 집단 2보다 집단 1에서 유의미하게 크다면, 〈가설〉은 강화된다.

ㄷ. 만약 회색 버스가 갑의 개를 쳤다는 목격자의 증언이 두 집단에게 추가로 제공되었을 때, 집단 1보다 집단 2에서 원고 승소 평결률이 유의미하게 더 낮아졌다면, 〈가설〉은 약화된다.

① ㄱ   ② ㄴ   ③ ㄱ, ㄷ

④ ㄴ, ㄷ   ⑤ ㄱ, ㄴ, ㄷ

〈견해〉에 대한 평가로 옳은 것만을 〈보기〉에서 있는 대로 고른 것은?

제1조(정의) '약사(藥事)'란 의약품·의약외품의 제조·조제·보관·수입·판매[수여(授與)를 포함]와 그 밖의 약학 기술에 관련된 사항을 말한다.

제2조(의약품 판매) 약국 개설자가 아니면 의약품을 판매하거나 판매할 목적으로 취득할 수 없다. 다만, 의약품의 제조업 허가를 받은 자가 제조한 의약품을, 의약품 제조업 또는 판매업의 허가를 받은 자에게 판매하는 경우에는 그러하지 아니하다.

〈사례〉

P회사는 의약품 제조업의 허가와 의약품 판매업의 허가를 각각 받아 의약품 제조업자와 의약품 도매상의 지위를 동시에 가지고 있다. P회사는 의약품취급방법 위반으로 제조업자의 지위에서 의약품 판매 정지 처분을 받았다. 이와 관련하여 P회사가 의약품 제조업자의 지위에서는 의약품을 출고하고, 의약품 도매상의 지위에서는 그 의약품을 입고한 경우가 이 규정에 따른 '판매'에 해당하는지에 대해 다음과 같이 견해가 대립한다.

〈견해〉

견해1 : 제2조는 엄격한 관리를 통하여 의약품이 비정상적으로 거래되는 것을 막으려는 취지이다. 의약품 회사가 제조업과 도매상 허가를 모두 취득하였더라도 의약품이 제조업자로부터 도매상으로 이동한 경우는 그 지위가 구분되는 상대방과의 거래로 볼 수 있으므로, '판매'에 해당한다.

견해2 : 일반적으로 판매란 값을 받고 물건 등을 남에게 넘기는 것을 의미하는 것으로 물건 등을 넘기는 자와 받는 자를 전제하는 개념이다. 의약품 회사가 제조업의 허가와 도매상의 허가를 모두 취득하였더라도 제조업자로서 제조한 의약품을 도매상의 지위에서 입고하여 관리하는 것은 동일한 회사 내에서의 이동일 뿐이고, 독립한 거래 상대방이 존재하는 것이 아니므로 '판매'에 해당하지 않는다.

《 보기 》

ㄱ. [규정]에서 의약품 도매상이 되려는 자는 시장·군수·구청장의 허가를 받아야 하고,
   제조업자가 되려는 자는 식품의약청장의 허가를 받아야 한다는 별도의 규정이 있다
   면 견해1은 약화된다.

ㄴ. 제1조의 판매에 포함되는 '수여(授與)'의 개념에 거래 상대방과 관계없이 물건 자체의
   이전(移轉)도 포함된다면 견해2는 강화된다.

ㄷ. 제2조의 입법취지에 따른 판매 개념이 일반 대중에게 의약품이 유통되는 것을 의미
   하는 것이라면 견해2는 강화된다.

① ㄴ   ② ㄷ   ③ ㄱ, ㄴ

④ ㄱ, ㄷ   ⑤ ㄱ, ㄴ, ㄷ

〈견해〉에 대한 평가로 옳은 것만을 〈보기〉에서 있는 대로 고른 것은?

〈견해〉

A : 불법행위는 본래 존재하던 정의로운 상태 또는 형평상태를 파괴하는 행위이다. 따라서 불법행위법은 불법행위로 인하여 파괴된 본래 상태를 회복하여 피해자를 구제하는 시스템이다. 불법행위법에서 회복을 지향하는 것은 정의 또는 윤리에 기초한 요청이고, 그것이 사회의 효용증진에 이바지하거나 기능적으로 유용하기 때문이 아니다. 나아가 가해자나 제3자(사회공동체 포함)가 아닌 피해자의 관점에서 불법행위 이전의 상태로 완전하게 회복되지 않는 한 진정한 피해자 구제는 실패한 것이다.

B : 불법행위는 사람이 고의나 과실로 저지르는 위법행위라는 점에 본질이 있다. 따라서 불법행위법은 불법행위로 말미암은 손해의 회복과 더불어 불법행위의 예방을 목표로 하여야 한다. 불법행위법은 사회 구성원들에게 행위지침을 제시하고 바람직한 행위로 나아갈 인센티브를 부여하여야 한다. 예방을 위한 메시지는 가해자에게만이 아니라, 가해자를 포함한 공동체 구성원 전원에게 발신되어야 한다. 어떠한 메시지를 전달할 것인가를 정할 때도 무엇이 공동체에 최고의 선인가를 진지하게 고려하여야 한다.

《 보기 》

ㄱ. 불법행위로 물건을 파손한 사안에서 수리비가 그 물건의 교환가치를 초과한 경우에도 수리비 전액을 피해자에게 배상하도록 X국 법원이 판결하였다면, A는 약화된다.

ㄴ. 회사의 영업비밀 자료를 경쟁사에 넘겨 이득을 취하였으나 회사에는 현실적 손해가 발생하지 않은 사안에서 그 이득을 손해로 보아 회사에 배상하도록 X국 법원이 판결하였다면, B는 강화된다.

ㄷ. 비하적 표현을 반복적으로 사용하여 명예를 훼손하였으나 피해자가 용서한 사안에서 그러한 비하적 표현을 용인하는 것이 사회의 자유로운 토론을 저해함을 이유로 제3자에게 배상하도록 X국 법원이 판결하였다면, A는 약화되고 B는 강화된다.

① ㄱ   ② ㄷ   ③ ㄱ, ㄴ

④ ㄴ, ㄷ   ⑤ ㄱ, ㄴ, ㄷ

다음 글에 대한 평가로 옳은 것만을 〈보기〉에서 있는 대로 고른 것은?

머지않은 미래에 신경과학이 모든 행동의 원인을 뇌 안에서 찾아내게 된다면 법적 책임을 묻고 처벌하는 관행이 근본적으로 달라질 것이라고 생각하는 사람들이 있다. 어떤 사람의 범죄 행동이 두뇌에 있는 원인에 의해 결정된 것이어서 자유의지에서 비롯된 것이 아니라면, 그 사람에게 죄를 묻고 처벌할 수 없다는 것이 이들의 생각이다. 그러나 이는 법에 대한 오해에서 비롯된 착각이다. 법은 사람들이 일반적으로 합리적 선택을 할 수 있는 능력을 가지고 있다고 가정한다. 법률상 책임이 면제되려면 '피고인에게 합리적 행위 능력이 결여되어 있다는 사실'이 입증되어야 한다는 점에 대해서는 일반적으로 동의한다. 여기서 말하는 합리적 행위 능력이란 자신의 믿음에 입각해서 자신의 욕구를 달성하는 행동을 수행할 수 있는 능력을 의미한다. 범행을 저지른 사람이 범행 당시에 합리적이었는지 아닌지를 결정하는 데 신경과학이 도움을 줄 수는 있다. 그러나 사람들이 이러한 최소한의 합리성 기준을 일반적으로 충족하지 못한다는 것을 신경과학이 보여주지 않는 한, 그것은 책임에 관한 법의 접근 방식의 근본적인 변화를 정당화하지 못한다. 법은 형이상학적 의미의 자유의지를 사람들이 갖고 있는지 그렇지 않은지에 대해서는 관심을 두지 않는다. 법이 관심을 두는 것은 오직 사람들이 최소한의 합리성 기준을 충족하는가이다.

《 보기 》

ㄱ. 인간의 믿음이나 욕구 같은 것이 행동을 발생시키는 데 아무런 역할을 하지 못한다는 것을 신경과학이 밝혀낸다면, 이 글의 논지는 약화된다.

ㄴ. 인간이 가진 합리적 행위 능력 자체가 특정 방식으로 진화한 두뇌의 생물학적 특성에서 기인한다는 것을 신경과학이 밝혀낸다면, 이 글의 논지는 약화된다.

ㄷ. 범죄를 저지른 사람들 중 상당수가 범죄 유발의 신경적 기제를 공통적으로 지니고 있다는 것을 신경과학이 밝혀낸다면, 이 글의 논지는 강화된다.

① ㄱ   ② ㄷ   ③ ㄱ, ㄴ
④ ㄴ, ㄷ   ⑤ ㄱ, ㄴ, ㄷ

㉠에 대한 평가로 적절한 것만을 〈보기〉에서 있는 대로 고른 것은?

　　18세기 말 프랑스의 화학자 라부아지에는 물질의 연소는 물질이 그가 '산소'라고 명명한 물질과 결합하는 과정이라 주장했다. 그러나 이 주장은 물질이 산소와 결합할 때 왜 열이 발생하는지 설명할 수 없다는 반론에 부딪혔다.

　　그는 이에 대응하여 다음을 가정했다. 첫째, 열은 사실 '열소'라는 질량이 없는 물질로, 열의 발생은 물질과 결합했던 열소가 방출되는 과정이다. 둘째, 기체는 고체나 액체에 비해 훨씬 많은 열소를 포함하고 있다. 액체 상태의 물에 막대한 양의 열을 공급하면 수증기가 되는 이유는 물과 다량의 열소가 서로 결합했기 때문이다. 마찬가지로 기체 산소 역시 산소와 열소가 결합한 화합물이다. 이 두 가지 가정을 바탕으로 라부아지에는 ㉠물질이 연소하는 과정에서 기체 산소 내의 산소는 타는 물질과 결합하여 화합물을 생성하나, 기체 산소 내 열소는 물질과 결합하지 않고 공기 중으로 빠져나가기 때문에 열이 발생한다고 주장했다.

──《 보기 》──

ㄱ. 많은 고체 물질이 연소할 때 열이 발생함과 동시에 기체가 생성된다는 사실은 ㉠을 강화한다.

ㄴ. 산소화합물을 포함한 화약은 기체 산소가 없어도 폭발적으로 연소하면서 엄청난 양의 열을 방출한다는 사실은 ㉠을 약화한다.

ㄷ. 물질이 연소하는 과정에서 발생한 열이 아무리 많이 공기 중으로 방출되더라도 공기의 질량은 증가하지 않는다는 사실은 ㉠을 약화한다.

① ㄱ　　　　　　② ㄴ　　　　　　③ ㄱ, ㄷ

④ ㄴ, ㄷ　　　　⑤ ㄱ, ㄴ, ㄷ

3) 문제해결

일견 참으로 보이는 전제들로부터 타당한 추론 과정을 거쳐 도출한 결론이 그 자체로서 모순이거나 우리의 참된 믿음과 모순되는 경우, 이러한 논증이나 결론적 주장을 우리는 '역설'(paradox)이라고 일컫는다. 거짓말쟁이 역설(Liar paradox)의 극단적인 경우로 다음 문장을 한번 생각해 보자. "이 문장은 거짓이다." 여기서 '이 문장'은 바로 이 표현이 포함된 "이 문장은 거짓이다"라는 문장을 가리킨다. 우리는 "이 문장은 거짓이다"라는 문장을 참이라고 판단해야 하는가 아니면 거짓이라고 판단해야 하는가? 참이라고 한번 가정해 보자. "이 문장은 거짓이다"라는 문장이 참이라고 한다면, 이 문장의 진술을 그대로 받아들여야 하므로, 이 문장은 거짓이다. 그런데 이 문장은 바로 "이 문장은 거짓이다"라는 문장이므로, "이 문장은 거짓이다"라는 문장은 거짓이다. 이번에는 "이 문장은 거짓이다"라는 문장이 거짓이라고 가정해 보자. 이 경우에는 이 문장의 진술을 그대로 받아들일 수 없고, 그 부정을 받아들여야 한다. 따라서 이 문장은 참이다. 그런데 이 문장은 바로 "이 문장은 거짓이다"라는 문장이므로, "이 문장은 거짓이다"라는 문장은 참이다. 이상의 추론을 통해 우리는 다음과 같은 모순에 이르렀다. "이 문장이 거짓이다"라는 문장이 참인 경우 그리고 오직 그러한 경우에만 "이 문장은 거짓이다"라는 문장이 거짓이다. 철학자들은 거짓말쟁이 역설의 문제를 해결하기 위해 모순에 이르는 위의 추론에서 사용된 전제 중 문제가 있는 것은 없는지, 아니면 "이 문장은 거짓이다"라는 문장의 어떠한 성격이 그러한 모순을 낳았는지를 반성하였다. "이 문장은 거짓이다"라는 문장 속에 있는 "이 문장"이라는 표현이 갖는 자기 지칭(self reference)의 성격이 거짓말쟁이 역설을 일으키는 것으로 철학자들은 분석하였다. 철학에서 일반적으로 역설은 우리의 일반적 사고방식이나 믿음의 문제점을 드러내고 교정하는 데 사용된다.

그런데 우리는 일상적 삶에서도 역설적 상황과 마주칠 때가 가끔 있다. 어떤 상황에 대한 예측을 위해 우리는 거의 참으로 받아들여지는 가설을 동원한다. 거의 참으로 받아들여지는 가설과 배경지식을 동원하여 우리는 어떤 상황을 예측했으나, 현실적으로 그러한 예측이 틀릴 경우에 우리는 어떻게 해야 할까? 물론 예측을 추론하는 데 사용된 가설을 부정할 수도 있다. 그러나 우리는 가설 이외의 배경지식과 관련하여 그것이 과연 충분하고도 정확한 지식이었는지도 반성해 보아야 한다. 즉, 배경지식에 어떤 정보를 더 보태면, 이것과 가설이 결합하여 실제 관찰된 상황을 잘 설명할 수 있을 가능성은 없는지를 검토해 보아야 한다.

　문제해결 문항은 역설적 상황이나 해결해야 할 문제가 주어진 상황에서 추가적인 정보를 이용하여 역설적 상황을 해소하거나 문제를 해결하는 능력을 평가하는 문항이다. 다음의 예제 5-17과 5-18이 이에 해당한다.

㉠에 대한 대답으로 적절한 것을 〈보기〉에서 있는 대로 고른 것은?

　　타인에 대한 신뢰의 형태는 크게 두 가지로 구분된다. 좁은 범위의 친숙하고 가까운 타인들에 대한 특수한 신뢰와 넓은 범위의 잘 알지 못하는 타인들에 대한 일반적 신뢰가 그것이다. 통상적으로 신뢰는 후자인 일반적 신뢰를 지칭한다. 사회학자들은 일반적 신뢰를 조사를 통해 측정해 왔다. 일반적 신뢰를 묻는 질문의 의도는 가깝고 익숙한 사람들이 아닌 멀고 낯선 사람들에 대한 신뢰를 측정하는 것이다. 기존 설문조사는 일반적 신뢰를 측정하기 위해 "귀하는 일반적으로 대부분의 사람들을 신뢰할 수 있다고 생각하십니까, 아니면 조심해야 한다고 생각하십니까?"라는 질문을 사용한다.

　　한편, 사회학자 A는 한 사회의 지배적 문화에서 나타나는 신뢰의 범위가 저신뢰 사회와 고신뢰 사회를 구분하는 기준이라고 주장한다. 그에 따르면, 신뢰의 범위가 가족이나 잘 아는 친구에 머무는지 아니면 잘 모르는 사람에게까지 확장되는지가 중요하다. 그는 아시아에 위치한 Z국처럼 연줄을 중시하고 특수한 관계에 기초한 좁은 범위의 신뢰만을 허용하는 문화는 저신뢰 사회로 흐를 가능성이 높고, 서구 선진국들처럼 보편주의의 원칙에 입각한 넓은 범위의 신뢰가 지배적인 문화는 고신뢰 사회가 될 가능성이 높다고 주장한다. 그럼에도 불구하고, 다수의 국제 비교 조사는 Z국의 일반적 신뢰 수준이 최상위권에 위치하고 있음을 보여준다. ㉠ Z국의 일반적 신뢰 수준이 최상위권이라는 조사 결과와 Z국이 저신뢰 사회라는 주장을 어떻게 동시에 받아들일 수 있을까?

《 보기 》

ㄱ. Z국 사람들은 이동이 어려웠던 국토의 특성상 지역 단위 경제권을 발달시켜 살았던 역사가 있기 때문에 같은 지역 출신 지인들만을 신뢰하는 경향이 강하기 때문이다.

ㄴ. Z국 사람들은 타인에 대한 불신을 다른 사람에게 밝히는 것을 꺼려 하는 경향이 강하기 때문이다.

ㄷ. Z국 사람들은 '대부분의 사람들'에 해당하는 사람을 떠올릴 때 자신의 신뢰 범위 내에 있는 사람들 중에서 찾는 경향이 강하기 때문이다.

① ㄱ 　　　　　② ㄷ 　　　　　③ ㄱ, ㄴ

④ ㄱ, ㄷ 　　　　⑤ ㄴ, ㄷ

〈사실관계〉에서 국제법원의 판정 이후 A국이 〈규정〉에 합치하도록 취할 수 있는 조치로 옳은 것만을 〈보기〉에서 있는 대로 고른 것은?

〈사실관계〉

참치는 천적인 상어를 막아 주는 돌고래 주변에서 주로 이동한다. 참치가 많이 잡히는 열대성 동태평양 수역에서 작업을 하는 여러 국가의 어부들은 초대형 선예망(超大型旋曳網)으로 어업을 한다. 이때 참치뿐 아니라 주변의 돌고래까지 함께 어획되어 매년 만 마리 이상의 돌고래가 죽는 문제가 발생하였다. 지속적으로 돌고래 보호 운동을 펼쳐 온 A국의 한 환경 단체는 정부를 압박하여, 논의 끝에 A국 내에서 유통되는 참치 제품 중 초대형 선예망으로 잡지 않은 제품에 '돌고래 세이프 라벨'을 부착하는 규정이 상표법에 추가되었다. B국 어민들은 주로 열대성 동태평양 수역에서 어업을 하여 A국에 수출하고 있었고, A국의 상표법 개정으로 인하여 B국 어민 제품의 수출량은 급격히 감소하였다. B국 정부는 초대형 선예망을 사용하지 않는 어선도 돌고래를 위협하고 있다고 주장하며, A국에서 '돌고래 세이프 라벨'을 초대형 선예망으로 작업하는 자국 어선의 제품에 부착하지 못하도록 하는 것은 차별이라는 이유로 A국을 국제법원에 제소하였다. 이에 대하여 국제법원은 다음과 같이 판정하였다.

"A국이 B국의 제품에 행하고 있는 라벨 규제는 차별적인 조치에 해당하므로 아래의 〈규정〉에 합치하지 않는다."

〈규정〉

국가는 다른 국가로부터 수입되는 물품이 국내에서 생산된 동종 물품 또는 그 외의 다른 국가에서 생산된 동종 물품보다 불리한 취급을 받지 아니할 것을 보장하여야 한다.

《 보기 》

ㄱ. A국은 상표법에 있는 '돌고래 세이프 라벨' 조항을 철폐하였다.
ㄴ. A국은 열대성 동태평양 수역 내 B국 어선의 제품에 대해서만 라벨 규정을 완화하였다.
ㄷ. A국은 모든 어업 방식에 적용될 수 있도록 상표법의 라벨 규정을 강화하였다.

① ㄱ   ② ㄴ   ③ ㄱ, ㄷ
④ ㄴ, ㄷ   ⑤ ㄱ, ㄴ, ㄷ

정답 및 풀이

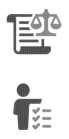

추리논증 기출예제 정답 및 풀이

예제 1-1 정답 ④

문제 풀이

제시문에 따르면, "목적을 욕구하는 사람이라면 그것에 필수불가결한 수단 역시 욕구해야 한다."라는 칸트의 격률에 대한 해석은 '해야 한다'는 표현의 범위가 조건문 전체에 걸쳐 있는지, 아니면 후건에만 걸쳐 있는지에 따라 '넓은 범위 해석'과 '좁은 범위 해석'으로 나뉜다. 넓은 범위 해석에 따르면, 목적을 욕구하는 행위자에게든 그렇지 않은 행위자에게든 칸트의 격률이 적용되며, 격률은 두 가지 방식, 즉 주어진 목적을 욕구하지 않는 방식과 그 목적 달성에 필수적인 수단을 욕구하는 방식으로 만족될 수 있다. 반면 좁은 범위 해석에 따르면, 오직 목적을 욕구하는 사람에게만 격률이 적용되며, 격률은 필수적인 수단을 욕구하는 한 가지 방식으로만 만족될 수 있다.

보기 해설

ㄱ. 좁은 범위 해석에 따르면, 오직 목적을 욕구하는 행위자에게만 칸트의 격률이 적용되며, 목적을 욕구하지 않는 행위자는 격률의 적용 대상이 아니다. 따라서 목적을 욕구하지 않으면서 그것에 필수적인 수단은 욕구하는 행위자는 격률의 적용 대상이 아니므로 만족 여부를 논할 수 없다. ㄱ은 옳지 않은 추론이다.

ㄴ. 넓은 범위 해석에 따르면, 칸트의 격률은 행위자가 어떤 목적을 욕구하는지와 무관하게 행위자에게 적용되고, 행위자가 목적을 욕구하지 않을 경우 격률은 만족된다. 따라서 일평생 아무런 목적도 욕구해 본 적이 없는 행위자는 일생에 걸쳐 칸트의 격률을 만족시킨다는 것을 추론할 수 있다. ㄴ은 옳은 추론이다.

ㄷ. 행위자가 목적을 욕구하지 않는 경우, 넓은 범위 해석에 따르면 행위자는 칸트의 격률을 만족시키며, 좁은 범위 해석에 따르면 행위자에게 격률이 적용되지 않으므로 격률을 위반할 수도 만족시킬 수도 없다. 행위자가 목적을 욕구하는 경우는, 그가 수단을 욕구하는 경우와 그렇지 않은 경우로 나뉜다. 전자의 경우, 두 해석 모두에서 행위자는 칸트의 격률을 만족시킨다. 후자의 경우, 두 해석 모두에서 행위자는 격률을 위반한다. 따라서 좁은 범위 해석에서든 넓은 범위 해석에서든, 행위자는 어떤 목적을 욕구하면서 수단을 욕구하지 않을 경우에, 그리고 오직 그 경우에만 칸트의 격률을 위반한다. 그러므로 격률의 위반과 관련해서는 두 해석은 아무런 차이가 없다는 것을 추론할 수 있다. ㄷ은 옳은 추론이다.

〈보기〉의 ㄴ, ㄷ만이 옳은 추론이므로 정답은 ④이다.

예제 1-2 정답 ④

문제 풀이

세 명의 사람과 세 개의 상품으로 이루어진 경제에서 아직 자신이 원하는 상품을 갖지 못한 사람은 교환의 기회를 찾는다. 예를 들어, 甲과 乙의 상품 교환이 이루어지면 乙은 자신이 가장 선호하는 상품 A를 갖게 되어 더 이상 교환하지 않는다. 아직 교환의 유인을 갖는 사람은 甲과 丙이므로 둘은 서로 상품을 교환할 것이고 이를 통해 자신이 가장 선호하는 상품을 소유하게 된다. 이때 甲은 자신이 가장 선호하는 상품을 얻기 위해 B를 잠시 보유하는데 이것이 이 경제에서는 화폐로 정의된다.

이 경제의 가능한 교환 방식은 모두 세 가지이고 각 경우에 나타나는 교환 순서와 화폐는 다음〈표〉와 같다.

방법	첫 번째 교환	두 번째 교환	화폐
(1)	甲－乙	甲－丙	B
(2)	甲－丙	乙－丙	A
(3)	乙－丙	甲－乙	C

보기 해설

ㄱ. 위 〈표〉에서 알 수 있듯이 교환의 순서가 어떻

게 결정되는지에 따라 하나의 상품이 화폐가 된다. 세 가지 방법이 존재하고 각 경우에 화폐는 다르므로 모든 상품이 화폐가 될 수 있다. 따라서 ㄱ은 옳은 분석이다.

ㄴ. 甲이 화폐를 사용했다면 두 번의 교환을 했을 것이므로 위 〈표〉의 방법 (1)뿐이다. 이때 화폐는 B이므로 ㄴ은 옳은 분석이다.

ㄷ. 위 〈표〉에서 알 수 있듯이 이 경제에서 한 번이나 두 번의 교환을 통해 누구든 자신이 가장 선호하는 상품을 얻게 되므로, 세 번 이상의 교환은 일어날 수 없다. 따라서 ㄷ은 옳은 분석이다.

ㄹ. 상품 A가 화폐로 사용될 수 있는 경우는 위 〈표〉의 방법 (2)뿐이다. 이때 첫 번째 교환은 甲과 丙이 해야 하므로 ㄹ은 옳은 분석이 아니다.

〈보기〉의 ㄱ, ㄴ, ㄷ만이 옳은 분석이므로 정답은 ④이다.

예제 1-3   정답 ③

문제 풀이

〈실험 결과〉에서 X 약물 처리 후 모든 내장 지방 세포와 모든 피하 지방 세포가 파란색이 되었다. 고지방 식이 후에는 내장 지방 세포와 피하 지방 세포의 크기가 증가하고, 내장 지방 세포의 수가 증가하였다. 그러나 근육 세포는 X 약물 처리 후에도 색깔이나 크기에 변화가 없고, 지방 식이 후에도 변화가 없었다.

보기 해설

ㄱ. 한번 파란색이 된 세포는 죽지도 않고 색깔도 변하지 않는다. 따라서 〈실험 결과〉에서 고지방 식이 후 내장 지방 세포 100개당 파란 세포의 수가 감소했다는 것은 내장 지방 세포가 새로 만들어졌음을 의미한다. 예를 들어 고지방 식이 전에 내장 지방 세포가 100개였다면 이 중 파란 세포가 100개인데, 고지방 식이 후에는 내장 지방

세포 100개당 20개가 파란 세포이므로, 총 500개의 내장 지방 세포가 있는 것이 된다(20/100＝100/500). 이는 400개의 내장 지방 세포가 새로 만들어졌기 때문이다. 반면에 피하 지방 세포 100개당 파란 세포의 수는 고지방 식이 후에도 변화가 없으므로, 새로 만들어진 것이 없다. ㄱ은 옳은 추론이다.

ㄴ. 고지방 식이 전 모든 내장 지방 세포와 모든 피하 지방 세포가 파란색이고 한번 파란색이 된 세포는 죽지 않으므로, 고지방 식이 후 내장 지방 세포의 수와 피하지방 세포의 수는 감소하지 않는다. 〈실험 결과〉에서 고지방 식이 후 내장 지방 세포와 피하 지방 세포 모두 그 크기가 증가하였다. 세포의 수는 줄지 않고 크기가 증가하였으므로, 내장 지방이든 피하 지방이든 그 부피가 증가하였다. 따라서 피하 지방의 부피가 증가하지 않는다고 한 ㄴ은 옳지 않은 추론이다.

ㄷ. A 효소는 X 약물이 있는 상황에서만 발현되고, A 효소가 발현되면 유전자 조작으로 세포가 파란색이 된다. 그런데 〈실험 결과〉에서 X 약물 처리 후 내장 지방 세포와 피하 지방 세포만 파란색이 되고 근육 세포는 파란색이 되지 않았다. 이로부터 X 약물 처리로 내장 지방 세포와 피하 지방 세포에서만 A 효소가 발현되고 근육 세포에서는 A 효소가 발현되지 않았음을 추리할 수 있다. ㄷ은 옳은 추론이다.

〈보기〉의 ㄱ, ㄷ만이 옳은 추론이므로 정답은 ③이다.

예제 1-4 정답 ③

문제 풀이

제시문의 첫 번째 문단에서는 전자를 첨단 회절 장비에서 사용하게 된 원인을 거슬러 올라가면 전자와 같은 입자도 파동성을 갖는다는 드 브로이의 주장과 마주친다는 것을 보여 주고 있다. 두 번째 문단에서는 니켈이 단결정일 때 전자의 회절 패턴이 나왔기 때문에 이것은 전자의 파동성을 입증한 실험이었고, 또한 이 실험 결과는 처음에는 다결정 니켈에서 전자의 산란을 이용한 실험을 하다가 우연히 발견되었다는 것을 설명하고 있다.

보기 해설

ㄱ. 두 번째 문단의 "A는 처음에 진공상태에서 다결정 니켈 시료에 전자 빔을 쬐어 산란되는 전자를 이용하여 니켈 원자의 배열을 알아내려는 실험을 하고 있었다. 이 실험은 알파 입자의 입자성을 이용하여 핵에 대한 산란 실험을 했던 것과 같은 방식이었다."로부터 A는 처음에 전자의 입자성을 이용한 실험을 설계하였다는 것을 알 수 있다. ㄱ은 옳은 추론이다.

ㄴ. 두 번째 문단의 "A는 처음에 진공상태에서 다결정 니켈 시료에 전자 빔을 쬐어 산란되는 전자를 이용하여 니켈 원자의 배열을 알아내려는 실험을 하고 있었다."로부터 다결정 니켈 시료에 전자를 쬐면 전자는 산란한다는 것을 알 수 있다. ㄴ은 옳지 않은 추론이다.

ㄷ. 첫 번째 문단의 "전자를 이러한 첨단 회절 장비에 사용하게 된 원인을 거슬러 올라가면 전자와 같은 입자도 파동성을 갖는다는 것을 처음 주장한 드 브로이와 마주치게 된다."로부터 첨단 회절 장비에서 전자를 활용해 물질의 미세 결정 구조를 관측할 수 있는 것은 전자의 파동성 덕분이라는 것을 알 수 있다. ㄷ은 옳은 추론이다.

〈보기〉의 ㄱ, ㄷ만이 옳은 추론이므로 정답은 ③이다.

예제 1-5 정답 ③

문제 풀이

제시문에서는 기업의 입장에서 비용 절감이나 시장 공략 측면에서 효과적인 전략일 수 있는 세 가지의 묶음상품 판매 방식을 소개하고, 이러한 판매 방식이 소비자의 선택권을 제한하거나 다른 기업에 불리한 경쟁 환경을 조성할 수 있기 때문에 법적 규제의 대상이 될 수 있다는 것을 설명하고 있다.

보기 해설

ㄱ. 판매 방식 2에서는 소비자가 A를 개별적으로 구입하는 것도 B를 개별적으로 구입하는 것도 가능하나, 판매 방식 3에서는 B를 개별적으로 구입하는 것은 가능하지만 A를 개별적으로 구입하는 것은 불가능하다. 따라서 A, B를 개별적으로 모두 구매하려는 소비자는 판매 방식 2를 판매 방식 3보다 선호할 것이다. ㄱ은 옳은 추론이다.

ㄴ. 판매 방식 1의 경우 소비자의 선택지는 A+B 1개이고 판매 방식 2의 경우 A, B, A+B 3개이며, 판매 방식 3의 경우는 A+B, B 2개이다. 따라서 소비자 선택지 개수로만 판단하면 판매 방식 1이 선택권을 가장 크게 제한한다. ㄴ은 옳은 추론이 아니다.

ㄷ. 제시문 마지막 단락에서 "개별 상품 가격의 총합이 묶음상품의 가격에 비해 현저히 높아서 소비자들이 개별 구매할 가능성이 낮은 경우나 가격 할인이 과도해서 효율적인 경쟁자를 배제하는 경우는 규제 대상에 포함된다."고 하였다. 두 상품을 묶어서 판매하는 가격이 단일 상품만 취급하는 기업의 단일 상품 가격보다도 낮다면, 소비자들이 단일 상품을 개별 구매할 가능성이 매우 낮아지게 되므로 규제 대상에 포함될 수 있다. ㄷ은 옳은 추론이다.

〈보기〉의 ㄱ, ㄷ만이 옳은 추론이므로 정답은 ③이다.

예제 1-6 정답 ②

문제 풀이

여기서 다루고 있는 무어의 역설은 다음과 같은 현상이다. "나는 p라고 믿지만, p가 아니다"가 난센스로 들리지만, 의미론적 모순은 없다. 이 난센스를 어떻게 설명할지에 대해 여러 가지 견해가 제시되었는데, 제시문은 한 가지 화용론적 설명을 소개하고 있다. 〈이론〉은 "나는 p라고 믿는다"라고 주장하는 것은 대화 상대방을 고려하여 p를 완곡하게 주장하는 것이고, 이 때문에 "나는 p라고 믿지만 p가 아니다"는 사실상 모순된 내용을 표현한다고 주장함으로써, 무어의 역설을 설명하고자 한다.

보기 해설

ㄱ. 〈이론〉은 '나는 p라고 믿는다'를 주장하는 것이 대화 상대방을 고려하여 p를 완곡하게 주장하는 것이라고 말하고 있다. 그러나 〈이론〉으로부터 '너는 p를 믿는다'가 p에 대한 완곡한 주장이라는 것이 함축되지 않는다. 따라서 〈이론〉은 '너는 지금이 여름이라고 믿지만 지금은 여름이 아니다'라고 주장하는 것 역시 난센스로 들릴 것이라고 예측하지는 않는다. 따라서 ㄱ은 옳지 않은 분석이다.

ㄴ. 〈이론〉은 '나는 p라고 믿는다'를 주장하는 것이 대화 상대방을 고려하여 p를 완곡하게 주장하는 것이라고 말하고 있다. 이로부터 '나는 p가 아니라고 믿는다'라고 주장하는 것은 'p가 아니다'를 완곡하게 주장하는 것에 해당한다는 것을 추론할 수 있다. 따라서 '나는 p라고 믿지만 p가 아니라고도 믿는다'라는 주장은 'p이고 p가 아니다'를 주장하는 것으로 읽히게 된다. 이 주장은 명백한 모순이며, 따라서 〈이론〉은 '나는 p라고 믿지만 p가 아니라고도 믿는다'라고 주장하는 것 역시 난센스로 들릴 것이라고 예측한다. 따라서 ㄴ은 옳은 분석이다.

ㄷ. 〈이론〉은 '나는 p라고 믿는다'를 주장하는 것이 대화 상대방을 고려하여 p를 완곡하게 주장하는 것

이라고 말하고 있다. 마음속으로 말없이 판단할 때에는 대화 상대방이라는 것이 없다. 이 때문에 〈이론〉은 '나는 p라고 믿지만 p가 아니다'고 마음속으로 판단하는 것이 난센스로 여겨져야 할 것이라고 예측하지는 않는다. 따라서 ㄷ은 옳지 않은 분석이다.

〈보기〉의 ㄴ만이 옳은 분석이므로 정답은 ②이다.

예제 1-7 정답 ①

문제 풀이

이 문제는 외부성이 존재하는 상황에서의 효율적인 소득 배분에 대해 묻고 있다. 먼저 소득과 관련하여 외부성이 발생할 수 있는 경우를 설명하고, 구체적 사례를 제시한 후 효율적·비효율적 배분을 정의하고 있다.

제시문의 설명에 따르면 개인의 효용은 소득이 y_c가 될 때까지는 소득 증가분만큼 계속 증가하다가 y_c를 초과하면 초과분만큼 감소한다. 따라서 소득이 y_c일 때 효용이 최대가 된다. 소득이 y_c가 아닐 때에는 y_c에서 멀어질수록 효용이 작아지고, y_c에 가까워질수록 효용이 커진다.

y_1의 변화로 갑과 을의 효용이 모두 증가하는 경우가 있다면, 배분을 달리하여 둘의 효용을 모두 증가시킬 수 있으므로 갑의 소득을 y_1으로 하는 배분은 비효율적 배분이다. 반면 y_1의 변화로 둘 중 최소한 한 명의 효용이 감소한다면, 둘 모두의 효용을 증가시킬 수 있는 배분이 없으므로 갑의 소득을 y_1으로 하는 배분은 효율적 배분이다.

보기 해설

ㄱ. 소득의 총량이 100이므로 갑의 소득의 상한은 100이다. 따라서 y_c=100이면 갑의 소득은 y_c를 초과할 수 없고 갑의 소득은 그대로 갑의 효용이 되어, 갑의 소득 증가분만큼 갑의 효용이 계속 증가

한다. ㄱ은 옳은 분석이다.

ㄴ. $y_c=80$일 때 배분이 (10, 90)이라면, 갑과 을의 효용은 각각 10과 70이다. $y_2>y_c$이므로 을의 소득을 조금 덜어 갑에게 주면 둘 다 효용이 증가한다. 예를 들어 만약 배분을 $y_1=15$, $y_2=85$로 바꾸면 갑과 을의 효용이 각각 15와 75가 되어 둘의 효용이 모두 증가한다. 따라서 $y_c=80$일 때 배분 (10, 90)은 비효율적인 배분이다. ㄴ은 옳지 않은 분석이다.

ㄷ. 주어진 y_c에 대해, 다음 경우로 나눌 수 있다.

(경우1) $y_1>y_c$인 경우

이 경우 갑의 소득 y_1을 (y_c보다 작지 않게) 줄이면, 갑의 효용이 증가한다. 이때 y_1이 줄어든 값만큼 을의 소득 y_2가 증가하게 된다. 한편 $y_c\geq50$이고 $y_1>y_c$이며 $y_1+y_2=100$이므로, $y_2=100-y_1<100-y_c\leq y_c$, 즉 $y_2<y_c$가 성립한다. $y_2<y_c$이므로 y_2가 (y_c보다 크지 않게) 증가할 경우 을의 효용도 증가한다. 따라서 갑과 을의 효용이 모두 증가하는 또 다른 배분이 존재한다. 즉 이 경우의 배분 (y_1, y_2)는 비효율적 배분이다.

(경우2) $100-y_1>y_c$인 경우

이 경우 $y_1+y_2=100$이므로, $y_2>y_c$가 성립한다. $y_2>y_c$이므로, (경우1)에서 설명한 방식과 유사하게 $y_1<y_c$가 성립한다. 따라서 을의 소득 y_2를 조금 줄이고 갑의 소득 y_1을 그만큼 늘리면 갑과 을의 효용이 모두 증가할 것이다. 따라서 갑과 을의 효용이 모두 증가하는 또 다른 배분이 존재하므로, 이 경우의 배분 (y_1, y_2)도 비효율적 배분이다.

(경우3) $y_1\leq y_c$이고 $100-y_1\leq y_c$인 경우, 즉 $100-y_c\leq y_1\leq y_c$인 경우

이 경우는 y_1과 $y_2(=100-y_1)$ 모두 y_c보다 크지 않으므로, 한 사람의 소득을 조금 늘리고 다른 사람의 소득을 그만큼 줄이면, 소득이 줄어든 사람의 효용은 반드시 감소한다. 즉 두 사람 모두의 효용을 더 높이는 또 다른 배분 (y_1', y_2')이 존재하지 않으므로, 이 경우의 배분 (y_1, y_2)는 효율적 배분이다.

결국 주어진 y_c에 대해 효율적인 배분은 (경우3)의 $100-y_c\leq y_1\leq y_c$를 만족하는 배분 (y_1, y_2)이다. y_c가 커질수록 y_1의 범위가 넓어지므로 효율적 배분 (y_1, y_2)

의 개수도 늘어난다. ㄷ은 옳지 않은 분석이다.

〈보기〉의 ㄱ만이 옳은 분석이므로 정답은 ①이다.

예제 1-8
정답 ①

문제 풀이

필자는 전건이 가능하지만 실제 사실은 아닌 반사실문에 대해 가능세계를 통한 분석을 우선 소개한다. 이 분석에 따르면, 반사실문의 전건이 성립하는 가능세계들 중에서 현실 세계와 가장 유사한 세계에서 후건이 성립하면, 그 반사실문은 참이고, 그렇지 않다면 거짓이다.

다음으로, 필자는 전건이 개념적으로 불가능한 반사실문인 반가능문을 소개하며, 이러한 반가능문은 전건이 성립하는 가능세계가 존재하지 않기에, 가능세계를 통한 분석을 적용할 수 없으며, 불가능세계라는 개념을 도입하여야 분석될 수 있다고 설명한다. 이에 따르면, 반가능문의 전건이 성립하는 불가능세계들 중에서 현실 세계와 가장 유사한 불가능세계에서 후건 역시 성립하면, 그 반가능문은 참이고, 그렇지 않다면 거짓이다.

보기 해설

ㄱ. 이 글에 따르면, 불가능세계는 세계가 개념적으로 불가능하게 될 수 있는 방식으로서. 어떤 불가능세계는 스포츠카를 판매하는 사람이 있으면서 여전히 불가능할 수 있다. 예를 들어 '철수가 둥근 사각형을 그리고, 또한 스포츠카를 판매하는 사람이 있다'는 것이 성립하는 세계는 가능세계가 아니라 불가능세계이다. ㄱ은 옳은 추론이다.

ㄴ. 이 글에 따르면, ⑵가 참이라면 칠수가 둥근 사각형을 그리는 수많은 불가능세계 중 현실 세계와 가장 유사한 불가능세계에서 기하학자들이 놀라는 것이므로, 모든 불가능세계에서 기하학자들이 놀란다는 것은 따라나오지 않는다. ㄴ은 옳지 않

은 추론이다.

ㄷ. 이 글에 따르면, 조건문의 전건이 실제 사실이 아니라면 반사실문이며, 나아가서 가능하지도 않다면 반가능문이다. 하지만 "만일 대한민국의 수도가 서울이라면 나는 억만장자일 것이다."의 전건인 "대한민국의 수도가 서울이다."는 실제 사실이므로, 이 글에 따르면, 반사실문에 속하지 않는다. ㄷ은 옳지 않은 추론이다.

〈보기〉의 ㄱ만이 옳은 추론이므로 정답은 ①이다.

예제 1-9 {정답 ②}

보기 해설 위치 조정

문제 풀이

약속 준수의 행위 능력 유무와 인지 여부에 따른 제시문의 입장을 정리하면 다음의 〈표 1〉과 같다.

〈표 1〉

약속 준수의 행위 능력 유무	행위 능력의 인지 여부	도덕적 비난 가능 여부	
		㉠	㉡
능력 없음	능력 없음을 인지함	비난하지 않음	비난하지 않음
	능력 없음을 인지하지 못함		
능력 있음	능력 있음을 인지함	비난할 수 있음	비난할 수 있음
	능력 있음을 인지하지 못함	비난하지 않음	비난할 수 있음

〈상황〉을 분석하여 각 입장을 〈상황〉에 적용한 결과는 다음의 〈표 2〉와 같다.

〈표 2〉

	약속 준수의 행위 능력 유무	행위 능력의 인지 여부	도덕적 비난 가능 여부	
			㉠	㉡
상황 (1)	능력 없음	능력 없음을 인지함	비난하지 않음	비난하지 않음
상황 (2)	능력 있음	능력 있음을 인지하지 못함	비난하지 않음	비난할 수 있음
상황 (3)	능력 없음	능력 없음을 인지하지 못함	비난하지 않음	비난하지 않음

보기 해설

ㄱ. 〈표 2〉에서 보듯이 (1)과 (3)의 상황 모두 행위자가 행위 능력이 없다는 점에서 동일하므로 ㉠을 채택하든 ㉡을 채택하든 丁에 대한 도덕적 판단이 다르지 않다. 즉 도덕적으로 비난하지 않을 것이다. 따라서 甲이 (1)과 (3)의 상황에서 丁에 대한 도덕적 판단이 서로 달라야 할 이유가 없다고 생각하더라도 반드시 ㉡을 채택했다는 보장은 없다. 따라서 ㄱ은 옳은 추론이 아니다.

ㄴ. ㉡을 채택했다는 것은 약속 준수의 행위 능력의 유무로만 도덕적 비난 여부를 판단하겠다는 것이다. 〈표 2〉에서 보듯이 (2)의 상황에서 ㉡을 채택한 사람은 丁을 도덕적으로 비난할 수 있다고 판단할 것이다. 따라서 ㄴ은 옳은 추론이 아니다.

ㄷ. 귀찮아서 약속을 지킬 의도조차 없었던 것으로 보이는 상황 (3)의 丁을 도덕적으로 비난할 수 있을 것이라 생각하는 사람도 있을 것이다. 하지만 〈표 2〉에서 보듯이 (3)의 상황은 丁이 약속을 지킬 수 있는 능력이 없는 경우이므로, 丙이 ㉠과 ㉡ 중 어떤 것을 채택하더라도 丁이 도덕적 비난의 대상이 될 수 없다고 판단할 것이다. 따라서 ㄷ은 옳은 추론이다.

〈보기〉의 ㄷ만이 옳은 추론이므로 정답은 ②이다.

예제 1-10　　　　　　　　정답 ③

WDQ의 정의와 관찰 결과로부터 WDQ 공식의 분모가 0보다 작다는 점을 이해하는 것이 풀이의 단서이다. 실험 지역(A)에 적용한 범죄 예방 프로그램이 범죄 감소 효과가 있다는 것은 통제 지역(C)보다 실험 지역의 범죄율 감소량(범죄 감소의 정도)이 크다는 것을 의미한다. 다시 말해 A에서 범죄 감소 효과가 있다는 것은 실험을 실시한 후의 통제 지역 범죄율(C_1) 대비 실험 지역 범죄율(A_1)이 실험을 실시하기 전의 통제 지역 범죄율(C_0) 대비 실험 지역 범죄율(A_0)보다 작다는 점을 나타낸다. 여기서 $A_1/C_1 - A_0/C_0 = A'$, $B_1/C_1 - B_0/C_0 = B'$라 놓을 때, 실험 지역의 범죄가 감소했다는 것은 $A' < 0$을 의미한다. $B' < 0$이면 실험 시행 후의 통제 지역 범죄율(C_1) 대비 완충 지역 범죄율(B_1)이 실험을 실시하기 전의 통제 지역 범죄율(C_0) 대비 완충 지역 범죄율(B_0)보다 작다는 것, 즉 B로의 혜택확산이 이루어졌음을 의미한다. $B' > 0$이면 실험 전보다 실험 후 완충 지역의 범죄가 증가하여 범죄전이가 나타났음을 의미한다.

ㄱ. A지역은 범죄 예방 프로그램 실시 전 A, B, C의 범죄율이 동일한데 범죄 예방 프로그램 실시 후 범죄 감소 효과가 나타났다고 했으므로, WDQ의 분모 값(A')은 음수임을 알 수 있다. $A' < 0$일 때 WDQ가 1보다 크려면, $B' < 0$이며 B'의 절대값은 A'의 절대값보다 커야 한다. B'가 0보다 작다는 것은 완충 지역에서도 범죄 감소 효과가 나타난다는 의미이다. 그리고 B'의 절대값이 A'의 절대값보다 크다는 의미는 실험 지역에서의 범죄율의 변화량보다 완충 지역에서의 범죄율의 변화량이 크다는 점을 나타내는데, 이런 현상이 발생하려면 실험 지역에서의 범죄 감소 효과보다 완충 지역으로의 혜택확산 효과가 커야 한다. 따라서 ㄱ은 옳은 추론이다.

ㄴ. WDQ가 -1보다 크고 0보다 작다는 것은 $B' > 0$이고 B'의 절대값은 A'의 절대 값보다 작다는 의미이다. $B' > 0$이므로 완충 지역은 범죄가 증가했고 (범죄전이) B'의 절대값이 A'의 절대값보다 작으므로, 완충 지역으로의 범죄전이 효과가 실험 지역의 범죄 감소 효과보다 작다는 사실을 알 수 있다. 따라서 ㄴ은 옳은 추론이다.

ㄷ. WDQ가 -1에 근접한다는 것은 $B' > 0$이고 B'의 절대값과 A'의 절대값은 거의 같다는 점을 의미한다. B'가 0보다 크다는 것은 완충 지역으로의 범죄전이 효과가 나타났음을 의미하며 A'의 절대값과 B'의 절대값이 거의 같다는 것은 실험 지역에서 나타난 범죄 감소 효과와 거의 비슷한 정도로 완충 지역에서 범죄전이 효과가 발생했다는 것을 의미한다. 따라서 ㄷ은 옳지 않은 추론이다.

〈보기〉의 ㄱ, ㄴ만이 옳은 추론이므로 정답은 ③이다.

예제 1-11　　　　　　　　정답 ④

같은 질량의 물질 A와 물질 B에 대해, 물질 A의 비열이 물질 B보다 크다는 것은 같은 온도만큼 높이기 위해 물질 A가 물질 B보다 더 많은 열량을 필요로 한다는 의미이므로, 두 물질에 같은 열량을 공급하거나 같은 열량을 제거할 때 물질 A의 온도 변화가 더 작다는 의미도 된다.

ㄱ. 체온을 낮춘다는 것은 열량을 빼앗는다는 말이다. 주머니 속 물질의 비열이 클수록, 사람에게서 같은 열량을 빼앗을 때 온도가 덜 높아지므로, 물질의 온도가 천천히 올라가게 된다. 따라서 사람에게서 더 많은 열량을 빼앗을 수 있고, 체온을 더 낮출 수 있다. ㄱ은 옳지 않은 추론이다.

ㄴ. 제시문의 "상온과 상압에서 물이 끓기 시작할 때

까지 약 16분이 걸린다면 같은 질량의 철을 같은 온도만큼 높이는 데는 2분 정도밖에 걸리지 않는다. 은이라면 1분이 채 걸리지 않는다."로부터, 같은 크기의 온도 상승(상온에서 100℃까지)을 위해 물이 16분 동안의 열량 공급이 필요하다면 같은 질량의 철은 2분, 은은 1분 미만 동안의 열량 공급이 필요하다는 것을 알 수 있다. 따라서 같은 크기의 온도 상승을 위해 필요한 열량이 물>철>은 순이라는 것을 추론할 수 있으며, 이에 20℃에서 가열하여 30℃에 이르렀을 때 공급된 열량이 가장 적은 것부터 순서대로 나열하면 은, 철, 물이다. ㄴ은 옳은 추론이다.

ㄷ. 질량이 같을 때 같은 크기의 온도 상승을 위해 물은 은보다 약 16배 더 많은 열량 공급이 필요하므로, 물의 비열이 은의 비열의 약 16배라는 것을 추론할 수 있다. 열용량은 어떤 물체의 온도를 1℃ 높이는 데 필요한 열량이므로, 하나의 물질로 이루어진 물체의 열용량은 '비열×질량'이다. 물의 비열이 은의 비열에 비해 16배 더 크므로, 물 100g의 비열은 은 1.5kg의 비열의 약 16배이고 은 1.5kg의 질량은 물 100g의 질량의 15배이므로, 물 100g의 열용량이 은 1.5kg의 열용량보다 크다. ㄷ은 옳은 추론이다.

〈보기〉의 ㄴ, ㄷ만이 옳은 추론이므로 정답은 ④이다.

예제 1-12   정답 ⑤

문제 풀이

췌장에 존재하는 CFTR는 Cl^-를 수송한다. 하지만 췌장 세포 내 Cl^- 농도가 낮다면 A단백질이 활성화된다. 활성화된 A단백질은 CFTR와 결합을 하는데, 이는 CFTR의 구조를 변화시켜 Cl^-보다 HCO_3^-를 더 잘 통과시킬 수 있도록 한다. 하지만 이는 구조적으로 불안하여 CFTR가 HCO_3^-를 통과시키도록 유지하지 못하고 이내 다시 Cl^- 통로로 돌아가게 된다. 하지만 B단백질이 같이 존재하면 CFTR+A단백질 복합체에 B단백질이 결합하여 안정적인 구조를 형성하고 비로소 HCO_3^-만을 수송하는 통로로서의 기능을 수행할 수 있다. CFTR의 이러한 기능은 실험 결과로 증명되었다.

보기 해설

ㄱ. 〈결과〉를 보면, HCO_3^-가 수송되는 모든 경우에 A단백질은 있으며, A단백질이 없다면 Cl^-가 수송된다는 것을 확인할 수 있다. 반면에 B단백질은 없더라도 HCO_3^-가 수송되는 경우가 있다. 따라서 CFTR의 기능이 Cl^- 수송에서 HCO_3^- 수송으로 전환되기 위해서는 A단백질이 필요하다는 것을 알 수 있다.

ㄴ. 〈결과〉를 보면, A단백질만 있고 세포 내 Cl^- 농도가 낮을 때, CFTR는 HCO_3^-를 수송하다 시간이 경과함에 따라 점차적으로 Cl^-를 수송하였다. 하지만 세포 내 Cl^- 농도가 높을 때에는 시간의 경과와 무관하게 Cl^-만을 수송하였다. 한편 B단백질만 있을 경우 세포 내 Cl^- 농도와 무관하게 Cl^-만을 수송하였다. 따라서 CFTR의 기능을 변화시킬 수 있는 것은 A단백질이고, 이때 세포 내 Cl^- 농도가 CFTR 기능 변화의 중요한 변수라는 것을 알 수 있다.

ㄷ. 〈결과〉를 보면, A단백질만 있고 세포 내 Cl^- 농도가 낮을 때, CFTR는 HCO_3^-를 수송하다 시간이 경과함에 따라 점차적으로 Cl^-를 수송하였다. 반면에 A단백질과 B단백질이 모두 있고 Cl^- 농도가 낮을 때 CFTR는 지속적으로 HCO_3^-를 수송한다는 것을 알 수 있다. 따라서 세포 내 Cl^- 농도가 낮은 상황에서 A단백질이 존재할 때, B단백질은 CFTR의 HCO_3^- 수송 기능을 유지하는 데 중요하다는 것을 추론할 수 있다.

〈보기〉의 ㄱ, ㄴ, ㄷ 모두 옳은 평가이므로 정답은 ⑤이다.

예제 1-13　　　　　　　　　　　　정답 ①

보기 해설

문제 풀이

〈사례〉에서 P사는 개인정보처리자에 해당하고, P사에 회원으로 가입한 이용자들은 정보주체에 해당한다. 제2조 제2항에서 개인정보를 제3자에게 제공하는 것은 개인정보를 제3자와 공유하는 것도 포함한다고 하였으므로, 제2조 제3항에서 제3자에게 제공할 수 있다고 한 것도 제3자와 공유할 수 있다는 의미를 포함하는 것으로 해석하여야 한다.

보기 해설

ㄱ. P사가 Q에게 개인정보를 제공한 것은 P사의 수집 목적 범위(숙박예약)에서 제3자에게 제공한 것이므로, 제2조 제2항이 적용된다. P사는 회원에게 즉시 제공사실을 알렸으므로, 1주일 이내에 알려야 한다는 규정을 준수한 것이다.

ㄴ. S사의 여행상품 홍보는 숙박예약이나 이벤트행사와 무관하므로, P사의 수집 목적 범위에 들지 않는다. 따라서 P사가 S사와 회원정보를 공유한 것은 개인정보를 수집 목적 이외의 용도로 제3자에게 제공한 것에 해당하여 제2조 제3항이 적용된다. P사는 회원들로부터 별도의 동의를 받지 않았으므로, 규정을 위반한 것이다.

ㄷ. R사는 개인정보처리자 P사가 본래의 개인정보 수집·이용 목적(항공권 경품이벤트)과 관련된 업무(항공권 경품이벤트를 메일발송의 방법으로 안내함)를 위탁하여 위탁자 P사의 이익을 위해 개인정보를 처리하는 자이므로, P사의 업무수탁자에 해당한다. 따라서 제2조 제4항이 적용되므로, 위탁사실을 회원들에게 고지·공개하여야 한다. 그런데 이 고지·공개에는 (제2조 제2항과 같은) 기간 제한이 없으므로, P사는 규정을 준수한 것이다.

ㄹ. T사의 도박 홍보는 숙박예약이나 이벤트행사와 무관하므로, P사의 수집 목적 범위에 들지 않는다. 따라서 P사가 T사에게 개인정보를 제공한 것은 개인정보를 수집 목적 이외의 용도로 제3자에

게 제공한 것에 해당하여 제2조 제3항이 적용된다. 제2조 제3항에 따르면 정보주체의 이익을 부당하게 침해할 우려가 없는 경우에만 제3자 제공이 허용되는데, 불법도박을 홍보하면 홍보 대상인 P사 회원들의 이익이 부당하게 침해될 우려가 있다. 따라서 P사가 비록 회원들로부터 별도의 동의를 받았다 하더라도, P사는 규정을 위반한 것이다.

〈보기〉의 ㄱ, ㄷ만이 규정을 준수한 것이므로 정답은 ①이다.

예제 1-14　　　　　　　　　　　　정답 ④

문제 풀이

〈규정〉에는 조건부 상속의 효과, 경매를 통한 상속재산의 현금화, 상속재산의 한도에서 사망자의 채무를 부담하는 제도의 구조, 사망자의 특정 재산에 대해 우선권을 가진 채권자와 그렇지 않은 보통의 채권자에게 빚을 갚는 방법 등에 관한 내용이 제시되어 있다.

보기 해설

ㄱ. 사망한 갑의 채권자 병이 상속재산 중 하나인 집에 대해 우선권을 가지고 있으므로 일단 그에게 경매가액 1억 원 중 7천만 원이 지급되어야 하며, 나머지 3천만 원은 우선권 없는 채권자들에게 지급될 수 있으나, 〈규정〉 제3조제2항이 채권자의 청구의 순서와 관계없이 빚을 갚을 수 있다고 하였으므로 ㄱ은 옳지 않은 서술이다.

ㄴ. 병이 집에 대해 우선권 있는 채권자이므로 집으로부터 발생한 경매가액 5천만 원을 전액 받을 수 있고, 병의 채권액 7천만 원 중 나머지 2천만 원은 〈규정〉 제3조제3항에 따라 우선권 없는 채권이 되며, 그 한도에서 병의 지위는 정, 무와 같다. 따라서 상속인 을은 병, 정, 무 중에 누구에게라도 자유롭게 자신의 의사대로 갚을 수 있으므로,

자동차로부터 발생한 경매가액 2천만 원을 병에게 지급하는 것이 가능하다. ㄴ은 옳은 서술이다.

ㄷ. 병이 집에 대해 우선권 있는 채권자이므로 집으로 7천만 원을 다른 채권자 정, 무보다 우선적으로 지급받을 수 있다. 1억 원 중 남은 금액 3천만 원과 자동차로부터 발생한 경매가액 2천만 원은 우선권 없는 채권자로서 평등한 지위에 있는 정과 무 중 누구에게든 지급될 수 있는 것이므로, 을이 무에게 5천만 원을 지급하고 상속재산이 소진하였다면, 〈규정〉 제4조에 의하여 상속인 을은 더 이상 갑의 빚을 갚을 책임이 없다. ㄷ은 옳은 서술이다.

〈보기〉의 ㄴ, ㄷ만이 옳은 서술이므로 정답은 ④이다.

예제 1-15

정답 ③

보기 해설

제시문에서 어떤 사람이 다른 사람에게 기생한다는 것과 어떤 사람이 다른 사람에게 무임승차한다는 것이 무엇을 의미하는지 정의되고 있다. 또한 자신의 행위나 다른 사람의 행위를 통해 순이익을 얻은 경우, 그로 인해 순손실을 입은 쪽에게 보상해야 한다는 〈보상원칙〉이 제시되어 있다.

정의를 통해 〈사례〉에 나타난 관계를 정리하면, X의 이전세대는 Z의 현세대에 기생하며, X의 현세대, Y의 이전세대, Y의 현세대는 Z의 현세대에 무임승차한다.

보기 해설

ㄱ. X의 이전세대는 자신의 A산업 행위를 통해 10의 순이익을 얻었지만 Z의 현세대는 그 행위로 인해 4의 순손실을 입었다. 그러므로 X의 이전세대는 Z의 현세대에 기생하는 것이다. 한편 Y의 이전세대는 X의 이전세대의 A산업 행위를 통해 6의 순이익을 얻었지만 Z의 현세대는 그 행위로 인해 4의 순손실을 입었다. 그러므로 Y의 이전세대는 Z

의 현세대에 무임승차하고 있는 것이다. ㄱ은 옳은 판단이다.

ㄴ. Y의 현세대는 X의 이전세대의 A산업 행위를 통해 3의 순이익을 얻었지만 Z의 현세대는 그 행위로 인해 4의 순손실을 입었다. 그러므로 Y의 현세대는 Z의 현세대에 무임승차하는 것이다. Z의 현세대가 A산업 행위로 인한 손실에 대해 어떤 보상도 받지 못했다면, 〈보상원칙〉에 따라 Y의 현세대는 자신이 얻은 순이익인 3과 Z의 현세대가 입은 순손실인 4 중 적은 금액인 3을 보상해야 한다. 따라서 3이 아니라 4를 보상해야 한다는 ㄴ은 옳지 않은 판단이다.

ㄷ. X의 현세대의 순이익 7과 Y의 현세대의 순이익 3은 Z의 현세대에 무임승차한 결과이다. 그러므로 〈보상원칙〉을 ㄷ과 같이 대체하면, 그 두 순이익의 총합(7+3)에서 순손실의 총합(Z의 4)을 뺀 전체 순이익인 6을 분배하여 각 나라의 현세대가 똑같은 순이익을 갖도록 해야 한다. 이때 각 나라의 현세대가 가져야 할 똑같은 순이익은 2씩이다.

X의 현세대 : 순이익 7 ⇒ 순이익 2 (−5)
Y의 현세대 : 순이익 3 ⇒ 순이익 2 (−1)
Z의 현세대 : 순손실 4 ⇒ 순이익 2 (+6)

따라서 X와 Y의 현세대가 Z의 현세대에 제공해야 할 순이익의 총합은 6(=5+1)이 된다. ㄷ은 옳은 판단이다.

〈보기〉의 ㄱ, ㄷ만이 옳은 판단이므로 정답은 ③이다.

예제 1-16

문제 풀이

일부 외국에서 시행되고 있는 익명출산제는 산모의 비밀을 유지하고, 일정한 요건 하에 신생아의 신상정보를 열람하게 하는 제도이다. 〈규정〉에는 열람청구 자격을 가진 자와 그 공개의 요건 및 공개 내용이 규정되어 있다. 제1조에서는 '신상정보서'상에 기재되는 정보의 내용을 규정하고 있고, 제3조에서는 열람청구권자를 익명출산신청자의 자녀와 그 직계비속으로 한정하고 있다. 제4조는 산모에 관한 정보의 열람에 관하여 요구되는 추가적인 요건을 규정하고 있다.

보기 해설

ㄱ. 〈사례〉의 乙은 익명출산제 하에 태어난 신생아의 父인데, 제3조의 열람청구권자에 규정되지 않았으므로 청구 자격이 없다. ㄱ은 옳은 진술이 아니다.

ㄴ. 익명출산으로 태어난 丙이 성인이 되면 '신상정보서'상의 정보에 관하여 열람을 청구할 수 있다. 그러나 제시된 "혈연에 관한 정보, 출생 당시의 정황"은 제1조 ② (2)의 "자녀의 부모에 관한 사항"에 해당하므로, 제4조의 적용을 추가적으로 받게 된다. 즉 익명출산신청자인 甲이 신상정보서 작성 시 자신이 사망한 이후에 신청자의 정보를 공개하는 것에 대하여 반대하였다면 그의 사망 사실이 확인되더라도 열람이 허용될 수 없다. ㄴ은 옳은 진술이 아니다.

ㄷ. 익명출산으로 태어난 丙이 사망한 경우 丙의 딸 丁도 성인이 되면 '신상정보서'의 열람을 청구할 수 있다. 제1조 ② (1)의 "자녀에 관한 사항"의 열람에 관해서는 제한 요건이 존재하지 않으므로 어떤 경우에든 제3조의 열람청구권자의 청구에 따라 열람이 허용된다. ㄷ은 옳은 진술이다.

〈보기〉의 ㄷ만이 옳은 진술이므로 정답은 ②이다.

예제 1-17

문제 풀이

제시문에서 X국의 법은 유언에 의한 상속인 지정을 인정하고, 자유롭게 상속분을 정하도록 하고 있다. 이와 같은 제도에서는 근친인 친족이 있는데도 유언으로 타인에게 재산을 상속하게 함으로써 근친을 경제적으로 매우 곤궁한 상태에 두어 생계유지조차 어렵게 할 우려도 있다. 이 경우에 근친으로 하여금 당해 유언이 윤리에 반한다고 하여 무효를 주장하게 함으로써 근친의 경제적 생활을 보장할 수 있는 방안을 마련하고 있다.

정답 해설

반윤리의 소는 "친족이면서도 상속인으로 지정되지 않아 상속에서 배제된 자"를 경제적 곤궁에서 구제하기 위한 것으로 "법이 정하고 있는 상속 순위에 있는 자 중 상속에서 배제된 자"로 소 제기의 자격을 한정하였다. 따라서 乙이 상속인으로 지정된 이상 乙에게는 반윤리의 소를 제기할 자격이 없다. ④는 옳지 않은 진술로 정답이다.

오답 해설

① 유언을 통하여 근친과 근친이 아닌 자를 동시에 상속인으로 지정할 수 있다. 이때 지정되지 않은 근친은 상속에서 배제된다.

② 유언을 통하여 근친과 근친이 아닌 자를 상속인으로 지정할 수 있으며, 자유롭게 상속분을 정할 수 있다.

③ 제시문의 반윤리성 심사에서 "그 상속 사안에서 상속 순위에 있는 친족들에게 존재하는 사정만을 판단의 근거로 삼을 수 있다"고 하였으므로, 친족이 아닌 丁이 甲의 생전에 甲을 부양한 것과 같은 丁의 사정은 판단의 근거가 될 수 없다.

⑤ 제시문에서 "법이 정하고 있는 상속 순위에 있는 자 중 상속에서 배제된 자"에게 소 제기의 자격이 있다고 하였으므로, 丙은 상속 순위에 있어 소 제기가 가능하다. 그리고 丙이 제기한 반윤리의 소에

대하여 승소 판결이 내려지면 유언이 없는 것과 같은 상태가 되어 법정상속이 개시되므로, 이때에는 1순위인 乙이 단독으로 상속재산을 취득한다.

예제 1-18
정답 ③

문제 풀이

법률 규정을 사건에 적용하기 위해 의미를 해석할 때에는 법률 규정의 문언이 가지는 '통상적 의미'에 따라야 한다. '통상적 의미'와 관련하여 '일상적 의미'와 '전문적 의미'가 다른 경우에는 후자를 따른다. 그러나 '통상적 의미'에 따라 법률 규정을 해석할 때 단일한 해석이 나오지 않을 수도 있다. 이때는 문제된 조항과 관련된 조항 또는 관련된 다른 법률과의 연관관계를 고려하여 해석하여야 한다. 연관관계를 고려한 해석으로도 단일한 해석이 불가능하면 입법목적 또는 유사사례와의 형평을 고려하여 해석한다. '통상적 의미'에 따라 단일한 해석이 나오면 그렇게 해석해야 하고, 다른 법률과의 연관관계나 입법목적 또는 유사사례와의 형평을 고려한 해석은 하지 않는다.

보기 해설

ㄱ. 법학계의 확립된 견해는 '전문적 의미'로서 '일상적 의미'에 우선하므로, ⓐ를 수당으로 받은 금전적 이익을 실제로 향유하고 있는 경우만을 의미하는 것으로 해석하여야 한다. 갑은 이전에 지급받은 명예퇴직수당 전액과 이자 상당액을 반환하였기 때문에, 명예퇴직수당으로 받은 금전적 이익을 실제로 향유하고 있지 않다. ㉠만으로 ⓐ에 관한 단일한 해석이 나오며, 이에 따를 때 갑이 ⓐ에 해당하지 않으므로 갑에게 명예퇴직수당이 지급된다. ㄱ은 옳은 적용이다.

ㄴ. ㉠으로는 ⓐ의 의미에 관하여 양립할 수 없는 해석이 존재하고, 어느 해석을 취하느냐에 따라 갑에게 명예퇴직수당이 지급되는지 여부가 달라진

다. ⑴ 수당으로 받은 금전적 이익을 실제로 향유하고 있는 경우만을 의미한다고 해석하면, ㄱ과 같으므로 갑에게 명예퇴직수당이 지급된다. ⑵ 수당으로 받은 금전적 이익을 실제로 누린 바 없어도 지급받은 사실이 있는 경우까지 의미한다고 해석하면, 갑은 이미 한 차례 명예퇴직수당을 지급받은 적이 있으므로 [규정] 제2조 제2항 단서에 따라 명예퇴직수당의 지급 대상이 아니다. ㉠으로는 복수의 해석가능성이 있으므로 ㉡에 따른다. [규정]에서 관련 조항인 제1조를 보면 '정년퇴직수당'을 정하고 있는데, 이 조항과의 연관관계를 고려하여도 복수의 해석가능성은 여전히 남는다. ㉡에 따르더라도 갑에게 명예퇴직수당이 지급되는지 여부가 불분명한 것이다. ㄴ은 옳지 않은 적용이다.

ㄷ. ㉠과 ㉡으로는 단일한 해석이 불가능한 경우이므로 ㉢에 따라야 한다. 명예퇴직수당의 실질적인 중복 수혜를 막는다는 입법목적을 고려하면, 이전에 지급받은 명예퇴직수당 전액과 이자 상당액을 반환한 갑에게 명예퇴직수당을 지급하여도 실질적으로 중복 수혜가 되지 않으므로, 갑은 ⓐ에 해당하지 않는다고 해석하여야 할 것이다. 따라서 이 경우 ㉢에 따라 갑에게 명예퇴직수당이 지급된다. ㄷ은 옳은 적용이다.

〈보기〉의 ㄱ, ㄷ만이 옳은 적용이므로 정답은 ③이다.

예제 1-19
정답 ③

문제 풀이

제시문에서 각 개념은 다음과 같이 정의된다.

• 허용가능하다 : 주어진 상황에서 사회 공리를 극대화하는 행위
• 허용불가능하다 : 주어진 상황에서 사회 공리를 극대화하지 않는 행위
• 칭찬할 만함 : 그 행위를 해야 할 충분히 좋은 이유

가 존재하며 자기희생도 따름

• 비난할 만함 : 그 행위를 해야 할 충분히 좋은 이유
가 없거나 그 행위가 나쁜 이유에 기초한 행위임

• 부분적으로 칭찬할 만함 : 대안과 상관없이 그 자체
로 칭찬할 만함

• 부분적으로 비난할 만함 : 대안과 상관없이 그 자체
로 비난할 만함

• 전체적으로 칭찬할 만함 : 칭찬할 만하며 다른 모든
대안보다 사회 공리를 더 높임

• 전체적으로 비난할 만함 : 비난할 만하며 다른 모든
대안과 비교할 때 사회 공리를 최소화함

이와 같은 정의를 〈사례 1〉과 〈사례 2〉에 적용하면
다음과 같다.

〈사례 1〉

첫째, 손해를 보지 않고 1명을 구하는 행위 : 사회 공
리를 최대화하지 않으므로 허용불가능하며, 자기희생
이 없으므로 칭찬할 만한 행위는 아님

둘째, 손해를 보지 않고 2명을 구하는 행위 : 사회 공
리를 최대화하므로 허용가능하며, 자기희생이 없으므
로 칭찬할 만한 행위는 아님

셋째, 그냥 지나치는 행위 : 사회 공리를 최대화하지
않으므로 허용불가능하며, 이 행위를 해야 할 충분히
좋은 이유가 없거나 나쁜 이유에 기초한 행위이며 다
른 모든 대안과 비교할 때 사회 공리를 최소화하는 행
위이므로 전체적으로 비난할 만한 행위임

〈사례 2〉

첫째, 아무것도 하지 않는 행위 : 사회 공리를 최대화
하지 않으므로 허용불가능함

둘째, 빨강 버튼을 누르는 행위 : 사회 공리를 최대화
하지 않으므로 허용불가능하지만, 해야 할 충분히 좋
은 이유가 존재하며 자기희생이 따르므로 부분적으로
칭찬할 만함

셋째, 녹색 버튼을 누르는 행위 : 사회 공리를 최대화
하므로 허용가능하며, 해야 할 충분히 좋은 이유가 존
재하며 자기희생이 따르므로 칭찬할 만하며, 다른 모
든 대안보다 사회 공리를 더 높이므로 전체적으로 칭
찬할 만함

보기 해설

ㄱ. 앞의 설명에 따르면 〈사례 1〉의 셋째 행위는 허용
불가능하면서 전체적으로 비난할 만한 행위이다.
ㄱ은 옳은 판단이다.

ㄴ. 앞의 설명에 따르면 〈사례 2〉의 둘째 행위는 허용
불가능하지만 부분적으로 칭찬할 만한 행위이다.
ㄴ은 옳은 판단이다.

ㄷ. 앞의 설명에 따르면 〈사례 2〉의 셋째 행위는 허용
가능하며 전체적으로 칭찬할 만한 선택지이지만,
〈사례 1〉에는 허용가능하며 칭찬할 만한 행위의
선택지가 없다. ㄷ은 옳지 않은 판단이다.

〈보기〉의 ㄱ, ㄴ만이 옳은 판단이므로 정답은 ③이다.

예제 1-20   정답 ⑤

문제 풀이

제시문에서 어떤 금지 규칙이 사례를 '과다포함' 혹은
'과소포함'한다고 할 때 '포함'이란 금지를 의미한다는
것을 읽어내는 것이 중요하다. 그렇다면 '과다포함'이
란 어떤 규칙이 그 목적의 관점에서 볼 때 금지하지
않아도 되는 사례를 금지하는 경우이며, '과소포함'이
란 어떤 규칙이 그 목적의 관점에서 볼 때 금지해야
하는 사례를 금지하지 않는 것을 의미한다.

보기 해설

ㄱ. 목적 ㉠의 '동물원 이용자의 안전 확보'라는 관점
에서 보면 동물원 이용자의 안전을 보호하기 위해
경찰차가 동물원에 진입하는 사례를 포함하지 않
아도 된다. 하지만 "동물원 내에는 어떠한 경우에
도 차량이 진입할 수 없다."는 규칙 1은 동물원에
진입하려는 모든 차량을 포함하므로 '과다포함'이
된다. ㄱ은 옳은 추론이다.

ㄴ. 목적 ㉡의 '차량으로 인한 동물원 내의 불필요한
소음 방지'라는 관점에서 보면 불필요한 소음을 발

생시키는 핫도그 판매 차량이 사전 허가를 받아 동물원에 진입하는 사례를 포함해야 한다. 하지만 "동물원 내에는 동물원에 의해 사전 허가를 받은 차량 외에 다른 차량은 진입할 수 없다."는 규칙 2는 사전 허가를 받은 핫도그 판매 차량을 포함하지 않으므로 '과소포함'이 된다. ㄴ은 옳은 추론이다.

ㄷ. 목적 ㉠의 '동물원 이용자의 안전 확보'라는 관점 및 목적 ㉡의 '차량으로 인한 동물원 내의 불필요한 소음 방지'라는 관점에서 보면 불필요한 소음을 발생시키지 않는 구급차(목적 ㉡에 부합)가 동물원 이용자를 구조하기 위해(목적 ㉠에 부합) 동물원 내로 진입하는 사례는 규칙이 포함하지 않아도 된다. "동물원 내에는 긴급사태로 인한 소방차, 구급차가 진입하는 경우 외에 다른 차량은 진입할 수 없다."는 규칙 3은 이 사례를 포함하지 않아 '과다포함'하지 않는다. 또한 규칙이 포함해야 하는 경우도 아니므로, 포함해야 하는데도 포함하지 않는 경우가 아니다. 따라서 '과소포함'하지도 않는다. ㄷ은 옳은 추론이다.

〈보기〉의 ㄱ, ㄴ, ㄷ 모두 옳은 추론이므로 정답은 ⑤이다.

예제 1-21   정답 ②

문제 풀이

갑이 받은 마지막 징역형의 집행은 2017. 9. 17. 종료되었으며, 2019. 9. 17. 낮에 다시 절도를 저질렀다. 갑이 「범죄처벌법」의 반복범에 해당하는지 확인하기 위해서는 기간 계산의 시작점을 알아야 하는데, 견해1에 따르면 반복범의 기간 2년은 형의 집행 종료일 다음 날인 2017. 9. 18. 시작하고, 견해2에 따르면 형의 집행 종료 당일인 2017. 9. 17. 시작한다. 따라서 견해1에 따르면 반복범의 기간은 2019. 9. 17.까지이므로 갑은 「범죄처벌법」의 반복범에 해당하고, 견해2에 따르면 반복범의 기간은 2019. 9. 16.까지이므로 갑은 「범죄처벌법」의 반복범에 해당하지 않는다. 한편 갑은 절도죄로 두 번의 징역형을 받았으므로 「절도범죄처벌특별법」의 절도반복범에 해당한다. 견해A에 따르면 갑에게 반복범에 관한 「범죄처벌법」 제2조는 적용되지 않고 「절도범죄처벌특별법」 제1조에 따로 규정한 형벌의 범위 내에서만 형이 부과되어야 하지만, 견해B에 따르면 갑이 「범죄처벌법」의 반복범에 해당하는 경우에는 「절도범죄처벌특별법」 제1조에 정한 형벌을 「범죄처벌법」 제2조에 따라 가중한 형을 받아야 한다.

정답 해설

견해1에 따르면 갑은 「범죄처벌법」의 반복범에 해당하고, 견해B에 따르면 「범죄처벌법」의 반복범에도 해당하는 사람에게는 「절도범죄처벌특별법」 제1조에 정한 형벌을 「범죄처벌법」 제2조에 따라 가중한 형을 부과해야 하므로, 갑에게 부과되는 형은 「절도범죄처벌특별법」 제1조에 정한 형벌을 「범죄처벌법」 제2조에 따라 가중한 형이다. 「범죄처벌법」 제2조에 따르면 형의 기간 상한만 1.5배로 가중하므로, 「절도범죄처벌특별법」 제1조에 정한 형벌의 상한인 20년을 30년으로 가중하게 된다. 따라서 갑에게 부과되는 형은 2년 이상 30년 이하의 징역이다.

오답 해설

① 견해A에 따르면 갑에게는 「절도범죄처벌특별법」 제1조만 적용되므로, 갑에게 부과되는 형은 2년 이상 20년 이하의 징역이다.

③ 견해A에 따르면 갑에게는 「절도범죄처벌특별법」 제1조만 적용되므로, 갑에게 부과되는 형은 2년 이상 20년 이하의 징역이다.

④ 견해A에 따르면 갑에게는 「절도범죄처벌특별법」 제1조만 적용되므로, 갑에게 부과되는 형은 2년 이상 20년 이하의 징역이다.

⑤ 견해2에 따르면 갑은 「범죄처벌법」의 반복범에 해당하지 않으므로, 「절도범죄처벌특별법」 제1조만 적용되어 갑에게 부과되는 형은 2년 이상 20년 이하의 징역이다.

예제 1-22

문제 풀이

미술저작물의 저작자는 미술상이 관여한 후속거래에 대하여 거래가액에 따라 정해진 금액을 청구할 수 있다. 저작자가 요구할 수 있는 정보는 두 종류인데, 저작물이 거래되었는지에 관한 정보는 어느 미술상에게나 요구할 수 있으나 최근 3년간의 거래에 한정되고, 거래의 내용에 관한 정보는 그 거래에 관여한 미술상에게 요구할 수 있고 시간적 제한은 없다. 갑이 A를 을에게 판 이후 후속거래는 ⓐ미술상 을이 병에게 20만 원에 판 것, ⓑ병이 미술상 을의 중개로 미술상 정에게 2억 원에 판 것, ⓒ미술상 정이 무에게 3억 원에 판 것, 이렇게 3건이다. 무가 기에게 선물한 것은 거래가 아니다.

정답 해설

미술상 정은 무가 기에게 A를 선물할 때에 관여하지 않았고 선물하는 것은 거래가 아니므로 이에 관한 정보를 제공할 의무가 없다. 따라서 정은 기가 현재 A를 가지고 있다는 사실을 갑에게 알려주지 않아도 된다. ⑤는 옳지 않은 서술이다.

오답 해설

① 저작자 갑은 미술상의 중개로 미술상에게 그림을 매도한 병에 대하여 4백만 원(판매가액 2억 원의 2%), 미술상으로서 그림을 매도한 정에 대하여 9백만 원(판매가액 3억 원의 3%)을 청구할 수 있다. ①은 옳은 서술이다.

② 을은 갑과의 거래에서는 최초의 매수인이므로, 〈규정〉 제2조의 후속거래에 해당하지 않고 매도인 요건에도 해당하지 않아 거래가액의 일부를 지급할 의무가 없다. 병과의 거래에서는 거래가액이 20만 원이어서 40만 원 미만이므로 거래가액의 일부를 지급할 의무가 없다. ②는 옳은 서술이다.

③ 병은 미술상 을의 중개로 그림을 미술상 정에게 매도하였으므로, 〈규정〉 제2조의 요건을 충족하여

지급 의무가 있다. ③은 옳은 서술이다.

④ 을은 병과 정 사이의 거래를 중개한 미술상이므로, 〈규정〉 제5조에 의하여 갑은 을에게 매도인인 병에 관한 정보의 제공을 요구할 수 있다. ④는 옳은 서술이다.

예제 1-23

문제 풀이

X를 Z로 바꾸면 집단 2 구성원의 개인 효용이 낮아지고 Z를 X로 바꾸면 집단 1 구성원의 개인 효용이 낮아지므로, X를 Z로 바꾸거나 Z를 X로 바꾸는 것은 A의 '개선'이 아니다. 사회 구성원 중 효용이 가장 낮은 사람의 효용(최소 효용)은 X를 선택했을 때는 1이고 Z를 선택했을 때는 2이므로, y값에 관계없이 X는 C에 따른 바람직한 정책이 될 수 없다.

정답 해설

사회 구성원 중 어떤 사람의 효용도 현재보다 낮추지 않으면서 적어도 한 사람의 효용을 높이면 전체 구성원의 효용이 커지므로 사회 구성원 효용의 산술평균값도 커진다. 그러므로 A의 '개선'을 이룰 수 있는 정책은, 사회 구성원 효용의 산술평균값을 더 크게 하는 것이 가능한 정책이므로, B에 따른 바람직한 정책이 아니다. 따라서 B에 따른 바람직한 정책은 A의 '개선'을 이룰 수 없는 정책, 즉 A에 따라 수용가능한 정책이다. ⑤는 옳은 추론이다.

오답 해설

① y=2인 경우 각 정책에 따른 최소 효용은 다음과 같다.

X	Y	Z
1	2	2

따라서 C에 따른 바람직한 정책은 Y와 Z, 두 개이

다. ①은 옳지 않은 추론이다.

② $0<\alpha<1$이므로 각 집단에 속한 사람이 적어도 한 명 존재한다. 따라서 사회 구성원 중 어떤 사람의 효용도 현재보다 낮추지 않으면서 적어도 한 사람의 효용을 높인다는 것은 〈상황〉에서는 어느 집단의 효용도 현재보다 낮추지 않으면서 다른 집단의 효용을 높인다는 것을 의미한다. 그러므로 A의 '개선'이 가능한지 여부는 집단 1의 효용을 낮추지 않으면서 집단 2의 효용을 높이거나 집단 2의 효용을 낮추지 않으면서 집단 1의 효용을 높이는 게 가능한지 조사하면 알 수 있고, 결국 A에 따른 정책의 수용가능 여부도 이러한 조사를 통해 알 수 있을 뿐 α값이 무엇이냐에 영향을 받지 않는다. ②는 옳지 않은 추론이다.

③ $y=2$인 경우 각 정책에 따른 사회 구성원 효용의 산술평균값은 다음과 같다.

X : $\alpha\times1+(1-\alpha)\times5=5-4\alpha$

Y : $\alpha\times y+(1-\alpha)\times2y=\alpha\times2+(1-\alpha)\times4=4-2\alpha$

Z : $\alpha\times3+(1-\alpha)\times2=\alpha+2$

X가 B에 따른 바람직한 정책일 조건은 X에 따른 사회 구성원 효용의 산술평균값이 Y에 따른 사회 구성원 효용의 산술평균값보다 작지 않고 Z에 따른 사회 구성원 효용의 산술평균값보다도 작지 않은 것, 즉 $5-4\alpha\geq4-2\alpha$와 $5-4\alpha\geq2+\alpha$이다. 방정식을 계산하면 각각 $\alpha\leq0.5$와 $\alpha\leq0.6$이므로, X가 B에 따른 바람직한 정책일 조건은 $\alpha\leq0.5$이다. 따라서 α가 반드시 0.5이어야 하는 것은 아니다. ③은 옳지 않은 추론이다.

④ 집단 1과 2의 인구가 같으면 $\alpha=0.5$이다. 이때 각 정책에 따른 사회 구성원 효용의 산술평균값 및 최소 효용은 다음과 같다.

	X	Y	Z
산술평균값	3	1.5y	2.5
최소 효용	1	y	2

$y=1$인 경우, 사회 구성원 효용의 산술평균값은 X를 선택할 때 가장 크지만, 최소 효용은 Z를 선택

할 때 가장 크다. 이 경우에는 B에 따른 바람직한 정책은 X이지만 C에 따른 바람직한 정책은 Z이므로 B와 C에 따른 바람직한 정책이 서로 다르다. ④는 옳지 않은 추론이다.

예제 1-24 정답 ⑤

문제 풀이

제시문에서 X가 신호일 확률은 0.8이므로 X가 잡음일 확률은 0.2이다. 또한 갑이 X를 관측할 때 버튼을 누르거나 누르지 않는 것에 따른 갑의 득실은 표로 주어져 있다. 이 경우 갑이 버튼을 누를 때 기댓값의 합계와 버튼을 누르지 않을 때 기댓값의 합계는 다음과 같이 계산된다.

버튼을 누를 때 : $(3\times0.8)+(-3\times0.2)=1.8$

버튼을 누르지 않을 때 : $(-3\times0.8)+(2\times0.2)=-2$

갑이 버튼을 누를 때 기댓값의 합계가 버튼을 누르지 않을 때 기댓값의 합계보다 크므로, 갑은 X를 관측했을 때 버튼을 누를 것이다.

보기 해설

ㄱ. 신호일 확률이 0.1이라면 잡음일 확률은 0.9이다. 이 경우, 버튼을 누를 때 기댓값의 합계는 $(3\times0.1)+(-3\times0.9)=-2.4$이고, 누르지 않을 때 기댓값의 합계는 $(-3\times0.1)+(2\times0.9)=1.5$이다. 그러므로 갑은 버튼을 누르지 않을 것이다. ㄱ은 옳은 추론이다.

ㄴ. 누락의 득실만 -3에서 0으로 변경될 경우, 버튼을 누를 때 기댓값의 합계는 $(3\times0.8)+(-3\times0.2)=1.8$이고 누르지 않을 때 기댓값의 합계는 $(0\times0.8)+(2\times0.2)=0.4$이다. 그러므로 갑은 버튼을 누를 것이다. ㄴ은 옳은 추론이다.

ㄷ. 오경보의 득실만 -3에서 -2로 변경될 경우, 버튼을 누를 때 기댓값의 합계는 $(3\times0.8)+(-2\times0.2)=2$이고 누르지 않을 때 기댓값의 합계는 $(-3\times$

$0.8)+(2\times0.2)=-2$이다. 그러므로 갑은 버튼을 누를 것이다. ㄷ은 옳은 추론이다.

〈보기〉의 ㄱ, ㄴ, ㄷ 모두 옳은 추론이므로 정답은 ⑤이다.

예제 2-1   정답 ③

보기 해설

ㄱ. 다음 단계를 거쳐서 ㄱ은 옳은 추론이라는 것을 알 수 있다.

(1) 사업가이거나 논리학자인 갑의 성격이 원만하지 않다(ㄱ의 가정).

(2) 갑의 성격이 원만하지 않다((1)로부터).

(3) 갑은 친절하지 않다((2)와 두 번째 진술로부터).

(4) 갑은 사업가가 아니다((3)과 첫 번째 진술로부터).

(5) 갑은 사업가이거나 논리학자이다((1)로부터).

(6) 갑은 논리학자이다((4)와 (5)로부터).

(7) 갑은 친절하지 않은 모든 사람을 좋아한다((6)과 세 번째 진술로부터).

ㄴ. 다음 단계를 거쳐서 ㄴ은 옳은 추론이라는 것을 알 수 있다.

(1) 을은 논리학자이다(ㄴ의 가정).

(2) 을은 친절하지 않은 모든 사람을 좋아한다((1)과 세 번째 진술로부터).

(3) 을은 친절하지 않은 사람이다((2)와 네 번째 진술로부터).

(4) 어떤 철학자는 친절하지 않은 모든 사람을 좋아한다(세 번째 진술과 다섯 번째 진술로부터).

(5) 어떤 철학자는 을을 좋아한다((3)과 (4)로부터).

ㄷ. 주어진 진술들로부터 이떤 명제가 옳게 추론된다고 하기 위해서는, 주어진 진술들이 모두 참이면서 그 명제가 거짓인 가능한 상황이 없어야 한다. 다음의 가능한 상황에서는 주어진 진술들이 모두 참이면서 ㄷ이 거짓이기 때문에, ㄷ은 옳지 않은 추론이다.

[가능한 상황]

병과 정만이 존재하고 병과 정이 다음과 같은 특성을 가진다.

	사업가	논리학자	철학자	성격이 원만함	친절함	정을 좋아함
병	○	×	○	○	○	×
정	×	○	○	×	×	○

이 상황에서는 주어진 5개의 진술들이 모두 참이면서 ㄷ은 거짓이다.

제시문의 진술 및 ㄷ	진리치	
모든 사업가는 친절하다.	참	사업가인 병이 친절하다.
성격이 원만하지 않은 모든 사람은 친절하지 않다.	참	성격이 원만하지 않은 정이 친절하지 않다.
모든 논리학자는 친절하지 않은 모든 사람을 좋아한다.	참	논리학자인 정이 친절하지 않은 자신을 좋아한다.
친절하지 않은 모든 사람을 좋아하는 사람은 모두 그 자신도 친절하지 않다.	참	친절하지 않은 모든 사람을 좋아하는 사람은 정이다. 정은 친절하지 않다.
어떤 철학자는 논리학자이다.	참	철학자이면서 논리학자인 정이 존재한다.
병이 친절하다면, 병은 사업가가 아니거나 철학자가 아니다.	거짓	병은 친절하고 사업가이면서 철학자이다.

〈보기〉의 ㄱ, ㄴ만이 옳은 추론이므로 정답은 ③이다.

문제 풀이

두 번째 조건과 세 번째 조건에서 남자와 여자를 구분하고 있다는 점을 고려하여 다음과 같이 첫 번째 조건을 그림으로 표현할 수 있다.(경영학 전공자 집합이 변호사 집합과 회계사 집합을 모두 포함하고 있다.)

경영학 전공자			
변호사	변호사 & 회계사	회계사	남
변호사	변호사 & 회계사	회계사	여
경영학 전공자			

경영학 전공자 중 남자는 모두 변호사라는 두 번째 조건을 그림으로 표현하면 다음과 같다.(음영 부분은 그 영역에 포함되는 사람이 전혀 없다는 것을 의미한다.)

경영학 전공자			
변호사	변호사 & 회계사	회계사	남
변호사	변호사 & 회계사	회계사	여
경영학 전공자			

경영학 전공자 중 여자는 아무도 회계사가 아니라는 세 번째 조건을 그림으로 표현하면 다음과 같다.

경영학 전공자			
변호사	변호사 & 회계사	회계사	남
변호사	변호사 & 회계사	회계사	여
경영학 전공자			

마지막으로, 회계사이면서 변호사인 사람이 적어도 한 명 있다는 네 번째 조건을 다음과 같이 표시할 수 있다.

경영학 전공자			
변호사	변호사 & 회계사 (최소 1명)	회계사	남
변호사	변호사 & 회계사	회계사	여
경영학 전공자			

정답 해설

경영학을 전공한 남자는 모두 변호사여야 한다. 그러나 이로부터 경영학을 전공한 남자가 모두 회계사이면서 변호사라는 것이 추론되지 않는다. 그림에서 경영학을 전공한 남자 중 회계사가 아닌 변호사가 있을 수 있다는 것을 확인할 수 있다. 따라서 ⑤는 옳지 않은 추론이다.

오답 해설

① 여자 회계사가 있다고 가정하면, 첫 번째 조건에 의해 여자 회계사는 경영학 전공자라는 것이 추론된다. 그러나 이것은 "경영학 전공자 중 여자는 아무도 회계사가 아니다."라는 세 번째 조건에 모순된다. 그러므로 여자 회계사는 없다.

② 네 번째 조건에 의해 회계사인 사람이 적어도 한 명 있다는 것을 추론할 수 있다. 그 사람은 첫 번째 조건에 의해 경영학 전공자이다. 그런데 경영학 전공자이고 회계사인 그 사람은 세 번째 조건에 의해 여자가 아니다. 따라서 그 사람은 회계사이면서 남자이다. 그러므로 회계사 중 남자가 있다는 것을 추론할 수 있다.

③ 누군가가 회계사라면, 첫 번째 조건에 의해 그 사람은 경영학 전공자라는 것이 추론된다. 세 번째 조건에 의해 그 사람은 여자가 아닌 남자라는 것을 추론할 수 있고, 두 번째 조건에 의해 그 사람은 변호사라는 것을 추론할 수 있다. 따라서 회계사는 모두 변호사이다.

④ 누군가가 회계사이면서 변호사라면, 첫 번째 조건에 의해 그 사람은 경영학 전공자라는 것이 추론된다. 세 번째 조건에 의해 그 사람은 여자가 아닌

남자라는 것을 추론할 수 있다. 따라서 회계사이면서 변호사인 사람은 모두 남자이다.

예제 2-3
정답 ③

문제 풀이

조건 1: A, B, C 중 적어도 하나에는 상품이 들어 있다.
조건 2: A에 상품이 들어 있고 B가 비었다면 C에도 상품이 들어 있다.
조건 3: C에 상품이 들어 있다면 상품이 들어 있는 상자는 2개 이상이다.
조건 4: A와 C 중 적어도 하나는 빈 상자이다.

조건1에 의하여 모든 상자가 비어 있는 경우는 없다. A에 상품이 들어 있는 경우 조건4에 의하여 C는 빈 상자이다. 한편 조건2에 의하여 B가 비었다면 C에도 상품이 들어 있어야 하는데, 이것은 조건4에 위배되므로, B에는 상품이 들어 있어야 한다.
A에 상품이 없는 경우 조건3에 의해 C에만 상품이 들어 있을 수는 없으므로 상품은 B와 C, 또는 B에만 들어 있을 수 있다.
따라서 상품은 A와 B, 또는 B와 C, 또는 B에만 들어 있다.

보기 해설

ㄱ. A에 상품이 들어 있는 경우 B가 비었다면 조건2에 의해 C에도 상품이 들어 있어야 한다. 그러나 이것은 조건4에 위배되므로, A에 상품이 들어 있는 경우 B에도 상품이 들어 있어야 한다. 그러므로 ㄱ은 옳은 추론이다.

ㄴ. 상품이 들어 있는 상자로 가능한 경우가 A와 B, 또는 B와 C, 또는 B이므로 B에만 상품이 들어 있을 수도 있다. ㄴ은 옳은 추론이 아니다.

ㄷ. C에 상품이 들어 있는 경우 조건4에 의해 A는 빈 상자이고, 조건3에 의해 상품이 들어 있는 상자는 2개 이상이므로, B에도 상품이 들어 있다. ㄷ은 옳은 추론이다.

〈보기〉의 ㄱ, ㄷ만이 옳은 추론이므로 정답은 ③이다.

예제 2-4
정답 ⑤

문제 풀이

빨간 상자를 R, 파란 상자를 B, 하얀 상자를 W로 나타내기로 한다. 마지막 조건에 따르면 상자 5와 상자 6은 모두 W이거나 모두 B이거나 모두 R이다.

ⅰ) 상자 5와 상자 6이 모두 W인 경우

6	W
5	W
4	R
3	
2	
1	

세 번째 조건과 네 번째 조건에 의하여 상자 1~3 중에 B와 W가 있으므로, W가 3개 이상이고 R이 2개 이하가 되어 두 번째 조건을 만족시키지 못한다. 따라서 이 경우는 가능하지 않다.

ⅱ) 상자 5와 상자 6이 모두 B인 경우

6	B
5	B
4	R
3	
2	
1	

세 번째 조건과 네 번째 조건에 의하여 상자 1~3 중에는 B와 W가 있다. 상자 4~6 중에서 R이 1개이므로, 상자 1~3 중에 W가 있다는 사실과 두 번째 조건에 의하여 상자 1~3 중에는 R도 있다. 따라서 상자 1~3 중에는 R, B, W가 1개씩 있다. 세 번째 조건에

의하여 상자 1은 R이 아니다. 만약 상자 2가 R이면 세 번째 조건에 의하여 상자 1이 B이고 이 경우 네 번째 조건을 충족하지 못하므로, 상자 2도 R이 아니다. 따라서 상자 3이 R이다. 세 번째, 네 번째 조건에 의해 상자 2는 B, 상자 1은 W이다.

(1)

6	B
5	B
4	R
3	R
2	B
1	W

iii) 상자 5와 상자 6이 모두 R인 경우

6	R
5	R
4	R
3	
2	
1	

네 번째 조건에 의하여 상자 1~3 중에는 B 바로 아래 W가 있는 B와 W가 있다. 따라서 상자 3에 B가 있고 상자 2에 W가 있거나, 상자 2에 B가 있고 상자 1에 W가 있는 것이 가능하다.

6	R
5	R
4	R
3	B
2	W
1	

6	R
5	R
4	R
3	
2	B
1	W

위의 왼쪽 그림에서, 세 번째 조건에 의하여 상자 1은 R이 아니다. 오른쪽 그림의 상자 3은 R, B, W 모두 가능하다. 왼쪽 그림에서든 오른쪽 그림에서든, R이 3개 이상이고 W가 2개 이하이므로 두 번째 조건을 충족한다. 따라서 상자 5와 상자 6이 모두 R이면 다음과 같은 경우들만이 가능하다.

(2)		(3)		(4)		(5)		(6)	
6	R	6	R	6	R	6	R	6	R
5	R	5	R	5	R	5	R	5	R
4	R	4	R	4	R	4	R	4	R
3	B	3	B	3	R	3	B	3	W
2	W	2	W	2	B	2	B	2	B
1	B	1	W	1	W	1	W	1	W

정답 해설

하얀 상자 아래 파란 상자가 있으면 (2) 또는 (6)의 경우이다. 두 경우 모두 빨간 상자는 3개이다. ⑤는 옳은 추론이다.

오답 해설

① (2)의 경우에는 상자 1이 파란 상자이다. ①은 옳지 않은 추론이다.

② (1)의 경우에는 상자 2와 상자 5가 모두 파란 상자여서 색깔이 같다. ②는 옳지 않은 추론이다.

③ 상자 3이 빨간 상자인 것은 (1)과 (4)의 경우인데, (1)의 경우에는 파란 상자가 3개이다. ③은 옳지 않은 추론이다.

④ (3)과 (6)의 경우에는 하얀 상자의 개수가 파란 상자의 개수보다 많고, (4)의 경우에는 파란 상자의 개수와 하얀 상자의 개수가 같다. ④는 옳지 않은 추론이다.

예제 2-5 정답 ②

문제 풀이

네 번째 정보를 표로 나타내면 다음과 같다.

고구려	백제	신라
B	F	

첫 번째 정보로부터 C가 백제의 유물이면 E도 백제의 유물이고 E가 백제의 유물이면 C도 백제의 유물이다.

C와 E가 백제의 유물이면 백제의 유물은 F까지 포함하여 3개 이상이 되는데, 이는 세 번째 정보와 모순이다. 따라서 다음의 두 가지 경우가 가능하다.

(1)

고구려	백제	신라
B, C, E	F	

(2)

고구려	백제	신라
B	F	C, E

(1)의 경우는 세 번째 정보로부터 A, D는 다음과 같이 모두 신라의 유물이다. 이는 두 번째 정보도 만족시킨다.

(1-1)

고구려	백제	신라
B, C, E	F	A, D

(2)의 경우는 두 번째 정보로부터 A는 고구려 또는 백제의 유물이다. 따라서 다음의 두 가지 경우가 가능하다.

(2-1)

고구려	백제	신라
B, A	F	C, E

(2-2)

고구려	백제	신라
B	F, A	C, E

(2-1)의 경우에 D가 백제의 유물이면 세 번째 정보와 모순이므로, D는 고구려 또는 신라의 유물이다. 따라서 다음의 두 가지 경우가 가능하다.

(2-1-1)

고구려	백제	신라
B, A, D	F	C, E

(2-1-2)

고구려	백제	신라
B, A	F	C, E, D

(2-2)의 경우는 세 번째 정보로부터 D는 다음과 같이 신라의 유물이다.

(2-2-1)

고구려	백제	신라
B	F, A	C, E, D

(1-1), (2-1-1), (2-1-2), (2-2-1)이 완성된 표이다.

보기 해설

ㄱ. (2-2-1)의 경우 A는 백제에서 만든 유물이다. ㄱ은 옳지 않은 추론이다.

ㄴ. C가 고구려에서 만든 유물인 경우는 (1)의 경우이다. 이때 (1-1)에서 알 수 있듯이 A, D는 모두 신라의 유물이다. ㄴ은 옳은 추론이다.

ㄷ. (2-1-1)의 경우 E를 만든 신라의 유물(C, E 2개)보다 고구려의 유물(B, A, D 3개)이 더 많다. ㄷ은 옳지 않은 추론이다.

〈보기〉의 ㄴ만이 옳은 추론이므로 정답은 ②이다.

예제 2-6 정답 ④

문제 풀이

주어진 조건을 간단히 표현하면 다음과 같다('-'는 왼쪽에 있는 사람이 오른쪽에 있는 사람보다 먼저 연주한다는 것을 의미하며, 연이어 이름이 나오는 경우는 그 순서대로 연이어 연주한다는 것을 의미한다).

1) 각자 한 번만 연주하며 두 명 이상이 동시에 연주할 수 없다.
2) 丙 - 戊
3) 丁 - 甲 그리고 丁 - 乙
4) 戊甲 또는 甲戊
5) 己乙

정답 해설

丁이 甲 직전에 연주하면 위의 4)에 의해 '丁甲戊'로 결정된다. 또 3), 5)에 의해 '丁甲戊-己乙'로 결정되고 2)에 의해 '丙-丁甲戊'이므로 '丙丁甲戊己乙'로 순서가 완전히 결정된다.

① 甲이 己 직전에 연주하면 4), 5)에 의해 '戊甲己乙'로 결정된다. 그러나 丙과 丁은 2), 3)에 의해 이들보다 이전에 연주한다는 것만 결정될 뿐 어떤 학생이 먼저 연주하는지 결정되지 않는다. 즉 '丙丁戊甲己乙' 또는 '丁丙戊甲己乙'이 가능하다.

② 乙이 丙 직전에 연주하면 5)에 의해 '己乙丙'이 결정된다. 그러나 이 경우 '丁己乙丙戊甲' 또는 '丁己乙丙甲戊'가 가능하므로, 甲과 戊의 순서가 결정되지 않는다.

③ 丙이 戊 직전에 연주하면 4)에 의해 '丙戊甲'이 결정된다. 그러나 이 경우 '丁丙戊甲己乙' 또는 '丁己乙丙戊甲'이 가능하므로, 甲과 乙의 순서가 결정되지 않는다.

⑤ 戊가 己 직전에 연주하면 4), 5)에 의해 '甲戊己乙'이 결정된다. 그러나 丙과 丁은 2), 3)에 의해 이들보다 이전에 연주한다는 것만 결정될 뿐 어떤 학생이 먼저 연주하는지 결정되지 않는다. 즉 '丙丁戊甲己乙' 또는 '丁丙戊甲己乙'이 가능하다.

예제 2-7   정답 ③

문제 풀이

병의 대답의 제1문인 "나는 범인이다."가 거짓이면 병이 범인이 아니므로, 병의 대답의 제2문인 "범인은 나를 포함하여 세 명이다."는 거짓이 된다. 이는 각자의 대답에서 한 문장은 참이고 다른 한 문장은 거짓이라는 조건을 만족시키지 못하므로, 병의 대답의 제1문은 참이고 제2문은 거짓이다. 병의 대답의 제1문인 "나는 범인이다."가 참이므로 갑의 대답의 제1문인 "병은 범인이다."는 참이고, 따라서 갑의 대답의 제2

문인 "범인은 두 명이다."는 거짓이다. 이를 표로 나타내면 다음과 같다.

용의자	제1문	진위	제2문	진위
갑	병은 범인이다.	참	범인은 두 명이다.	거짓
병	나는 범인이다.	참	범인은 나를 포함하여 세 명이다.	거짓

갑의 대답의 제2문과 병의 대답의 제2문이 모두 거짓인 것으로부터 범인은 1명 또는 4명임을 알 수 있다. 또 병은 범인이므로, 병을 제외한 3명 중에서는 범인이 0명 또는 3명임을 알 수 있다. 즉 갑, 을, 정 중 누구도 범인이 아니거나 3명 모두 범인이다. 두 경우가 모두 가능함을 다음에서 확인할 수 있다.

1) 갑, 을, 정 중 누구도 범인이 아닌 경우(병만 범인인 경우)

을의 대답의 제1문인 "내가 범인이다."는 거짓이고 제2문인 "정은 범인이 아니다."는 참이 되어, 각자의 대답에서 한 문장은 참이고 다른 한 문장은 거짓이라는 조건을 만족시킨다. 또 정의 대답의 제1문인 "나는 범인이 아니다."는 참이고 제2문인 "갑은 범인이다."는 거짓이 되어, 각자의 대답에서 한 문장은 참이고 다른 한 문장은 거짓이라는 조건을 만족시킨다.

2) 갑, 을, 정 모두 범인인 경우(모든 용의자가 범인인 경우)

을의 대답의 제1문인 "내가 범인이다."는 참이고 제2문인 "정은 범인이 아니다."는 거짓이 되어, 각자의 대답에서 한 문장은 참이고 다른 한 문장은 거짓이라는 조건을 만족시킨다. 또 정의 대답의 제1문인 "나는 범인이 아니다."는 거짓이고 제2문인 "갑은 범인이다."는 참이 되어, 각자의 대답에서 한 문장은 참이고 다른 한 문장은 거짓이라는 조건을 만족시킨다.

보기 해설

ㄱ. 갑의 대답에서는 제1문인 "병은 범인이다."가 참이고, 제2문인 "범인은 두 명이다."가 거짓이다. ㄱ은 옳은 추론이다.

ㄴ. 갑, 을, 정 3명 모두 범인일 수도 있고, 3명 중 누

구도 범인이 아닐 수도 있다. ㄴ은 옳지 않은 추론이다.

ㄷ. 병은 반드시 범인이므로, 병과 정 중에서 한 명만 범인이면 병은 범인이고 정은 범인이 아니다. 정이 범인이 아닌 경우에는 갑과 을도 범인이 아니다. ㄷ은 옳은 추론이다.

〈보기〉의 ㄱ, ㄷ만이 옳은 추론이므로 정답은 ③이다.

예제 2-8   정답 ⑤

문제 풀이

규칙에 따라 진행한 경기의 결과에 대한 갑, 을, 병, 정의 진술로부터 다음이 도출된다.

(1) 갑으로부터 A는 결승전에 진출하였지만 결승전에서 패했다.

(2) 을로부터 E는 준결승전에 진출하여 패했다.

(3) 병으로부터 C와 B는 준결승전에 진출하고, B는 결승전에 진출하고 C는 진출하지 못했다.

(4) 정으로부터 H가 결승전에 진출하여 우승하였다.

이로부터 갑은 A가 결승전 진출, 병은 B가 결승전 진출, 정은 H가 결승전 진출하였다고 진술하였는데, 결승전은 두 팀만 진출하므로, 이 셋 중에 한 명은 거짓말을 하였다. 네 명 중에 한 명만 거짓말을 하였으므로 을의 진술은 참이다.

(1) 갑이 거짓말을 하였을 경우 : 을, 병, 정의 진술은 참이므로 B와 H가 결승전에 진출하여 결승전에서 H가 이겼다. 또한 준결승전에는 E, C, B, H가 진출하고, B가 C를 이겼으므로 H는 E를 이겼다. 따라서 경기결과는 다음과 같다.

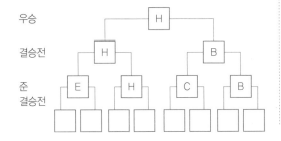

(2) 병이 거짓말을 하였을 경우 : 갑, 을, 정의 진술은 참이므로 A와 H가 결승전에 진출하여 결승전에서 H가 이겼다. 또한 준결승전에는 E, A, H가 진출한다. 따라서 경기결과는 다음과 같다.

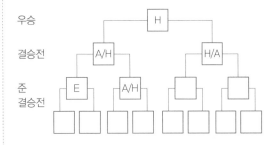

(3) 정이 거짓말을 하였을 경우 : 갑, 을, 병의 진술은 참이므로 A와 B가 결승전에 진출하여 결승전에서 B가 이겼다. 또한 준결승전에는 A, E, C, B가 진출하고, B가 C를 이겼으므로 A는 E를 이겼다. 따라서 경기결과는 다음과 같다. 참고로 이때 H는 0승이다.

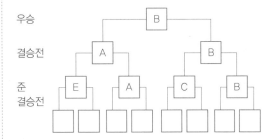

보기 해설

ㄱ. 갑, 병, 정 중의 한 명이 거짓말을 하였고, 갑, 을, 병, 정 중에서 한 명만 거짓말을 하였으므로 을의 진술은 참이다. 따라서 ㄱ은 옳은 추론이다.

ㄴ. 갑이 거짓말을 하였으면 준결승전에 E, C, B, H가 진출하였고, B가 C를 이겼으므로 H는 E를 이겼다. 따라서 ㄴ은 옳은 추론이다.

ㄷ. 위의 (3)에서 정이 거짓말을 하였다면 H가 0승이라는 것을 알 수 있으므로, H가 1승이라도 했다면 정은 거짓말을 하지 않았다는 것을 추론할 수 있다. 갑, 병, 정 중의 한 명만 거짓말을 하였으므로 갑 또는 병이 거짓말을 하였다. 따라서 ㄷ은 옳은 추론이다. 참고로 대우를 생각하여 갑과 병이 거

짓말을 하지 않았으면 정이 거짓말을 하였고 따라서 H가 0승임을 보여도 된다.

〈보기〉의 ㄱ, ㄴ, ㄷ 모두 옳은 추론이므로 정답은 ⑤이다.

예제 2-9
정답 ③

문제 풀이

丁은 범인이거나 丁은 범인이 아니다. 丁이 범인이라면, 丙의 진술은 참이고 丁의 진술은 "丙의 진술은 거짓이다"이므로 거짓이 된다. 丁이 범인이 아니라면, 丙의 진술은 거짓이고 丁의 진술은 "丙의 진술은 거짓이다"이므로 참이 된다. 따라서 丙과 丁의 진술 중 하나는 참이고 다른 하나는 거짓이다.

정답 해설

범인이 甲, 丙, 丁인 경우 甲, 乙, 丙의 진술은 참이고 丁의 진술만 거짓이다. 따라서 범인이 세 명이면서 한 명의 진술만 거짓인 경우가 있으므로, ③은 옳지 않은 추론이다.

오답 해설

① 범인이 두 명이라고 가정하자. 만약 乙이 범인이라면, 乙의 진술은 거짓이다. 따라서 범인 중 적어도 한 명의 진술은 거짓이다. 乙이 범인이 아니라면, 범인은 甲과 丙이거나 甲과 丁이거나 丙과 丁일 것이다. 범인이 甲과 丙인 경우, 丁은 범인이 아니므로 丙의 진술은 거짓이다. 범인이 甲과 丁이거나 丙과 丁인 경우, 丁이 범인이므로 丙의 진술은 참이고 丁의 진술은 거짓이다. 어떤 경우든 범인 중 적어도 한 명의 진술은 거짓이므로 ①은 옳은 추론이다.

② 거짓인 진술을 한 사람이 세 명이고 乙이 범인이 아니라고 가정하자. 이때 乙의 진술은 참이므로 甲, 丙, 丁의 진술이 모두 거짓이어야 하지만 丙과

丁의 진술이 동시에 거짓일 수는 없으므로 모순이다. 따라서 ②는 옳은 추론이다.

④ 丙과 丁의 진술 중 하나는 참이고 다른 하나는 거짓이다. 따라서 ④는 옳은 추론이다.

⑤ 乙이 범인이 아니라고 가정하자. 이 경우 乙의 진술은 참이다. 또한 앞에서 설명했듯이 丙과 丁의 진술 중 하나는 참이다. 따라서 두 명 이상의 진술이 참이므로 ⑤는 옳은 추론이다.

예제 2-10
정답 ④

문제 풀이

각국의 분담금을 표로 나타내면 〈표 1〉과 같다. (아래 표에서 'A/D'는 A 또는 D를 의미하며, 'D/A'는 D 또는 A를 의미한다. 2차 분담금에서 'A/D'가 가장 많은 분담금인 300억 달러를 낸다.)

〈표 1〉 (단위 : 억 달러)

	A	B	C	D	
1차		260		200	1,000
	A/D	B	C	D/A	
2차	300		250		1,000
전체					2,000

1차에서 B와 D가 460억 달러를 부담하므로 A와 C는 540억 달러를 부담한다. 그런데 C의 분담금이 200억 달러 초과 260억 달러 미만이므로 A의 분담금은 280억 달러 초과 340억 달러 미만이다.

〈표 2〉 (단위 : 억 달러)

	A	B	C	D	
1차	280 초과 340 미만	260	200 초과 260 미만	200	1,000
	A/D	B	C	D/A	
2차	300		250		1,000
전체					2,000

2차에서 C와 가장 많은 금액을 부담하는 국가(A/D)가 550억 달러를 부담하므로 2차 분담금이 가장 적은 B와 나머지 한 국가(D/A)는 450억 달러를 부담한다. 그런데 D/A의 분담금이 250~300억 달러이므로 B의 분담금은 150~200억 달러이다.

〈표 3〉 (단위 : 억 달러)

	A	B	C	D	
1차	280 초과 340 미만	260	200 초과 260 미만	200	1,000
2차	A/D	B	C	D/A	1,000
	300	150~200	250	250~300	
전체					2,000

따라서 국가별 총 분담금은 A는 530억 달러 초과 640억 달러 미만, B는 410~460억 달러, C는 450억 달러 초과 510억 달러 미만, D는 450~500억 달러이다.

〈표 4〉 (단위 : 억 달러)

	A	B	C	D	
1차	280 초과 340 미만	260	200 초과 260 미만	200	1,000
2차	A/D	B	C	D/A	1,000
	300	150~200	250	250~300	
전체	A	B	C	D	2,000
	530 초과 640 미만	410~460	450 초과 510 미만	450~500	

정답 해설

C의 분담금이 510억 달러 미만이고 D의 분담금이 450억 달러 이상이므로, 두 국가의 분담금의 차이는 50억 달러를 초과할 수도 있다. 예를 들어 〈표 5〉와 같이 C의 1차 분담금이 259억 달러이고 D의 2차 분담금이 250억 달러이면, C의 총 분담금은 509억 달러이고 D의 총 분담금은 450억 달러가 된다. 이 경우 두 국가의 분담금의 차이는 59억 달러가 된다. ④는 옳지 않은 추론이다.

〈표 5〉 C와 D의 분담금 차이가 50억 달러를 넘는 경우의 예시 (단위 : 억 달러)

	A	B	C	D	
1차	281	260	259	200	1,000
2차	A/D	B	C	D/A	1,000
	300	200	250	250	
전체	A	B	C	D	2,000
	581	460	509	450	

오답 해설

① A의 분담금은 530억 달러를 넘고 B, C, D의 분담금은 모두 510억 달러를 넘지 않으므로 가장 많은 분담금을 부담하는 국가는 A이다. ①은 옳은 추론이다.

② B의 분담금은 410억 달러 이상 460억 달러 이하이다. ②는 옳은 추론이다.

③ A의 1차 분담금이 280억 달러를 넘으므로, A가 2차 분담금을 가장 많이 부담하는 국가(300억 달러)이면 A의 총 분담금은 580억 달러를 넘는다. 따라서 A의 분담금이 570억 달러이면 2차 분담금을 가장 많이 부담하는 국가는 A가 아니라 D이다. 이 경우 D의 2차 분담금이 300억 달러이므로, D의 총 분담금은 500억 달러이다. ③은 옳은 추론이다.

⑤ B의 1, 2차 분담금은 각각 260억 달러와 150~200억 달러이므로 같을 수 없다. D의 1, 2차 분담금은 각각 200억 달러와 250~300억 달러이므로 같을 수 없다. 따라서 1차 분담금과 2차 분담금이 같은 나라는 A 또는 C이다. A의 1, 2차 분담금이 같다면, A의 2차 분담금이 300억 달러 이하이므로 A의 1차 분담금도 300억 달러 이하이고, 따라서 A의 총 분담금은 600억 달러 이하이다. C의 1, 2차 분담금이 같다면, C의 2차 분담금이 250억 달러이므로 C의 1차 분담금도 250억 달러이고, 이 경우 A의 1차 분담금은 290억 달리이다. 그런데 A의 2차 분담금이 300억 달러 이하이므로, A의 총 분담금은 590억 달러 이하이다. ⑤는 옳은 추론이다.

〈표 6〉 C의 1차 분담금과 2차 분담금이 같은 경우

(단위 : 억 달러)

	A	B	C	D	
1차	290	260	250	200	1,000
2차	A/D	B	C	D/A	
	300	150~200	250	250~300	1,000
전체	A	B	C	D	
	540~590	410~460	500	450~500	2,000

부여한 위원이 있다. ㄴ은 옳은 추론이다.

ㄷ. 병이 반대하였다면 $c=0$이고, 그런데 P가 통과되
었다면 $a+b+c+d+e=a+b+d+e≥17$이다. a와
b의 최댓값은 4이므로 $a+b≤8$이다. 따라서 $d+e$
≥9인데, d와 e는 0, 1, 3, 5만 가능하므로, 둘 다
5일 때에만 합이 9 이상이 될 수 있다. 이때 $d+e$
$=10$이므로, $a+b+d+e≥17$로부터 $a+b≥7$이다.
이것이 가능한 경우는 a와 b가 모두 4인 것밖에
없다. 따라서 $a+b+c+d+e=4+4+0+5+5=18$
이다. ㄷ은 옳은 추론이다.

〈보기〉의 ㄱ, ㄴ, ㄷ 모두 옳은 추론이므로 정답은 ⑤이다.

예제 2-11   정답 ⑤

문제 풀이

위원회에서 갑, 을, 병, 정, 무가 부여한 점수의 값을
각각 a, b, c, d, e라고 할 때, $a+b+c+d+e≥17$이면
안건이 통과되며, 안건 P에 대하여 a, b, c는 0 또는 짝
수가 가능하고 d, e는 0 또는 홀수가 가능하므로 a, b,
c는 0, 2, 4가 가능하고 d, e는 0, 1, 3, 5가 가능하다.

보기 해설

ㄱ. b와 c의 최댓값은 4이고 e의 최댓값은 5이다. 을
이 부여한 점수(b)가 정이 부여한 점수(d)보다 크
므로 d는 5가 될 수 없고, d의 최댓값은 3이다. 따
라서 $b+c+d+e≤16$이다. P가 통과되었다면 $a+$
$b+c+d+e≥17$이므로 $a≥1$이다. 그러므로 갑은
찬성하였다. ㄱ은 옳은 추론이다.

ㄴ. a, b, c는 짝수 또는 0이므로 $a+b+c$는 짝수 또는
0이다. 따라서 $a+b+c+d+e=13$이면 $d+e$는 홀
수이다. d와 e는 홀수 또는 0이므로, 둘 중 하나는
홀수이고 하나는 0이다. 그러므로 정, 무 중 한 위
원은 찬성하고(홀수 점수 부여) 한 위원은 반대하
였다(0점 부여). 한편 d, e 중 하나는 최댓값이 5
이고 하나는 0이므로 $d+e≤5$이다. 따라서 $a+b+$
$c=13-(d+e)≥8$이다. 그런데 4점을 부여한 위원
이 없으면 a, b, c의 최댓값은 2이므로 $a+b+c≤$
6이 되어 $a+b+c≥8$과 모순이다. 그러므로 4점을

예제 2-12   정답 ②

문제 풀이

첫 번째 조건으로부터, 재무팀의 갑, 을, 병이 받은
등급으로 가능한 것 중에서는 A등급 1명과 B등급 2명
이 최고임을 알 수 있다. 따라서 재무팀 직원들이 받
은 성과급의 총액은 정이 받은 500만 원을 포함하여
최대 5,500만(=2,000만+1,500만+1,500만+500만)
원임을 알 수 있다. 두 번째 조건으로부터 홍보팀의
기, 경, 신은 B등급 또는 C등급을 받았음을 알 수 있
다. 기, 경, 신이 모두 B등급을 받았다면 홍보팀 직원
들이 받은 성과급의 총액은 무가 받은 2,000만 원을
포함하여 6,500만(=2,000만+1,500만+1,500만+
1,500만) 원이고, 기, 경, 신이 모두 C등급을 받았다
면 홍보팀 직원들이 받은 성과급의 총액은 5,000만
(=2,000만+1,000만+1,000만+1,000만) 원이다. 즉
홍보팀 직원들이 받은 성과급의 총액은 최소 5,000만
원, 최대 6,500만 원이다. 따라서 세 번째 조건으로부
터, 각 팀의 성과급 총액은 최소 5,000만 원, 최대
5,500만 원임을 알 수 있는데, 각 등급에 따른 성과급
이 모두 500만 원의 배수이므로 각 팀의 성과급 총액
도 500만 원의 배수이고, 따라서 각 팀의 성과급 총액
은 5,000만 원(홍보팀이 받은 성과급 총액으로 가능

한 최솟값) 또는 5,500만 원(재무팀이 받은 성과급 총액으로 가능한 최댓값)이다.

(1) 5,500만 원인 경우 : 5,500만 원은 재무팀이 받은 성과급 총액으로 가능한 최댓값이므로, 갑, 을, 병은 2,000만 원, 1,500만 원, 1,500만 원을 받은 것이다(순서 무관). 또 5,500만 원은 홍보팀이 받은 성과급 총액으로 가능한 최솟값보다 500만 원이 많으므로, 기, 경, 신이 받은 성과급은 1,000만원, 1,000만 원, 1,000만 원보다 500만 원 많은 1,500만 원, 1,000만 원, 1,000만 원이다(순서 무관).

㉮	재무팀				홍보팀			
직원	갑	을	병	정	무	기	경	신
평가	A,	B,	B	D	A	B,	C,	C
성과급	2,000,	1,500,	1,500	500	2,000	1,500,	1,000,	1,000

(2) 5,000만 원인 경우 : 5,000만 원은 재무팀이 받은 성과급 총액으로 가능한 최댓값보다 500만 원이 적으므로, 갑, 을, 병이 받은 성과급은 2,000만 원, 1,500만 원, 1,500만 원보다 500만 원 적은 금액이다. 따라서 갑, 을, 병은 2,000만 원, 1,500만 원, 1,000만 원(순서 무관) 또는 1,500만 원, 1,500만 원, 1,500만 원을 받은 것이다. 또 5,500만 원은 홍보팀이 받은 성과급 총액으로 가능한 최솟값이므로, 기, 경, 신은 1,000만 원, 1,000만 원, 1,000만 원을 받은 것이다.

㉯	재무팀				홍보팀			
직원	갑	을	병	정	무	기	경	신
평가	A,	B,	C	D	A	C,	C,	C
성과급	2,000,	1,500,	1,000	500	2,000	1,000,	1,000,	1,000

㉰	재무팀				홍보팀			
직원	갑	을	병	정	무	기	경	신
평가	B,	B,	B	D	A	C,	C,	C
성과급	1,500,	1,500,	1,500	500	2,000	1,000,	1,000,	1,000

보기 해설

ㄱ. 홍보팀에 지급한 성과급의 총액은 5,500만 원일 수도 있다. ㄱ은 옳지 않은 추론이다.

ㄴ. 갑이 C등급을 받은 경우는 ㉯의 경우뿐이고, 이 경우에서 기, 경, 신은 C등급을 받았으므로 모두 같은 등급이다. ㄴ은 옳은 추론이다.

ㄷ. ㉰의 경우에는 B등급을 받은 사람도 3명이고 C등급을 받은 사람도 3명이다. ㄷ은 옳지 않은 추론이다.

〈보기〉의 ㄴ만이 옳은 추론이므로 정답은 ②이다.

예제 2-13   정답 ②

문제 풀이

출생률이 사망률보다 높으면 인구가 증가하고 반대로 사망률이 출생률보다 높으면 인구가 감소한다. 따라서 그림에서 A~C 구간에서는 인구가 증가하고 그 외의 구간에서는 인구가 감소한다. 인구 증가율은 B에서 최대가 되며 인구는 C에서 최대가 된다.

보기 해설

ㄱ. A는 출생률에서 사망률을 뺀 인구 증가율이 양의 값을 가지기 시작하는 점으로 인구가 증가하기 시작하는 점이다. B는 출생률과 사망률을 뺀 값이 가장 큰 점으로, 인구 증가율이 최대가 되는 점이다. 그리고 A와 C 구간 사이에는 항상 인구 증가율이 양의 값을 가지므로 인구가 증가하고 있다. C는 인구 증가율이 양의 값에서 음의 값을 가지기 시작하는 점으로 바로 이 점에서 전체 인구가 최대가 된다. 따라서 인구가 B에서 최대가 되었다는 ㄱ은 옳지 않은 추론이다.

ㄴ. A~C 구간에서는 출생률이 사망률보다 높으므로 인구는 계속 증가한다. 따라서 옳은 추론이다.

ㄷ. A~C 구간에서는 1인당 실질 소득과 인구가 모두 증가한다. 따라서 인구와 1인당 실질 소득의 곱인 전체 실질 소득도 반드시 증가한다. 그러나 그 외의 구간에서는 1인당 실질 소득은 증가하지만 인구는 감소하므로 전체 실질 소득의 변화 방향을 확실히

알 수 없다. 따라서 ㄷ은 옳지 않은 추론이다. 〈보기〉의 ㄴ만이 옳은 추론이므로 정답은 ②이다.

예제 2-14
정답 ⑤

문제 풀이

주민 효용 극대화를 추구할 경우, 기존 예산 수준에 관계없이 주민 효용을 가장 크게 하는 x^*가 다음 해 예산으로 결정되도록 할 것이다. 반면 예산 극대화를 추구할 경우, 기존 예산 수준에 따라 전략적 예산안 제출이 가능한 점을 이해해야 한다.

보기 해설

ㄱ. 기존 예산이 x_1이면 주민에게 보다 높은 효용을 주는 x^*가 신규 예산안으로 제출되는 경우 주민 투표에서 만장일치로 가결될 것이다. 그리고 x^* 보다 높은 효용을 주는 예산안은 없다. 그러므로 갑이 주민 효용 극대화를 추구하고 기존 예산이 x_1이면, 갑은 신규 예산안 x^*를 제출하여 주민 투표를 통해 확정 예산이 되는 것을 꾀할 것이고, 신규 예산안 x^*는 실제로 주민 투표에서 통과되어 확정 예산이 될 것이다. ㄱ은 옳은 추론이다.

ㄴ. 기존 예산이 x^*보다 크다면, 제출되는 신규 예산안은 다음 경우로 나누어 볼 수 있다.

(1) 신규 예산안이 기존 예산보다 작으면서, 기존 예산보다 더 낮은 효용을 주는 경우
  이 경우 신규 예산안은 주민 투표에서 부결되고 기존 예산이 확정 예산이 된다.

(2) 신규 예산안이 기존 예산보다 작으면서, 기존 예산보다 더 낮지 않은 효용을 주는 경우
  이 경우 신규 예산안은 주민 투표에서 통과되고 확정 예산이 된다.

(3) 신규 예산 수준이 기존 예산 수준과 같은 경우 주민 투표 없이 신규 예산안이 확정 예산이 된다.

(4) 신규 예산안이 기존 예산보다 큰 경우

그래프에서 예산이 x^*보다 큰 구간에서는 예산이 커질수록 주민의 효용이 낮아진다. 기존 예산이 x^*보다 크고 신규 예산안은 기존 예산보다 더 크므로, 신규 예산안은 기존 예산보다 낮은 효용을 준다. 따라서 신규 예산안은 주민 투표에서 부결되고 기존 예산이 확정 예산이 될 것이다.

(2)의 경우에서만 기존 예산보다 작은 신규 예산안이 확정 예산이 되며, 나머지 (1), (3), (4)의 경우에서는 기존 예산이 확정 예산이 되거나 기존 예산 수준과 같은 신규 예산안이 확정 예산이 된다. 따라서 갑이 예산 극대화를 추구하고 기존 예산이 x^*보다 크다면, 갑은 (2)에 해당하는 신규 예산안이 아니라, (1), (3), (4)에 해당하는 신규 예산안을 제출할 것이다. 즉, 기존 예산보다 작고 주민에게 더 낮은 효용을 주는 신규 예산안이 제출되어 주민 투표에서 부결되거나, 기존 예산 수준과 같은 신규 예산안이 제출되어 그대로 확정되거나, 기존 예산보다 큰 신규 예산안이 제출되어 주민 투표에서 부결될 것이다. 이로부터 신규 예산안이 주민 투표에 부쳐지는 경우에는 항상 부결된다는 것을 알 수 있다. ㄴ은 옳은 추론이다.

ㄷ. (1) 갑이 주민 효용 극대화를 추구한다면, 기존 예산의 수준과 관계없이 갑은 언제나 x^*를 신규 예산안으로 제출할 것이고 이것이 확정 예산이 된다.

(2) 갑이 예산 극대화를 추구하고 기존 예산이 x^*보다 작다면, 그래프에서 예산이 x^*보다 큰 구간에 기존 예산과 동일한 효용을 주민에게 주는 예산 수준이 존재하므로 갑은 그 수준의 신규 예산안을 제출할 것이고, 그 신규 예산안은 주민투표를 통과하여 확정 예산이 될 것이다. 이 경우 확정 예산은 x^*보다 크다. 만약 갑이 예산 극대화를 추구하고 기존 예산이 x^*보다 크다면, ㄴ의 해설에서 알 수 있듯이, 기존 예산이 확정 예산이 되거나 기존 예산 수준과 같은 신규 예산안이 확정 예산이 될 것이다. 이

때 기존 예산이 x^*보다 크므로 확정 예산도 x^*보다 크다. 그러므로 기존 예산이 x^*가 아닌 경우, 즉 x^*보다 작거나 x^*보다 큰 경우, 갑이 예산 극대화를 추구한다면 확정 예산은 항상 x^*보다 크다.

(1)과 (2)에 의해, 기존 예산이 x^*가 아니라면, 갑이 주민 효용 극대화를 추구할 때의 확정 예산은 x^*이고 갑이 예산 극대화를 추구할 때의 확정 예산은 항상 x^*보다 크므로, 확정 예산은 갑이 주민 효용 극대화를 추구할 때가 예산 극대화를 추구할 때보다 항상 작다. ㄷ은 옳은 추론이다.

〈보기〉의 ㄱ, ㄴ, ㄷ 모두 옳은 추론이므로 정답은 ⑤이다.

예제 3-1
정답 ⑤

문제 풀이

제시문은 미래에 관한 주장이 과거에 관한 주장으로부터 추리된다는 주장은 논점 선취의 오류를 범한다는 점을 밝히고 있다.

보기 해설

ㄱ. 세 번째 단락에서 ⓒ을 기본 전제로 가정해야 과거 경험에 근거해서 미래에 관한 결론이 필연적으로 따라나온다고 말하고 있다. 따라서 ㄱ은 옳은 진술이다.

ㄴ. 세 번째 단락에서 글쓴이는 ⓒ이 거짓일 가능성을 논의하며, 그 경우 "아무런 추리도 할 수 없게 되거나 아무런 결론도 내릴 수 없게 될 것"이라 말하고 있다. 따라서 ㄴ은 옳은 진술이다.

ㄷ. 세 번째 단락 끝 부분에서 글쓴이는 "경험을 근거로 하는 어떠한 논증도 미래가 과거와 똑같을 것이라는 점을 증명할 수는 없다."고 말하고 있다. 따라서 ㄷ은 옳은 진술이다.

〈보기〉의 ㄱ, ㄴ, ㄷ 모두 옳은 진술이므로 정답은 ⑤이다.

예제 3-2
정답 ③

문제 풀이

필자는 일상 언어에서 사용되는 연결사 "또는"이 두 가지 의미, 즉 포괄적 의미와 배타적 의미를 가지는 애매한 용어라는 입장을 비판하고, 문자적 의미와 함의 구분을 통해서, "또는"이 언제나 포괄적 의미만을 문자적으로 표현하며, 배타적 의미는 특정 맥락에서의 함의를 통해 전달되는 것이라고 주장한다.

문장 (3)을 통해, 전달된 내용이 문자적 의미에 속하는지, 함의에 속하는지를 구분할 수 있는 한 가지 테스트가 소개되는데, 이에 따르면 전달된 내용이 함의인 경우, 전달된 내용의 부정을 표현하는 문장을 원래 문장 뒤에 나열해도 두 문장 사이에서는 논리적 모순이 발생하지 않는다. (달리 말하면, 모순이 발생할 경우 전달된 내용이 함의일 수는 없다.)

따라서 (2)의 사용을 통해 전달된 내용 〈커피와 녹차를 모두 드릴 수는 없다〉 역시, 그 부정을 표현하는 문장을 원래 문장 뒤에 나열해도 모순이 발생하지 않기 때문에 함의로서 전달된 것이라 결론 내릴 수 있다.

보기 해설

ㄱ. ⊙은 두 문장 "철수는 노트북 또는 핸드폰을 가지고 있다."와 "후식으로 커피 또는 녹차를 드립니다."를 구성하는 개별 문장들 "철수는 노트북을 가지고 있다.", "철수는 핸드폰을 가지고 있다.", "후식으로 커피를 드린다.", "후식으로 녹차를 드린다."가 모두 참인 경우를 고려하고 있으며, 이때 원래의 두 문장의 진리치가 다르다는 것을 근거로 '또는'의 의미가 다르다고 주장하고 있다. 이러한 주장은 "p, q, r, s가 모두 참인 문장일 때, 문장 'p 또는 q'는 참이지만 문장 'r 또는 s'는 거짓

이라면, 전자와 후자의 문장에서 사용된 '또는'이 다른 의미를 나타낸다."를 전제하고 있는 것으로 볼 수 있다. 어떤 주장이 있을 때, 그 주장이 전제하는 것은 그 주장과 상충할 수 없으므로, ㄱ은 옳은 분석이다.

ㄴ. ㉡에 대한 필자의 설명에 따르면, 전달된 내용이 함의에 속하는 경우, 함의된 내용의 부정을 표현하는 문장을, 실제 사용된 문장 뒤에 나열해도 어떤 논리적 모순도 발생하지 않는다. 하지만 〈철수는 빵을 먹었다〉라는 내용의 부정을 표현하는 문장 "철수는 빵을 먹지 않았다."를 원래의 문장 뒤에 붙인 "철수는 밥과 빵을 먹었다. 철수는 빵을 먹지 않았다."에서는 모순이 발생하고, 따라서 〈철수는 빵을 먹었다〉는 함의로서 전달될 수는 없다. ㄴ은 옳은 분석이다.

ㄷ. ㉢은, "또는"의 문자적 의미는 포괄적 의미일 뿐, 배타적 의미는 함의로서 전달되는 것이라고 하고 있으므로, 배타적 의미에 속하는 〈후식으로 커피와 녹차 모두를 드릴 수는 없다〉가 함의로 전달될 수는 있어도, 포괄적 의미에 속하는 〈후식으로 커피와 녹차 모두를 드릴 수 있다〉가 문자적 의미가 아니라 함의로 전달된다고 추론할 수는 없다. ㄷ은 옳지 않은 분석이다.

〈보기〉의 ㄱ, ㄴ만이 옳은 분석이므로 정답은 ③이다.

예제 3-3 정답 ⑤

문제 풀이

사회과학의 고전적 실험연구에서 사전조사를 하게 되면 피험자들이 실험자극에 대해 민감해질 수 있고 이로 인해 실험결과에도 영향을 줄 수 있다. 따라서 이렇게 얻어진 실험결과는 현실 세계로 일반화시키기 곤란하다. 이러한 문제를 해결하기 위해서는 사전조사를 하지 않는 추가 실험을 해야 한다. 〈실험설계〉의 실험집단인 집단1과 집단3에서는 실험자극의 영향

이 나타나 편견 정도가 낮아지고 반면에 통제집단인 집단2와 집단4에서는 편견 정도의 변화가 없다고 하는 결과가 관찰된다면, 영화 관람이 흑인에 대한 부정적 편견 정도를 줄였다는 것을 입증할 수 있다. 단서로 모든 피험자들이 무작위로 선정되었다는 점을 제시하였으므로, 집단 간 비교가 가능하다.

정답 해설

실험자극을 주지 않은 집단4의 사후조사 편견 정도가 실험자극을 준 집단1의 사후조사 편견 정도보다 낮게 나타났다면 실험자극의 효과가 발견되지 않은 것이다. ⑤는 ㉠을 입증할 수 없다.

오답 해설

① 집단1에서 실험자극을 준 후의 사후조사 편견 정도가 실험자극을 주기 전 사전조사 편견 정도보다 낮게 나타났다면 실험자극의 효과가 발견된 것이다. ①은 ㉠을 입증할 수 있다.

② 실험자극을 준 집단1의 사후조사 편견 정도가 실험자극을 주지 않은 집단2의 사후조사 편견 정도보다 낮게 나타났다면 실험자극의 효과가 발견된 것이다. ②는 ㉠을 입증할 수 있다.

③ 실험자극을 준 집단3의 사후조사 편견 정도가 실험자극을 주지 않은 집단2의 사전조사 편견 정도보다 낮게 나타났다면 실험자극의 효과가 발견된 것이다. ③은 ㉠을 입증할 수 있다.

④ 실험자극을 준 집단3의 사후조사 편견 정도가 실험자극을 주지 않은 집단4의 사후조사 편견 정도보다 낮게 나타났다면 실험자극의 효과가 발견된 것이다. ④는 ㉠을 입증할 수 있다.

예제 3-4

문제 풀이

본문에서 글쓴이는 '동물들도 다른 동물을 먹기 때문에 인간도 다른 동물을 먹어도 된다.'는 주장에 근거하는 논변을 반박하고 있다. 글쓴이의 논증은 크게 두 부분으로 구성된다.

첫 번째 부분에서는 인간과 동물의 차이에 근거해서 '동물들은 다른 동물을 먹는다.'는 것으로부터 '인간도 다른 동물들을 먹어도 된다.'고 추론할 수 없음을 보이고 있다. 글쓴이는 동물은 이성적 반성 능력이 없기 때문에, 동물은 자신의 식사 방법에 대한 책임을 질 필요가 없지만, 인간은 동물이 갖지 못한 이성적 반성 능력을 갖고 있기 때문에 자신의 식사 방식에 대해 책임져야 한다고 주장한다.

두 번째 부분에서 글쓴이는 인간의 육식에 대한 조금 다른 정당화로서, '동물이 다른 동물을 먹는 행위는 자연 과정의 일부이고, 인간의 육식 역시 그런 행위에 해당하므로, 인간의 육식은 자연과정의 일부로서 정당하다.'는 논변을 비판하고 있다. 첫째로 그는 오늘날 인간의 육식은 자연 과정의 일부가 아니라, 자연적 필요를 벗어난 행위라는 점을 지적한다. 둘째로 그는 어떤 종류의 행위가 자연 과정의 일부라고 해서 그런 행위를 수정하거나 금지하는 일이 부당한 것은 아님을 보인다.

정답 해설

저자는 두 번째 단락 마지막 두 문장에서 우리가 자연법칙을 알 필요가 있지만 그로부터 자연적인 방식이 개선될 수 없음이 따라 나오지는 않는다고 말하고 있을 뿐이다. 이러한 주장을 이끌어 내기 위해 "자연적인 방식이 개선되면 기존의 자연법칙은 더 이상 유효하지 않다."를 암묵적으로 전제하지는 않는다. 저자는 예컨대 가임 여성이 매년 혹은 2년마다 아기를 낳는 것과 같은 자연적인 방식이 개선될 경우 기존의 자연법칙이 유효한지 그렇지 않은지에 대해 어떤 언급도 하지 않고 있다.

오답 해설

① 저자는 첫 번째 단락에서 "동물은 여러 대안을 고려할 능력이나 식사의 윤리성을 반성할 능력이 없다. 그러므로 동물에게 그들이 하는 일에 대한 책임을 지우거나, 그들이 다른 동물을 죽인다고 해서 죽임을 당해도 괜찮다고 판정하는 것은 타당하지 않다."라고 말하고 있다. 여기서 저자는 "반성 능력이 없는 존재에게는 책임을 물을 수 없다."를 암묵적으로 전제하고 있다.

② 저자는 첫 번째 단락에서 "먹기 위해 다른 동물을 죽이지 않으면 살아남을 수 없는 많은 동물들과 달리, 사람은 생존을 위해 반드시 고기를 먹을 필요가 없다."라고 말하고 있고, 바로 이어서 위 ①에서 말한 내용을 말하고 있다. 다시 말해서 동물은 다른 동물을 먹지 않으면 살아남을 수 없으므로, 먹지 말라는 것을 의무로 부과할 수 없지만, 인간은 다른 동물을 먹지 않아도 살아남을 수 있으므로 동물을 먹지 말라는 것을 의무로 부과할 수 있다는 것을 전제한다. 따라서 ②는 이 글의 저자가 암묵적으로 전제하는 것이다.

③ 저자는 첫 번째 단락에서 "나아가 동물은 여러 대안을 고려할 능력이나 식사의 윤리성을 반성할 능력이 없다. … 반면에 인간은 자신들의 식사습관을 정당화하는 일이 가능한지를 고려하지 않으면 안 된다."라고 말하고 있다. 다시 말해서 동물은 어떤 행위(고기를 먹는 것)의 대안을 고려할 수 있는 존재가 아니지만 인간은 그럴 수 있는 존재이므로, 윤리적 대안(고기를 먹지 않는 것)이 있는데도 그 행위(고기를 먹는 것)를 하는 것을 정당화해야 한다는 말이다. 따라서 ③은 이 글의 저자가 암묵적으로 전제하는 것이다.

④ 저자는 두 번째 단락에서 "인간이 동물을 먹는 것이 자연적인 진화 과정의 한 부분이라는 주장은 더 이상 설득력이 없다. 이는 … 오늘날처럼 공장식 농장에서 가축을 대규모로 길러내는 것에 대해서는 참일 수 없다."라고 말하고 있다. 저자는 여기서 공장식 농장의 대규모 사육은 자연스러운 진화의 과

정이 아니라는 것을 암묵적으로 전제하고 있다.

이 주장하는 그런 성격 특성이 존재하지 않음을 실험 결과가 보여 준다고 논증한다.

〈보기〉의 ㄱ, ㄷ만이 옳은 진술이므로 정답은 ③이다.

예제 3-5
정답 ③

문제 풀이

행위의 올바름 및 성격 특성에 관한 덕 윤리학자들의 기본 주장이 소개된 후 이와 유관해 보이는 사회심리학적 실험 결과가 제시되고 있고, 이를 근거로 덕 윤리학을 비판하는 상황주의자들의 논증이 제시되고 있다. 상황주의자들은 덕 윤리학에서 덕이란 안정적이고 일관적인 성격 특성으로 가정되지만, 심리학적 실험들은 사람들의 행동이 성격이 아니라 상황에 의해 크게 좌우된다는 점을 지적함으로써, 덕 윤리학에서 가정하는 성격 특성은 존재하지 않으며, 따라서 덕 윤리학에는 심각한 문제가 있음을 주장하고 있다.

보기 해설

ㄱ. 〈비판〉에 의하면, 덕 윤리학에 문제가 있는 이유는 그 이론에서 가정하는 성격 특성이라는 것이 실제로 존재하지 않는다고 믿을 이유가 있기 때문이다. 이러한 비판은 '어떤 이론이 가정하고 있는 중심 요소가 실제로 존재하지 않는 것으로 판명된다면 그 이론에는 심각한 문제가 있다.'와 같은 일반적인 원리를 암묵적으로 가정하고 있다.

ㄴ. "우리의 행동 성향이 일시적이고 상황에 크게 좌우된다면 우리는 좋은 삶을 영위할 수 없다."와 같은 주장은 덕 윤리학자들이 할 법한 주장일 뿐, 〈비판〉이 가정 혹은 전제하고 있는 바가 아니다. 덕 윤리학을 비판하는 입장에서는 "우리의 행동 성향이 일시적이고 상황에 크게 좌우되더라도 우리는 좋은 삶을 영위할 수 있다."고 주장할 수도 있을 것이다.

ㄷ. 〈비판〉은 덕 윤리학이 주장하는 친절함의 덕을 지닌 사람이라면 여러 상황하에서 일관되게 친절한 행동을 보여 줄 것이라 전제하면서, 덕 윤리학

예제 3-6
정답 ④

문제 풀이

제시문에서 살아있을 때 생체의 작용 혹은 반응으로만 나타날 수 있는 현상들은 폐 기관지의 매 부착, 혈중 일산화탄소-헤모글로빈 농도의 증가, 발적과 종창을 동반한 1도 화상 등의 화상임을 알 수 있다.

또한 근육 단백질이 고열에 의해 변성되고 그 결과 근육의 변형과 위축이 발생하는 것은 굳이 생존 중에 고열이 가해지지 않아도 발생할 수 있는 현상임을 알 수 있다.

보기 해설

ㄱ. 제시문의 내용상 불에 탄 시체의 관절이 굽어 있는 것은 근육이 고열에 의해 변성·위축되었기 때문이다. 이는 사망 후 고열에 노출되어도 동일한 결과가 나타난다. 따라서 ㄱ은 ㉠에 대한 근거로 적절하지 않다.

ㄴ. 화상에서 빨간 발적과 종창이 나타나는 것은 화염이나 고열에 의한 손상에 살아있는 인체가 반응하여 환부로의 혈액공급의 증가 등의 생체반응에 의한 것이다. 죽은 뒤에 고열이나 화염에 노출된 경우에는 나타나지 않는다. 따라서 ㄴ은 ㉠에 대한 근거로 적절하다.

ㄷ. 일산화탄소와 결합한 헤모글로빈은 호흡에 의해 일산화탄소가 흡입되어 혈류로 유입되어야만 증가된다. 사후에 불에 탄 경우에는 일산화탄소와 결합한 헤모글로빈의 증가를 볼 수 없다. 따라서 ㄷ은 ㉠에 대한 근거로 적절하다.

〈보기〉의 ㄴ, ㄷ만이 ㉠에 대한 근거로 적절하므로, 정답은 ④이다.

예제 3-7

정답 ④

문제 풀이

주어진 논증을 간단히 요약하자면 이렇다. 인간 이성의 본성으로부터 윤리 규범이나 가치의 필연성을 도출해 낼 수는 없다. 왜냐하면 (근거1) 규범과 가치는 사회적, 역사적 우연성을 반영하며, (근거2) 어떠한 윤리 규범도 우리가 이성적 존재라는 사실에서만 비롯한 것일 수 없으며, 모든 가치는 우리의 평가적 관점에 의존하기 때문이다. (근거 1)과 (근거 2)는 각각 추가적 근거에 의해 뒷받침되며, 보다 도식적으로 나타내자면 논증은 다음의 구조를 갖는다. (아래에서 예컨대 (근거1-1)은 (근거1)을 지지하고, (근거2-2-1)은 (근거2-2)를 지지한다는 것을 표현하고 있다)

(결론) 인간 이성의 본성으로부터 윤리 규범이나 가치의 필연성을 도출해 낼 수는 없다.(㉠)

(근거1) : 규범이나 가치는 사회적, 역사적 우연성을 반영한다.(㉡)

(근거1-1) : 우리가 지금과 다른 사회·문화적 조건에 처해 있었더라면, 우리는 지금과 다른 실천적 문제에 직면했을 것이고 다른 규범 및 가치 체계를 지녔을 것이다.(㉢)

(근거2) : 어떠한 윤리 규범도 우리가 이성적 존재라는 사실에서만 비롯한 것일 수 없으며, 모든 가치는 우리의 평가적 관점에 의존한다.(㉣)

(근거2-1) : 윤리 규범은 인간 이성의 본성으로부터 도출해 낼 수 있는 '이성의 사실'이 아니다.(㉤)

(근거2-1-1) : 우리가 이성의 법칙으로부터 순수 논리학과 수학의 법칙을 이끌어 낼 수 있을지 모르지만, 우리가 참으로 여기는 도덕 법칙을 마찬가지로 연역해 낼 수 있는 것은 아니다.(㉥)

(근거2-2) : 가치의 원천은 특정 행위자의 평가적 태도에서 찾아야 한다.(㉦)

(근거2-2-1) : 어떤 것을 가치 있게 만드는 것은 결국 우리가 그것을 가치 있는 것으로 여긴다는 데에 있다.(㉧)

정답 해설

앞에서 설명한 논증 분석을 모두 충족하는 논증 구조도는 ④이다.

예제 3-8

정답 ①

문제 풀이

이 문항은 서양인보다 한국인이 더 강하게 로봇을 생명체처럼 여기는 현상을 다룬다. 제시문에 따르면, 서양인보다 한국인이 더 강하게 로봇을 마치 살아있는 생명체처럼 여기는 이유는 다음과 같다. 한국인은 묵가와 유가 전통을 선택압으로 갖는 문화선택을 겪었다. 그러한 전통 아래에서 사람들은 인간과 로봇 사이에 모종의 관계가 성립했을 때 자연스럽게 로봇을 마치 사람처럼 대하게 된다.

이 문항을 풀 때 주의할 점은 제시문의 주요 논증이 두 개의 하위 논증으로 구성되어 있음을 아는 것이다. 첫 번째 하위 논증은 로봇을 마치 사람처럼 대하는 것에는 서양인과 한국인 사이에 차이가 존재한다는 논증이다. 다른 하나는 한국인에게서 특징적으로 나타나는 이와 같은 현상을 동양철학 이론으로 설명하는 하위 논증이다.

또 한 가지 주의할 점은 묵가와 유가에 관한 문장들 ㉤, ㉥, ㉦, ㉧의 관계를 파악하는 것이다. ㉧은 문화선택에 관한 주장이지만, ㉦은 ㉤, ㉥을 전제로 갖는 주장에 해당한다. 좀 더 구체적으로 말하자면, ㉧은 한국 문화와 한국인의 사회적 측면에 묵가와 유가 전통이 녹아 들어가 있다는 명제이고 ㉦은 묵가와 유가 이론에 관한 명제이다. ㉧과 ㉦은 서로 독립적인데, 그 이유는 ㉧이 거짓이더라도 ㉦은 참일 수 있으며 그 역도 성립하기 때문이다.

㉠은 제시문 전체를 관통하는 주요 주장에 해당한다. 이 주장에 대한 직접적인 근거는 ㉣, ㉂, ㉃이다. ㉣과 ㉂은 각자의 하위 논증을 갖는다. ㉣에 대한 근거로 서양인보다 한국인이 강하게 아이보에게 감정을 느낀다는 ㉡, 그리고 서양인보다 한국인이 강하게 아이보를 도덕 판단의 대상으로 여긴다는 ㉢이 주어졌다. ㉂은 ㉤과 ㉥으로부터 도출된다. ㉃은 별도의 근거를 갖지 않는다.

② ㉃은 특정 연구 결과에 관한 명제로 제시문 전체를 관통하는 주요 주장이 아니다.
③ 앞에서 설명한 것처럼, ㉃과 ㉂은 서로 독립적이므로 ㉂으로부터 ㉃이 도출될 수 없다.
④ ㉃은 특정 연구 결과에 관한 명제로 제시문 전체를 관통하는 주요 주장이 아니다.
⑤ ㉃은 ㉡~㉂ 중 그 어떤 명제로부터도 도출될 수 없다.

예제 3-9　　　　　　　　정답 ③

제시문은 자연권과 자연법에 대한 기본적인 주장을 근거로 모든 사물에 대한 자연적 권리를 스스로 포기해야 한다는 최종 주장을 엄밀한 논증을 통해 이끌어 내는 글이다. 이 논증의 전체적인 구조는 다음과 같다.

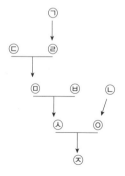

ㅁ은 자연 상태에서 모든 사람은 모든 것에 대해, 심지어는 상대의 신체에 대한 권리까지 갖게 된다는 진술이고, ㅂ은 ㅁ에서 이야기된 내용 중 상대의 신체에 대한 권리가 어떤 권리를 포함하고 있는지 알려 주고 있는 별도의 진술이다. 따라서 ㅁ이 ㅂ의 근거로 제시된다는 ③의 진술은 잘못된 분석이다. 위의 구조도에서 보듯이 ㅁ과 ㅂ이 ㅅ의 근거로 제시된다고 해야 옳은 진술이다.

① ㄹ은 ㄱ에서 일반적으로 진술된 자연권의 내용이 자연 상태에서는 어떤 것인지 재진술한 것이므로, ㄱ은 ㄹ의 근거로 제시되고 있다.
② 자연 상태는 전쟁 상태이며(ㄷ), 전쟁 상태에서는 어떤 것이든 사용할 권리가 있다는 주장(ㄹ)으로부터, 자연 상태에서는 모든 것에 대한 권리를 갖는다(ㅁ)는 결론을 이끌어 내고 있으므로 ㄷ과 ㄹ이 ㅁ의 근거로 제시되고 있다.
④ 자연법의 명령(ㄴ)으로부터 ㅇ이 도출된다고 제시문(ㅇ이 포함된 문장)에 명시되어 있으므로 ㄴ은 ㅇ의 근거로 제시되고 있다.
⑤ 안전을 위해서는 어떤 방안이든 찾으려 노력하지 않으면 안 되는데(ㅇ), 모든 것에 대한 자연적 권리가 유지되면 인간은 누구도 안전할 수 없으므로(ㅅ), 모든 것에 대한 자연적 권리가 제한되어야 한다(ㅈ)는 형태의 논증 구조를 이루고 있으므로, ㅅ과 ㅇ으로부터 ㅈ이 도출된다는 진술은 옳다.

예제 4-1

문제 풀이

이동통신 서비스 사업자들의 경쟁 수단인 보조금과 요금의 상호 관계를 보조금상한제의 유지 또는 폐지를 지지하는 입장에서 달리 바라보는 다양한 견해가 소개되고 있다.

甲은 보조금상한제가 폐지되면 자유롭게 보조금 지급 경쟁이 일어날 것이고 높은 보조금은 가입자들이 통신 사업자를 쉽게 전환하도록 만들 것이라고 본다. 이런 전환 과정에서 요금에 대한 소비자의 반응도 더 민감해질 것이고, 따라서 사업자들도 요금 경쟁을 활발히 할 것이라는 주장이다.

乙은 보조금상한제를 통해 보조금 경쟁을 제한하면 요금 경쟁이 활성화되어 요금이 낮아질 것이라는 주장이다.

丙은 높은 보조금을 지급하면 이는 기업의 전반적인 비용 상승 요인이 될 것이며 이를 보존하기 위해 요금은 높아질 것이라는 주장이다.

보기 해설

ㄱ. 甲의 주장에 의하면 보조금상한제의 시행은 보조금 경쟁을 약화시킬 것이고 이 경우 소비자들은 통신 사업자를 전환할 유인이 낮아진다. 따라서 보조금상한제 시행 후 전환 비율이 증가했다는 사실은 甲의 주장을 약화한다. 따라서 ㄱ은 옳은 분석이 아니다.

ㄴ. 乙은 요금 경쟁이 심화되어 요금을 낮아지게 만들기 위해서는 보조금 경쟁을 제한해야 한다는 입장이다. 보조금상한을 낮추면 기업 간 보조금 경쟁은 제한될 것이므로 요금은 낮아질 것이다. 따라서 ㄴ은 옳은 분석이다.

ㄷ. 甲은 보조금 제한이 없어서 보조금이 높아진다면 요금에 대한 소비자의 반응도 더 민감해져 사업자 간 요금 경쟁이 더욱 활발해질 것이라고 주장한다. 따라서 甲은 요금 인하 효과의 측면에서 보조금상한제를 반대할 것이다. 丙은 사업자가 높은

보조금을 지급하게 되면 이 비용을 보존하기 위해 요금은 높아질 것이라고 주장한다. 따라서 요금 인하 효과의 측면에서 丙은 보조금상한제를 찬성할 것이다. 따라서 ㄷ은 옳은 분석이다.

〈보기〉의 ㄴ, ㄷ만이 옳은 분석이므로 정답은 ④이다.

예제 4-2

문제 풀이

이 문제는 과거의 잘못된 행위에 대해 후속 세대에게 배상을 해야 한다는 것과 배상에 대한 반사실 조건문 원리를 동시에 주장하는 것이 어렵다는 점을 소재로 하여 출제된 문제이다. 각 주장의 핵심은 다음과 같다.

갑 : 배상은 다음과 같은 원리에 따라 이루어진다. 행위 X가 없었더라면 S가 누리게 되었을 삶의 수준이 되도록 혜택을 제공한다. 이 원리에 따라 B에게 배상이 이루어져야 한다.

을 : 갑의 논리의 문제점을 지적한다. K섬의 무단 점유가 없었더라면 B는 존재하지 않았을 것이므로, 그 섬의 무단 점유가 없었더라면 B가 누렸을 삶의 수준이 어느 정도인지의 질문에 대해 애초에 어떤 답도 없다.

병 : B가 배상받아야 할 행위는 'K섬의 무단 점유'가 아니라 B가 태어난 후 발생한 'K섬의 무단 점유에 대해 A에게 배상하지 않음'이다. 즉 K섬의 무단 점유에 대해 A에게 배상했더라면 B는 더 잘 살았을 것이므로, 이 수준이 되도록 B에게 배상이 이루어져야 한다.

보기 해설

ㄱ. 갑은 피해자의 삶의 수준을 악화시킨 경우에만 배상이 있어야 한다고 주장한다. 만약 80년 전 K섬의 무단 점유가 없었더라면 B가 누렸을 삶의 수준이 실제보다 더 낮았을 것이라고 인정한다면, 무단 점유가 B의 삶의 수준을 악화시킨 경우가 아니

라 향상시킨 경우이다. 따라서 갑에 따르면 B에게 배상을 할 필요가 없다. ㄱ은 옳은 분석이다.

ㄴ. 을이 주장하고 있는 것은 ①의 원리가 B에게 배상이 이루어져야 할 근거가 될 수 없다는 것이다. ①의 원리를 따를 때, 무단 점유가 발생하지 않았을 경우 B의 삶의 수준을 묻는 것이 무의미하기 때문이다. 을이 ①을 받아들인다면, 그는 80년 전 K섬의 무단 점유에 대해 B에게 배상이 이루어져야 한다는 것에 동의하지 않을 것이다. ㄴ은 옳지 않은 분석이다.

ㄷ. 병은 B가 배상받아야 할 잘못된 행위는 80년 전에 발생한 'K섬의 무단 점유'가 아니라 B가 태어난 후 발생한 'K섬의 무단 점유에 대해 배상하지 않음'이라는 사건이라고 주장하고, 이에 근거해서 B에게 배상이 이루어져야 한다고 주장한다. ①의 주장에 근거해서 이런 주장을 하고 있기 때문에 병은 ①에 동의하고 있다고 볼 수 있고, 갑과 배상의 원인이 되는 잘못을 다르게 판단하지만, B에게 배상이 이루어져야 한다고 보는 점에서는 갑과 의견을 같이한다. "①의 원리에 동의하지 않지만" 부분이 틀렸기 때문에, ㄷ은 옳지 않은 분석이다.

〈보기〉의 ㄱ만이 옳은 분석이므로 정답은 ①이다.

예제 4-3
정답 ⑤

문제 풀이

제시문의 내용을 정리하면 다음과 같다.

• 을1의 이론 : 대상 X가 생각 C를 인과적으로 야기하고 그리고 X가 있을 때만 C가 인과적으로 야기된다면, 생각 C는 대상 X에 관한 것이다.

• 갑2의 반론 : 을의 이론을 받아들이면, 병의 개-생각은 개가 아닌 d-양식에 관한 것이라는 결론에 도달한다.

• 을2의 재반론 : 개에서 d-양식까지 이어지는 인과관계의 연쇄를 역추적하면 그 마지막에는 항상 개가

있다. 즉 "개가 개-생각을 인과적으로 야기하고 그리고 개가 있을 때만 개-생각이 인과적으로 야기된다."가 성립한다. 따라서 자신의 이론 하에서 병의 개-생각이 개에 관한 것이라는 결론은 유지된다.

• 갑3의 반론 : 을의 이론을 받아들이면, 병의 개-생각은 개가 아닌 개-또는-양이라는 선언적(disjunctive) 대상에 관한 것이라는 결론에 도달한다.

[보기 해설]

ㄱ. 병의 망막 위의 특정한 활성화까지 이어지는 인과적 경로의 출발점이 개 전체가 아니라 개의 일부라고 하더라도, "d-양식이라는 대상에 의해 그리고 오직 그 대상이 있을 때만 병의 개-생각이 인과적으로 야기된다"는 갑2의 주장은 여전히 성립한다. 따라서 을의 이론을 받아들이면, 병의 개-생각은 개가 아닌 d-양식에 관한 것이라는 갑2의 결론은 똑같이 도출된다. ㄱ은 옳은 분석이다.

ㄴ. 을2는 "그 d-양식을 인과적으로 야기한 대상의 인과관계를 계속 거슬러 올라가면 마지막에는 항상 개가 있다"로부터 "병의 개-생각은 여전히 개에 관한 것임에는 변함이 없다"고 결론을 내린다. 그런데 이 결론이 도출되기 위해서는 "개가 병의 개-생각을 인과적으로 야기한다."가 성립해야 한다. 이것이 성립하기 위해서는 대상 a, b, c에 대해서 만약 a가 b를 인과적으로 야기하고 b가 c를 인과적으로 야기한다면 a는 c를 인과적으로 야기한다는 원리를 전제해야 한다. ㄴ은 옳은 분석이다.

ㄷ. 앞에서 설명한 것처럼, 갑2와 갑3 모두, 을의 이론을 수용한다면, 병의 개-생각이 갑2에서는 개가 아닌 d-양식, 갑3에서는 개가 아닌 개-또는-양에 관한 것이라는 결론이 도출된다는 것이다. ㄷ은 옳은 분석이다.

〈보기〉의 ㄱ, ㄴ, ㄷ 모두 옳은 분석이므로 정답은 ⑤이다.

예제 4-4

문제 풀이

A, B, C는 개명을 할 수 있는 권리에 관한 세 가지 견해이다.

A는 이름을 변경할 권리는 보호되어야 하므로 과거의 범죄행위를 은폐하여 새로운 범죄행위를 할 위험이 있는 경우를 제외하고 허가해 주어야 한다는 입장이다.

B는 개명이 사회적 질서나 신뢰에 영향을 주어 혼란을 초래할 수 있기 때문에 독립된 사회생활의 주체라 할 수 없는 아동에 대해서만 제한적으로 허용해야 한다는 입장이다.

C는 개명 허가 여부를 법관의 재량에 맡겨 두면 법관 개인의 기준에 따라 결과가 달라질 소지가 있기 때문에 구체적인 기준을 마련하여 이에 따라 허용 여부를 결정하는 것이 시급하다는 입장이다.

보기 해설

ㄱ. 이름을 결정할 권리는 자기 고유의 권리로 출생 시점에는 예외적으로 부모가 대신 행사하는 것일 뿐이라고 보는 견해는 부모 등에 의해 일방적으로 결정된 이름을 변경할 권리가 자신에게 있다는 주장을 지지한다. 따라서 이 견해는 A를 지지한다. ㄱ은 옳은 평가이다.

ㄴ. 수사 과정에서 범죄자의 동일성 식별에 이름 대신 주민등록번호가 사용된다면 "개명은 개인의 자유로운 의사에 맡기면 범죄를 은폐하는 수단으로 활용될 수도 있다"는 주장이 약화된다. 따라서 이 주장을 포함하는 B가 약화된다. ㄴ은 옳은 평가이다.

ㄷ. A는 범죄에 악용될 우려가 없는 한 자유로운 의사에 의한 개명을 허용해야 한다는 것이므로, 개명을 원하는 초등학생이 개명 신청서를 법원에 제출하기만 하면 범죄에 악용될 우려가 없는 한 개명을 허용하게 하는 '초등학생 개명허가처리지침'의 시행에 찬성할 것이다. B는 개명은 독립된 사회생활의 주체라 할 수 없는 아동에 대해서만 허용해야 한다는 것이므로, '초등학생의 개명허가처리지침'에 대해 특별히 반대할 이유는 없을 것이다. 개명 허가 여부에 관한 구체적인 기준을 조속히 마련해야 한다는 C도 지침의 시행에 특별히 반대할 이유는 없을 것이다. 따라서 'A는 반대하고'라고 기술되어 있는 ㄷ은 옳은 평가가 아니다.

〈보기〉의 ㄱ, ㄴ만이 옳은 평가이므로 정답은 ③이다.

예제 4-5

문제 풀이

계약 당사자의 자율은 최대한 관철시키고 강화하여야 하므로, 원칙적으로는 국가 등이 제한할 수 없다. 어떤 경우에 예외적으로 자율을 제한할 수 있는지에 관하여 세 가지 견해가 있다. A는 자율의 행사가 오히려 자율 그 자체를 본질적으로 침해하는 정도에 이르러야만 자율의 제한이 정당화된다고 주장한다. B는 자율을 제한함으로써 당사자에게 발생하는 비용(−)의 절댓값이 당사자에게 발생하는 효용(+)의 절댓값보다 작은 경우에만 자율에 대한 제한이 정당화된다고 주장한다. C는 자율을 제한함으로써 사회 전체에 발생하는 비용(−)의 절댓값이 사회 전체에 발생하는 효용(+)의 절댓값보다 작은 경우에만 자율에 대한 제한이 정당화된다고 주장한다.

정답 해설

③ C에 따르면, 자율을 제한함으로써 당사자에게 발생하는 비용(−)의 절댓값이 당사자에게 발생하는 효용(+)의 절댓값보다 큰 경우에는 그 차액만큼 국가 등이 보상해 주어야만 자율을 제한할 수 있다. 이때 보상된 만큼 계약 당사자의 효용은 증가된 것으로 보기 때문에, 당사자에게 발생하는 비용(−)의 절댓값과 당사자에게 발생하는 효용(+)의 절댓값이 같아짐으로써 비용(−)과 효용(+)의 합

정답 및 풀이 **199**

은 0이 된다. 그러므로 C에 따라 당사자의 자율을 제한하는 경우에는 당사자의 비용(−)과 효용(+)의 합이 음(−)이 되는 경우가 없고, 반드시 양(+) 또는 0이다. ③은 옳지 않은 추론이다.

오답 해설

① A에 따르면, 당사자 일방이 의도했던 의사가 다르게 표시되어 상대방이 그 표시대로 믿은 경우에도 표시보다는 당사자 일방이 의도한 의사를 존중해야 하므로, 당사자 일방이 자신이 의도했던 의사가 ㉮임에도 실수로 ㉯로 표시하여 상대방이 ㉯로 인식한 경우에도 당사자 일방의 의사를 ㉮로 본다. ①은 옳은 추론이다.

② B에 따르면, 자율에 대한 제한이 정당하다는 것은 자율을 제한함으로써 당사자에게 발생하는 비용(−)의 절댓값이 당사자에게 발생하는 효용(+)의 절댓값보다 작다는 것을 의미한다. 이때 비용(−)과 효용(+)의 합은 양(+)이다. 따라서 당사자의 자율을 정당하게 제한함으로써 발생하는 당사자의 비용(−)과 효용(+)의 합은 항상 양(+)이 된다. ②는 옳은 추론이다.

④ A는 자율을 제한함으로써 당사자에게 발생하는 효용에 초점을 맞추지 않고, 자율 그 자체에 가치가 있기 때문에 보호되어야 한다고 주장한다. 따라서 A에 따르는 경우에는, 당사자의 자율을 제한하여 발생하는 당사자의 비용(−)과 효용(+)의 합이 양(+)이 되더라도, 자율의 행사가 오히려 자율 그 자체를 본질적으로 침해하지만 않으면 당사자의 자율을 제한할 수 없다. C에 따르면, 당사자의 자율을 제한하여 발생하는 당사자의 비용(−)과 효용(+)의 합이 양(+)이 되는 경우에도 사회 전체에 발생하는 비용(−)과 효용(+)의 합이 음(−)이 된다면 당사자의 자율을 제한할 수 없다. ④는 옳은 추론이다.

⑤ B는 사회 전체의 효용보다는 당사자의 효용에 초점을 맞춘다. 반면에 C는 당사자의 효용보다는 사회 전체의 효용에 초점을 맞춘다. X국 규제기본법은 사회 전체의 효용에 초점을 맞추고 있다는 점에서 B보다는 C에 의해서 정당화된다. ⑤는 옳은 추론이다.

예제 4-6
정답 ④

문제 풀이

갑은 형사절차에서 추구해야 할 진실은 '객관적 진실'이라고 보면서, 판사는 객관적 진실을 발견하기 위해서 사건 당사자인 피고인 및 검사와 별개로 진실발견 과정에 적극적으로 참여해야 한다는 입장이다. 을은 객관적 진실의 추구가 불가능하기 때문에 형사절차에서 추구해야 할 진실은 '절차를 통한 진실'이라고 보면서, 판사는 공정한 절차의 준수·집행과 중립적인 판단자의 역할을 수행해야 한다는 입장이다. 병은 객관적 진실의 추구에 대해서는 동의하지만, 진실발견의 주체는 어디까지나 사건 당사자이고 판사는 중립적인 판단자의 지위에서 피고인의 인권을 보호하는 역할을 수행해야 한다는 입장이다.

보기 해설

ㄱ. 범죄를 조사하기 위해 구속기간 연장의 횟수 제한을 없애자는 법률개정안에 대해서, 객관적 진실의 발견을 강조하는 갑은 찬성할 것이나, 객관적 진실의 발견이 중요하지만 인권침해를 통해서 얻어 낸 객관적 진실은 정당성을 획득할 수 없다고 주장하는 병은 반대할 것이다. ㄱ은 옳지 않은 분석이다.

ㄴ. 적법한 절차를 위반하여 수집된 증거는 예외 없이 사용을 금지하는 법원칙에 대해서, 절차를 통한 진실을 강조하고 판사의 역할은 절차의 공정하고 엄격한 해석·적용·준수여야 한다고 주장하는 을은 찬성할 것이다. 그러나 객관적 진실의 발견을 강조하는 갑은 그러한 절차 위반이 중대한 것이 아닌 한 반대할 것이다. ㄴ은 옳은 분석이다.

ㄷ. 피고인의 출석을 원칙적인 재판의 진행 요건으로

보는 법원칙에 대해서, 진실발견의 주체는 사건 당사자(피고인 및 검사)이며 판사는 중립적인 제3자여야 한다고 주장하는 을과 병은 찬성할 것이다. ㄷ은 옳은 분석이다.

〈보기〉의 ㄴ, ㄷ만이 옳은 분석이므로 정답은 ④이다.

예제 4-7 　　　　　　　　　　　정답 ③

문제 풀이

제시문은 클리포드와 제임스 사이의 고전적인 논쟁의 핵심 부분을 발췌한 글이다. 클리포드는 불충분한 증거에 근거해 믿음을 형성하는 것은 옳지 않다고 주장한다. 불충분한 증거에 근거해 믿음을 형성하게 된다면 사회가 속기 쉬운 상태가 되어 야만의 상태로 돌아갈 것이라는 근거에서다.

제임스는 '진리 추구'와 '오류 회피'가 별개의 지적인 임무임을 강조하면서, 클리포드의 주장은 후자에 초점을 두었을 경우에만 정당화될 수 있음을, 그리고 둘 사이의 선택은 정념의 문제임을 지적하고 있다.

보기 해설

ㄱ. A의 결론은 "불충분한 증거에서 어떤 것을 믿는 것은 언제나 어디서나 누구에게나 옳지 않다"는 것이다. 클리포드는, 그렇게 하지 않을 경우 사회가 '야만의상태'에 빠질 것이라고 주장함으로써 이를 정당화하고 있다. 따라서 ㄱ은 옳은 분석이다.

ㄴ. B는 "진리를 믿어라!", "오류를 피하라!"라는 두 인식적 의무가 있고, 클리포드는 후자에만 초점을 맞추었다고 주장한다. 그리고 이런 선택은 증거에 기초한 것이 아니라 정념에 기초한 것이라고 주장한다. 따라서 B에 따르면 ㉠에 대한 클리포드의 믿음은 충분한 증거에 기초하지 않았다고 볼 수 있다. 따라서 ㄴ은 옳은 분석이다.

ㄷ. B의 논증은 '충분한 증거에 기초한 믿음이 오류일 수 있다'라는 진술과 무관하다. 이 진술이 거짓이라고 하여도, 즉 충분한 증거에 기초한 믿음이 절대 오류일 수 없다고 하여도 B의 논증은 전혀 영향을 받지 않는다. B는 단지 충분한 증거에 기초해서만 믿음을 갖고자 하는 태도가 정념에 기초해 있음을 지적하는 것뿐이다. 따라서 ㄷ은 옳지 않은 분석이다.

〈보기〉의 ㄱ, ㄴ만이 옳은 분석이므로 정답은 ③이다.

예제 4-8 　　　　　　　　　　　정답 ④

문제 풀이

취향 술어 '맛있다'가 포함된 문장이, 말하는 사람에 따라 진리값이 달라지는 것처럼 보이는 직관에 대한 갑과 을의 논쟁을 이해하고 분석하는 능력을 평가하는 문항이다.

갑은 이러한 직관을 설명하기 위해서, 술어 '맛있다'를 포함하는 문장은 'x에게'라는 숨겨진 표현을 문법적으로 포함하고 있으며, 이때 변항 'x'의 값이 발화자로 채워진다고 주장한다. 이에 따르면, 각기 다른 발화자들이 "곱창은 맛있다."라는 문장을 말할 때는, 다른 진리값을 가질 수 있는 다른 명제가 표현되고, 따라서 발화자에 따라 동일한 문장에 대한 진술의 진리값이 달라질 수 있다는 직관을 설명할 수 있다.

을은, 갑의 입장이 취향 술어가 포함된 문장의 진리값에 대해서 사람들이 진정한 논쟁을 할 수 있는 이유를 설명하지 못한다고 비판한다. 을에 따르면, 진정한 논쟁이라는 것은 서로 같은 명제의 진리값에 대해서 불일치를 보이고 있다는 가정 하에서만 가능한 것인데, 갑의 입장에 따를 경우 서로 다른 발화자는 "곱창은 맛있다."라는 문장으로 같은 명제에 대해서 얘기할 수가 없으므로, 진정한 논쟁이 불가능하다. 을은 이를 해결하기 위해서, "곱창은 맛있다."와 같은 문장이 숨겨진 변항을 가지지 않고, 단순히 〈곱창은 맛있다〉라는 명제를 표현한다는 입장을 취해야 한다고 주장한다.

ㄱ. 갑은 'x'의 값이 발화자로 채워진다고 주장하고 있으므로, "곱창은 맛있다."라고 말하는 사람들의 취향이 같은 경우에도, 비록 각각의 진술의 진리 값은 같다고 할지라도, 발화자에 따라서 서로 표현하는 명제는 달라진다. 예를 들어 곱창을 맛있어 하는 철수와 민호가 "곱창은 맛있다."라고 각각 말하는 경우 이는 〈곱창은 철수에게 맛있다〉, 〈곱창은 민호에게 맛있다〉라는 다른 명제를 표현한다. 따라서 ㄱ은 옳지 않은 분석이다.

ㄴ. 갑에 따르면, 영호의 진술 "곱창은 맛있다."는 〈곱창은 영호에게 맛있다〉는 명제를 표현하므로, 영호가 곱창을 맛없어 한다면 이 진술은 참이 될 수 없다. 하지만 을에 따르면 영호의 진술 "곱창은 맛있다."는 영호가 포함되지 않은 명제인, 단지 〈곱창은 맛있다〉를 표현하므로, 이는 영호의 개인적인 취향에 상관없이 참이 될 수 있다. ㄴ은 옳은 분석이다.

ㄷ. 을은 두 사람 간에 서로 고려하고 있는 명제가 다를 경우, 진정한 논쟁이 될 수 없다고 주장하고 있으므로, 이로부터 두 사람 간의 같은 명제에 대한 견해 불일치가 진정한 논쟁의 필요조건이라 가정하고 있다는 것을 추론할 수 있다. ㄷ은 옳은 분석이다.

〈보기〉의 ㄴ, ㄷ만이 옳은 분석이므로 정답은 ④이다.

예제 4-9
정답 ④

누진 요금제는 단일 요금제와는 달리 구간별로 적용하는 요금이 상이하고 상위 구간이라고 하더라도 하위의 각 구간에 규정된 단가를 해당 구간에서 누적적으로 적용하는 방식이다. 사용량의 구간 기준을 변경하여 각 구간의 범위를 확장하는 경우, 상위 구간에 속한 가정일수록 요금 인하 혜택이 커진다. 제시문의 쿨섬머 제도를 예로 들면, 변경 전에 최하위 구간인 1구간에 속했던 가정은 이미 가장 낮은 요금제를 적용받고 있으므로 구간 범위 확장에 따른 효과가 발생하지 않지만, 변경 전 2구간에 속했던 가정은 200~300kWh 구간에 대하여 kWh당 90원(=180원−90원)이라는 단가 인하 혜택을 받게 되며(200~300kWh의 전력을 소비하는 가정에는 700원의 기본요금 인하 효과도 발생한다), 변경 전 3구간에 속했던 가정은 200~300kWh 구간에 대하여 같은 혜택을 받고 추가로 400~450kWh 구간에 대하여 kWh당 100원(=280원−180원)이라는 단가 인하 혜택을 받게 된다(400~450kWh의 전력을 소비하는 가정에는 5,700원의 기본요금 인하 효과도 발생한다).

ㄱ. A는 쿨섬머 제도를 도입하여 요금을 인하하면 여름철 전력 소비가 확대되고 이에 따라 여름철의 시간당 전력 소비가 가장 클 때에 소비되는 전력도 많아질 것이므로 전력 공급의 안정성이 낮아질 것이라고 주장한다. 그러므로 X국의 시간당 전력 소비가 여름철이 아닌 시기에 가장 크고 쿨섬머 제도 도입으로 여름철 전력 소비가 확대되어도 이것이 역전될 가능성이 없다면 A가 약화될 것이다. 그러나 X국의 시간당 전력 소비가 여름철에 가장 크게 나타난다는 자료는 A를 약화하지 않는다. ㄱ은 적절하지 않은 평가이다.

ㄴ. 누진 요금제하에서는 전력 소비량이 많아 높은 구간에 속하더라도 이전 구간에서의 낮은 요금을 누적적으로 부담하게 된다. 월 400~450kWh의 전력을 소비하는 가정은 쿨섬머 제도하에서 2구간에 속하므로, 기본 요금은 1,600원이며, 단가는 300kWh까지에 대하여 kWh당 90원이고 300kWh 초과분에 대하여 kWh당 180원이 된다. 그러나 B가 주장하는 기본 요금 1,600원에 단가 180원인 단일 요금제하에서는 300kWh까지에 대해서도 kWh당 180원이 적용되므로, 오히려 쿨섬머 제도하에서보다 많은 전기 요금을 부담하게 된다. 따

라서 이러한 가정이 대부분이라는 자료는 B를 약화한다. ㄴ은 적절한 평가이다.

ㄷ. C는 모든 가정보다는 취약 계층 복지에 초점을 맞추는 것이 나으므로 모든 가정에 적용하는 쿨섬머 제도를 취약 계층에 한해 적용하도록 변경할 필요가 있다고 주장한다. 따라서 모든 가정에 적용하는 쿨섬머 제도를 취약 계층에 한해 적용하는 것으로 변경할 때 취약 계층에 혜택이 발생할 경우에만, 이 주장이 설득력을 가질 것이다. 그러나 취약 계층의 대다수를 차지하는 독거노인들이 월 200kWh 이하의 전력만 사용한다면, 독거노인들은 쿨섬머 제도를 도입하기 전 상황, 쿨섬머 제도를 도입하여 모든 가정에 적용하는 상황, 쿨섬머 제도를 취약 계층에 한해 적용하도록 변경한 상황 모두에서 전기 요금은 같을 것이다. 따라서 쿨섬머 제도를 취약 계층에 한해 적용하도록 변경하더라도 독거노인들에게 어떤 혜택도 발생하지 않을 것이므로, 쿨섬머 제도를 취약 계층에 한해 적용하도록 변경하자는 C는 약화된다. ㄷ은 적절한 평가이다.

〈보기〉의 ㄴ, ㄷ만이 적절한 평가이므로 정답은 ④이다.

예제 4-10   정답 ②

문제 풀이

㉠에 따르면 대륙의 분리가 호랑이 카멜레온의 진화에 영향을 미친다. 세이셸 제도를 기준으로 대륙이 분리된 순서는 '아프리카 → 마다가스카르 → 인도'이므로, 각 지역에 살고 있는 다른 카멜레온과 호랑이 카멜레온의 분화 순서 역시 동일할 것이다. 그러나 ㉡에 따르면 대륙 이동과 독립적으로 호랑이 카멜레온이 세이셸 제도에 살게 되었으므로 분화 순서가 ㉠과 같지 않아도 된다. 또한 ㉡은 수영을 잘하지 못하는 동물도 우연에 의해 외딴 섬에 정착할 수 있다는 주장을 포함한다. 덧붙여 제시문 초반에 제시된 지리적 정보

를 이용하면 언급된 지역들 사이의 상대적 위치를 아래와 같이 추론할 수 있다(실제 거리 및 면적 무시).

보기 해설

ㄱ. 해저 화산의 분화로 형성된 후 대륙과 연결된 적이 없는 외딴 섬에서만 서식하는 카멜레온 종이 있다면 그 종은 다른 곳에서 이주했을 것이다. 이는 카멜레온의 원거리 이주가 가능함을 강하게 시사한다. 따라서 세이셸 제도 호랑이 카멜레온의 외부로부터의 이주를 주장하는 ㉡은 다소 강화될 수 있으나 ㉠이 강화될 수는 없다. ㄱ은 적절하지 않은 평가이다.

ㄴ. ㉡에 따르면 아프리카나 마다가스카르에서 서식하던 호랑이 카멜레온의 조상은 나뭇가지 등을 타고 동쪽에 있는 세이셸 제도로 이동해야 한다. 따라서 해류가 서쪽에서 동쪽으로 흘렀다면 표류물을 타고 세이셸 제도로 이동하기가 수월해진다(위 그림 참조). 따라서 이러한 연구 결과가 있다면 이는 ㉡을 약화하지 않으며 오히려 ㉡을 다소 강화한다고 볼 수 있다. ㄴ은 적절하지 않은 평가이다.

ㄷ. ㉠에 따르면 아프리카와 마다가스카르 중 먼저 세이셸 제도와 분리된 것은 아프리카이므로, 아프리카 동부의 카멜레온이 상대적으로 먼저 분화하여 독립적으로 진화하였을 것이다. 따라서 호랑이 카멜레온과 마다가스카르 카멜레온의 최근 공동 조상은 호랑이 카멜레온과 아프리카 동부 카멜레온의 최근 공동조상보다 더 늦은 시기에 등장했을 것이다. 따라서 연구 결과가 이와 반대로 나왔다면 ㉠은 약화된다. ㉡은 세이셸 제도가 자리 잡은 후 호랑이 카멜레온의 조상이 이주해 왔을 것이라 주장한다. 따라서 아프리카 동부에 살던 카멜레온이 표류물을 타고 세이셸 제도에 이주했다면 호랑

이 카멜레온과 아프리카 동부 카멜레온의 최근 공동조상이 호랑이 카멜레온과 마다가스카르 카멜레온의 최근 공동조상보다 나중에 등장했을 것이다. 따라서 ⓛ은 다소 강화되며, 적어도 ⓛ이 약화된다고 말할 수는 없다. ㄷ은 적절한 평가이다. 〈보기〉의 ㄷ만이 적절한 평가이므로 정답은 ②이다.

예제 4-11 　　　　　　　　　　정답 ②

문제 풀이

A에 따르면, 적절한 평가적 믿음은 감정을 갖기 위한 필요조건이다. 즉 내가 감정을 가진다면 나는 언제나 적절한 평가적 믿음을 가지는 것이다. 또한 내가 이러한 적절한 평가적 믿음과 모순되는 믿음을 가질 경우, 나는 감정을 느끼는 것이 아니거나 하나의 주장을 긍정하는 동시에 부정하고 있다는 것이다.
B는 적절한 평가적 믿음이 감정의 필요조건이라는 주장의 두 가지 문제점을 지적하고 있다. 첫째로, 적절한 평가적인 믿음을 갖지 않고도 감정을 경험하는 것이 가능할 뿐만 아니라 흔하게 있다는 것이다. 둘째로, 동물과 영유아는 '위험'과 같은 평가적 개념을 아예 갖고 있지 않으며 따라서 뭔가가 자신에게 위험하다는 믿음을 가질 수도 없지만, 명백히 두려움 같은 감정을 느낄 수 있다는 것이다.

보기 해설

ㄱ. 모순되는 믿음들을 가지는 것은 충분히 가능할 뿐만 아니라 흔한 일이라면, B는 이러한 일이 가능하고 사실상 흔한 일이라는 점에 대해 반대하는 주장을 펴고 있지는 않다. 나아가, ㄱ에서 평가적 믿음과 그에 모순되는 감정을 가지는 것도 가능하고 흔하다고 말하고 있지만, B는 적절한 평가적 믿음을 가지지 않고 감정을 경험하는 일, 예컨대 어떤 대상이 나에게 위험하다는 평가적 믿음이 없이 그저 두려움을 경험하는 일이 가능하고 흔하다

고 주장하고 있다. 그러므로 평가적 믿음과 그에 모순되는 감정을 가지는 일이 흔하다 하여도, B의 주장과는 양립 가능하다. 따라서 ㄱ은 B의 논증에 대한 반론이 될 수 없다.

ㄴ. B가 지적하는 두 가지 문제점은 감정이 언제나 적절한 평가적 믿음을 요구한다는 A의 주장에 대한 비판이다. 그런데 ㄴ에서 말하고 있는 것은 감정이 언제나 적절한 평가적 믿음을 요구한다는 주장(A의 주장)은 적절한 평가적 믿음이 감정을 가지기 위한 충분조건이라는 주장과는 다르며, 즐거움이나 고통과 같은 감각들도 감정의 필수 요소라는 것이다. 따라서 ㄴ의 진술은 감정이 언제나 적절한 평가적 믿음을 요구한다는 A의 주장에 대한 보충 설명이지, B의 논증에 대한 반론이 될 수는 없다.

ㄷ. B의 두 번째 반론에서 핵심적인 전제는 바로 동물과 영유아는 '위험'과 같은 평가적 개념을 소유하지 않는다는 것이다. 그리고 이 전제는 동물이나 영유아가 언어능력을 결여한다는 주장으로부터 추론된다. ㄷ에서 진술하듯이 언어능력이 개념 소유의 필요조건이 아니며 언어적으로 어떤 개념을 표현할 능력이 없어도 그 개념을 소유할 수 있다면, 이것은 B의 논증의 전제에 대한 반박이므로 B의 논증에 대한 반론이 될 수 있다.

〈보기〉의 ㄷ만이 B의 논증에 대한 반론이 될 수 있으므로 정답은 ②이다.

예제 4-12 　　　　　　　　　　정답 ⑤

문제 풀이

〈주장〉은 대법원 상고에서 심리불속행 제도와 불속행 결정 시 판결에 이유 기재를 하지 않는 제도에 대한 찬성론이다. 〈주장〉에서는 무엇보다도 대법원 상고가 남용될 수 있고 이로 인해 오히려 대법원의 사건 심리가 정작 필요한 당사자들이 대법원에서 충분히 재판을 받지 못하는 상황이 벌어질 수 있다는 점에 주목하

며, 대법원 자원의 효율적 활용을 위해 덜 중요한 사건들을 이유를 밝히지 않고 종결시킬 수 있어야 한다고 한다. 특히 판결이유를 밝히지 않고 결정을 내리는 경우가 소액사건의 경우에도 존재한다는 점을 들면서 이유 기재가 판결의 필수요소는 아니라고 한다. 또한 대법원에서 재판받을 기회를 모두에게 보장할 필요는 없다고 한다.

보기 해설

ㄱ. 재판을 받을 권리가 청구권이므로 이에 대응하는 의무가 법원에 있고, 그 의무에는 재판을 할 의무(청구에 응할 의무)와 상고를 기각하는 경우에도 기각의 이유가 무엇인지를 판결문에 기재하여 당사자에게 알려줄 의무(성실히 답할 의무)가 포함된다. ㄱ은 〈주장〉에 대한 반대 논거가 될 수 있다.

ㄴ. 법원이 재판을 열지 않으면 재판을 받을 권리의 주된 내용인 재판절차에의 접근성 보장은 실현될 수 없다. 또 판결의 정당성 판단을 위해서는 판결의 이유 기재를 통한 근거제시가 필요하다. ㄴ은 〈주장〉에 대한 반대 논거가 될 수 있다.

ㄷ. 대법원 판결의 결론과 논증 과정은 국민이 유사한 사안을 해석하고 규범적 평가를 내리는 사실상의 판단기준으로서 기능하는데, 대법원의 판결에 이유를 기재하지 않으면 국민은 그 판결의 논증 과정을 알 수가 없으므로 결과적으로 그 논증 과정이 국민의 판단기준으로서 기능할 수 없게 된다. ㄷ은 〈주장〉에 대한 반대 논거가 될 수 있다.

〈보기〉의 ㄱ, ㄴ, ㄷ 모두 〈주장〉에 대한 반대 논거가 될 수 있으므로 정답은 ⑤이다.

예제 4-13 정답 ⑤

문제 풀이

인간 심리와 행동, 그리고 인간들이 모여 만드는 사회현상을 설명함에 있어서 인간의 타고난 차이를 부정하고 사회문화적 영향의 절대성을 주장하는 소위 '표준사회과학모형(standard social science model)'을 단순화한 주장이다. 인간의 특성과 사회현상은 전적으로 사회문화적 환경에 의해 결정된다고 주장하며, 생물학적으로 타고나는 인간의 선천적 특성 요인의 효과를 부정하는 사회 결정론적 입장이다.

보기 해설

ㄱ. 제시문의 주장에 따르면 성인들 사이에 나타나는 행동적·정신적 특성들의 차이는 사회문화적으로 결정된다. 하지만 ㄱ에서는 타고난 특성들이 잠재되어 있다가 일정 정도의 생물학적 성장 이후 동일 사회문화적 환경에서도 각자 복잡하고 다양한 형태의 행동적·정신적 조직화로 발현된다고 주장하고 있다. 따라서 제시문의 주장에 대한 반론에 해당한다.

ㄴ. 제시문은 사회환경적 요인만을 인정하지만 ㄴ에서는 생물학적 요인도 고려해야 하며 이를 배제할 때 사회현상에 대한 설명이 오류에 빠질 수 있다고 주장한다. 따라서 제시문의 주장에 대한 반론에 해당한다.

ㄷ. ㄷ에서는 생물학적 특성에서 동일한 일란성 쌍둥이가 서로 다른 문화권에서 자랐어도 성인이 된 이후에 행동적·정신적 유사성이 발견된다고 한다. 이는 성인의 행동적·정신적 특성이 사회문화적 환경의 영향을 받지 않을 수도 있다는 증거이며, ㄷ은 이러한 유사성은 생물학적 특성과 자질이 동일하기 때문이라고 주장한다. 따라서 제시문의 주장에 대한 반론에 해당한다.

〈보기〉의 ㄱ, ㄴ, ㄷ 모두 제시문의 주장에 대한 반론이 될 수 있으므로 정답은 ⑤이다.

예제 5-1　　　　　　　　　　　정답 ①

문제 풀이

제시문은 다음 세 가지 원리로부터 정신적 현상이 물리적인 현상에 다름 아니라는 물리주의를 이끌어 내고 있다.

첫째 원리 : 모든 정신적인 현상은 물리적 결과를 야기한다.

둘째 원리 : 어떤 물리적 사건이 원인을 갖는다면, 그것은 반드시 물리적 원인을 갖는다.

셋째 원리 : 한 가지 현상에 대한 두 가지 다른 원인이 있을 수 없다.

세 원리로부터 물리주의로의 논증은 다음과 같다. 정신적 현상 M이 있다고 하자. M은 첫째 원리에 의해 물리적 결과 P를 갖는다. 이제 P는 M을 원인으로 가지므로, 원리 2에 의해 물리적 원인 N을 갖는다. M과 N이 다르다는 것은 원리 3에 의해 불가능하다. 따라서 M과 N은 동일하다고 결론내릴 수 있다.

보기 해설

ㄱ. 어떤 물리적 결과도 야기하지 않는 정신적 현상이 존재한다는 진술은 첫째 원리와 직접적으로 모순된다. 따라서 논증의 전제를 부정하게 되는 셈인데, 특히 이런 정신적 현상의 경우 논증의 첫 단계가 성립하지 않아 물리적 현상에 다름 아니라는 결론을 내릴 수 없게 된다. 따라서 ㄱ은 옳은 평가이다.

ㄴ. 언뜻 보기에 아무 원인 없이 일어나는 물리적인 사건이 있다면 둘째 원리가 부정되는 것 같지만, 둘째 원리는 어떤 물리적 사건이 원인을 갖는다면 그것은 물리적 원인을 갖는다는 조건적 원리이다. 따라서 아무 원인 없이 일어나는 물리적인 사건이 있다는 것은 둘째 원리를 부정하지 못한다. 이런 물리적인 사건이 있다는 것은 다른 원리도 부정하지 못하기 때문에 ㄴ은 옳은 평가가 아니다.

ㄷ. 위의 논증은 정신적인 현상이 물리적 결과를 야기한다는 것을 전제로 사용하고 있다. 따라서 어떤

정신적 현상이 물리적 결과 외에 다른 현상을 추가적으로 야기한다고 해도 여전히 그 정신적 현상이 물리적 결과를 야기한다는 것이 성립하므로 논증은 영향을 받지 않는다. 따라서 ㄷ은 옳은 평가가 아니다.

〈보기〉의 ㄱ만이 옳은 평가이므로 정답은 ①이다.

예제 5-2　　　　　　　　　　　정답 ⑤

문제 풀이

A 오류는 어떤 집단이 갖는 속성이 그 집단을 구성하는 개인들의 속성과 반드시 일치하는 것은 아님에도 불구하고 생태학적 단위(집단, 무리, 체제 등)에 대한 결론(판단)을 개인의 속성에 대한 판단에 그대로 적용할 때 발생한다. B 오류는 주어진 자료만으로는 특정 집단이 특정 성향을 갖고 있다고 판단할 수 없음에도 불구하고, 선입견이나 편견이 작용하여 특정 집단과 특정 성향을 섣불리 연결할 때 발생한다. C 오류는 어떤 집단이 다른 집단보다 특정 행위의 발생 건수가 많은 것은 단지 그 집단이 다른 집단보다 집단의 규모가 크기 때문에 나타난 것일 수 있으므로, 집단의 규모를 고려하지 않은 채 다른 집단보다 그 행위 성향이 강할 것이라고 속단할 때 발생하는 오류이다.

보기 해설

ㄱ. 젊은 유권자가 많은 선거구가 나이 든 유권자가 많은 선거구보다 여성 후보에 대해 더 많은 비율로 투표했다는 사실은 젊은 유권자가 많은 선거구의 여성 후보 지지율이 나이 든 유권자가 많은 선거구의 여성 후보 지지율보다 높다는 점을 보여 줄 뿐 젊은 사람이 나이 든 사람보다 여성 후보의 지지율이 더 높다는 사실을 보여 주지는 않는다. 젊은 사람이 나이 든 사람보다 여성 후보의 지지율이 더 높다는 주장을 하기 위해서는 각 선거구의 연령 집단별 투표 행위에 대한 자료가 있어야 한다. 이런

자료가 제시되어 있지 않음에도 불구하고 연령 분포가 다른 선거구들의 투표 결과로부터 각 선거구에 속한 개인 행위자(투표자)의 연령별 투표 성향을 단정하는 것은 개인보다 큰 생태학적 단위의 특성에 대한 판단으로부터 그 단위를 구성하는 개인의 속성에 대한 판단을 도출하는 경우이므로 A 오류에 해당한다. 따라서 옳은 진술이다.

ㄴ. 외국인과 내국인 사이에 범죄가 발생했다는 사실만으로는 누가 가해자이고 누가 피해자인지 옳게 추정할 수 없다. 그런데 외국인과 내국인 사이에 발생한 범죄가 증가하고 있다는 자료로부터 가해자가 외국인이고 피해자가 내국인인 범죄가 증가한다고 결론을 내리고 있으므로, 해당 연구자는 외국인이 범죄를 저지를 가능성이 높다는 편견이나 선입견을 갖고 이런 결론을 내린 것으로 볼 수 있다. 따라서 옳은 진술이다.

ㄷ. 예를 들어 50~54세의 자살자 수는 1,490명이고 인구수는 100만 명, 70~74세의 자살자 수는 1,000명이고 인구수는 50만 명이라면, 50~54세의 인구 1만 명당 자살자 수는 14.9명이고 70~74세의 인구 1만 명당 자살자 수는 20.0명으로, 자살 성향은 70~74세가 더 높다. 따라서 연령 집단별 인구 규모를 고려하지 않고 어떤 연령 집단이 다른 연령 집단보다 관찰된 행위 건수가 많다는 점으로부터 그 연령 집단은 다른 연령 집단보다 그 행위 성향이 강할 것이라고 판단한다면 C오류를 범하게 된다. 따라서 옳은 진술이다.

〈보기〉의 ㄱ, ㄴ, ㄷ 모두 옳은 진술이므로 정답은 ⑤이다.

예제 5-3   정답 ⑤

문제 풀이

A, B, C 세계는 다음과 같이 그림으로 표현할 수 있다. 그림에서 사각형의 가로 넓이는 사람의 인구 수를 나타내며, 높이는 복지 수준을 나타낸다.

[A]　　　　　　　[B]　　　　　　　[C]

보기 해설

ㄱ. A와 C는 완전히 평등한 세계이지만 B는 불평등이 있는 세계이다. 갑의 결론은 B(불평등한 세계)가 A(평등한 세계)보다 좋다는 것이고, 을의 결론은 C(평등한 세계)가 B(불평등한 세계)보다 좋다는 것이다. 따라서 불평등이 더 적은 세계가 더 좋은 세계라면, 갑의 결론은 부정되고 을의 결론은 부정되지 않는다. ㄱ은 옳은 평가이다.

ㄴ. 을이 C가 B보다 좋다고 주장하는 이유는 (1) 완전한 평등이 있으며, (2) 복지 평균이 높다는 것이다. 병의 결론은 A가 C보다 좋다는 것이다. 을의 이유 (1), (2)를 A와 C에 적용해 보면, A와 C는 완전한 평등이라는 점에서 동일하지만 A의 복지 평균이 C의 복지 평균보다 더 높으므로, A가 C보다 좋다는 결론이 도출된다. 따라서 을이 (1)과 (2)를 적용한다면, 을은 병의 결론에 동의할 것이다. 한편 갑의 결론은 B가 A보다 좋다는 것이다. (1)과 (2)를 적용해 보면 A는 완전한 평등이 있지만 B는 불평등이 있으며 복지 평균도 A가 B보다 높으므로, A가 B보다 좋다는 결론이 도출된다. 따라서 을이 (1)과 (2)를 적용한다면 을은 갑의 결론에는 동의하지 않을 것이다. ㄴ은 옳은 평가이다.

ㄷ. 각 세계의 복지 평균과 복지 총합은 다음과 같다.

	A	B	C
사람 수	100,000,000	10,100,000,000	10,100,000,000
복지 평균	100	약 6	10
복지 총합	10,000,000,000	60,500,000,000	101,000,000,000

A가 B보다 복지 평균이 더 높기 때문에, 복지 평균이 더 높은 세계가 더 좋은 세계라면 A가 B보다 더 좋은 세계이다. 따라서 B가 A보다 더 좋다는 갑의 결론은 부정된다. A, B, C 순서로 복지 총합이 더 커지므로, 복지 총합이 더 큰 세계가 더 좋은 세계라면 C가 B보다 더 좋은 세계이고 C가 A보다 더 좋은 세계이다. 따라서 C가 B보다 더 좋은 세계라는 을의 결론은 부정되지 않고 A가 C보다 더 좋다는 병의 결론은 부정된다. ㄷ은 옳은 평가이다.

〈보기〉의 ㄱ, ㄴ, ㄷ 모두 옳은 평가이므로 정답은 ⑤이다.

예제 5-4 정답 ④

문제 풀이

이 문제를 풀기 위한 핵심은 〈연구 설계〉의 A~D 각각이 경찰이 과속 단속 여부를 결정하는 데 운전자의 인종이 중요한 요인으로 작용한다고 하는 ㉠의 검증과 관련된 차별적인 자료를 만들어 낼 수 있는지 여부를 판단하는 것이다.

보기 해설

ㄱ. A에서 고속도로 요금소를 통과하는 운전자의 인종별 비율은 단지 특정 시점에 어떤 인종이 고속도로에 더 많이 진입했는지를 보여 줄 수는 있으나, 어떤 인종이 과속 운전을 더 많이 했는지를 보여 주지는 못한다. 따라서 이 비율을 고속도로에서 과속으로 경찰에 의해 단속된 운전자의 인종별 비율과 비교하더라도 그 비율의 차이가 특정 인종이 실제 과속을 많이 하기 때문인지 아니면 그 인종에 대한 경찰의 인종적 편견 때문인지 알 수 없다. 따라서 ㄱ은 옳은 평가이다.

ㄴ. 경찰이 과속 단속을 할 때 운전자의 인종이 중요한 요인으로 작용하기 위해서는 경찰이 운전자의 인종을 식별할 수 있어야 한다. 과속 운전자의 인종적 특징을 식별할 수 없다면 경찰의 과속 단속 결과는 인종이 아닌 과속 행위에만 영향을 받을 것이다. 운전자의 인종을 구별할 수 있는 외양적 특징이 주·야간에 다르게 드러날 경우, 주간과 야간의 과속 단속 결과에서 단속된 운전자의 인종별 비율을 비교하여 유의미한 차이가 있다면 과속 단속에서 인종이 중요한 요인으로 작용했을 가능성이 크다고 결론 내릴 수 있다. 그러나 유의미한 차이가 없다면 인종이 중요한 요인으로 작용할 가능성이 적다고 결론 내릴 수 있다. 따라서 ㄴ은 옳은 평가이다.

ㄷ. C에서 甲은 경찰이 과속 운전을 단속하는 것과 동일한 조건에서 6개월 동안 객관적으로 직접 관찰했다고 했으므로, 甲의 관찰 자료는 인종적 편견이 개입되지 않은 상태에서 실제 과속한 운전자의 인종 분포가 반영된 것이라 할 수 있다. 6개월 동안 경찰이 실시한 과속 단속에서의 인종 분포가 甲의 관찰 자료와 유사하다면, 이것은 경찰의 과속 단속도 인종적 편견이 개입하지 않았을 가능성이 크다는 것을 의미하므로, ㉠이 약화된다. 따라서 ㄷ은 옳은 평가이다.

ㄹ. 과속으로 단속된 운전자의 인종별 비율이 실제 과속 운전자의 인종별 비율과 차이가 있는지 여부를 알 수 있으려면, 도로를 이용하는 운전자 중 과속 운전자의 인종별 비율과 경찰에 의해 과속으로 단속된 운전자의 인종별 비율을 비교해야 한다. 그런데 경찰의 과속 단속이 이루어지는 어떤 도로가 특정 관할 구역에 있을 때, 그 도로를 이용하는 운전자는 그 관할 구역의 주민에 한정되지 않는다. 더욱이 그 관할 구역 주민 일부가 그 과속 단속이 행해지는 도로를 이용하지 않을 수도 있다.

따라서 관할 구역 거주민 모집단의 인종별 분포는 경찰의 과속 단속이 행해지는 도로를 이용하는 운전자 모집단의 인종별 분포나 과속 운전자의 인종별 비율에 대해 아무런 정보도 제공해 주지 못한다. 따라서 ㄹ에서 제시된 자료는 ㉠의 타당성을 뒷받침하는 논거가 되지 못한다. ㄹ은 옳은 평가가 아니다.

〈보기〉의 ㄱ, ㄴ, ㄷ만이 옳은 평가이므로 정답은 ④이다.

예제 5-5   정답 ①

문제 풀이

〈가설〉에 따르면, 행위자가 상황의 압박을 받아 행동할 때, 행위자의 도덕성에 대한 사람들의 판단은 그 행위가 좋은 행동인지 나쁜 행동인지에 따라 차이가 있다. 행위가 좋은 행동일 경우, 사람들은 그 행위가 강제되었다고 판단하며, 행위가 강제되었다고 판단할 때 그 행위를 근거로 도덕성을 판단하지 않는다. 반면 행위가 나쁜 행동일 때 사람들은 그 행위가 자발적이라고 판단하며, 행위가 자발적이라고 판단할 때는 그 행위를 근거로 행위자의 도덕성을 판단한다. 글 1과 글 2에서의 을의 행위는 각각 좋은 행동과 나쁜 행동이라 할 수 있다. 따라서 〈가설〉에 따르면 집단 1의 사람들은 을의 행위는 강제되었다고 판단할 것이고 그로부터 을의 도덕성을 판단하지 않겠지만, 집단 2의 사람들은 을의 행위는 자발적이라 판단하고 그로부터 을의 도덕성을 판단할 것이다.

보기 해설

ㄱ. 글 1의 을의 행동은 좋은 행위라 할 수 있으므로 〈가설〉에 따르면, 사람들은 을의 행동이 강제되었다고 판단할 것이며 을의 행동으로부터 도덕성을 판단하지 않을 것이다. 집단 1에서 을의 행동이 강제되었다고 답한 사람의 대부분이 을이 도덕

적이라고 답했다면, 이는 그들이 을의 행동으로부터 을의 도덕성을 판단했다는 것이다. 이는 〈가설〉의 예측과 다르며 따라서 〈가설〉을 약화한다. ㄱ은 옳은 평가이다.

ㄴ. 글 1의 을의 행동과 글 2의 을의 행동이 각각 좋은 행동, 나쁜 행동이므로, 〈가설〉에 따르면 사람들은 전자는 강제되었다고 판단할 것이며, 후자는 자발적이라 판단할 것이다. 따라서 집단 1의 대부분이 전자를 강제되었다고 판단하고 집단 2의 대부분이 후자를 자발적이라고 판단했다면, 이는 〈가설〉의 예측과 부합한다. 따라서 이러한 결과는 〈가설〉을 약화하지 않는다. ㄴ은 옳지 않은 평가이다.

ㄷ. 글 1의 을의 행동과 글 2의 을의 행동이 각각 좋은 행동, 나쁜 행동이므로, 〈가설〉에 따르면 사람들은 전자로부터 을의 도덕성을 판단하지 않을 것이며 후자로부터는 을의 도덕성을 판단할 것이다. 따라서 집단 1의 대부분이 을이 도덕적인지 아닌지 모르겠다고 답했고 집단 2의 대부분이 을이 부도덕하다고 답하였다면, 이는 〈가설〉의 예측과 부합한다. 따라서 이러한 결과는 〈가설〉을 약화하지 않는다. ㄷ은 옳지 않은 평가이다.

〈보기〉의 ㄱ만이 옳은 평가이므로 정답은 ①이다.

예제 5-6   정답 ②

문제 풀이

순수이타주의 가설에 따르면 인간은 (자신의 소비를 통한 효용+기부받는 사람의 효용)에 따라 행동할 것이고, 비순수이타주의 가설에 따르면 인간은 (자신의 소비를 통한 효용+기부받는 사람의 효용+기부를 통한 자신의 감정적 효용)에 따라 행동할 것이다. 이때 특징적인 내용은 순수이타주의 가설에 따르면 기부자는 수혜자가 받는 총 기부액을 우선 결정하고 수혜자가 다른 기부자로부터 기부를 받는 금액만큼 자신의 기부액을 줄인다는 점이다.

이들 가설을 검증하기 위해 실험을 실시한다. 각 참가자에게 소득의 변화, 자선 단체의 기부액 변화 등이 존재하는 상황에서 자신의 기부액의 변화를 나타내도록 요구한다. 참가자의 기부액 변화 형태에 따라 주어진 두 가설을 검증하는 것이다.

보기 해설

ㄱ. 소득이 다른 상황 B와 E에서 기부자가 결정한 총 기부액이 같다면 이것은 ㉠을 지지하는 근거가 될 수 있다. 왜냐하면 ㉠에 의하면, 기부자는 수혜자가 받을 총 기부액을 우선 결정하여, 만약 수혜자가 다른 기부자로부터 일정 금액의 기부를 받는 것을 알게 되면 기부자는 그 금액만큼 기부액을 줄이기 때문이다. 따라서 참가자 대부분에서 $b=e-6$인 실험 결과를 얻게 된다면, 이것은 참가자 대부분이 상황 B의 총 기부액과 상황 E의 총 기부액이 동일하도록 결정했다는 것을 의미하므로, 이 실험 결과는 ㉡을 강화한다고 할 수 없다. ㄱ은 옳지 않은 평가이다.

ㄴ. $e-a<f-c$이면 $e-f<a-c$이다. ㉠이 참이라면, 참가자의 소득이 동일한 상황 E와 F에서 참가자가 결정한 수혜자가 받을 총 기부액은 같을 것이고, 참가자의 소득이 동일한 상황 A와 C에서도 총 기부액은 같을 것이다. 이 경우 $e+4=f+28$이고, $a+4=c+28$이므로, $e-f=a-c=24$이다. 그러므로 ㉠이 참이라면 $e-f=a-c$일 것이다. 따라서 참가자 대부분에서 $e-a<f-c$, 즉 $e-f<a-c$인 실험 결과는 ㉠을 강화하지 않는다. ㄴ은 옳지 않은 평가이다.

ㄷ. 상황 A~D에서는 참가자에게 제공되는 소득이 동일하고, 상황 A에서 D로 갈수록 자선 단체의 기부액이 증가한다. $0<a-30<b-24<c-6<d$이면, (모든 항에 34를 더할 경우) $34<a+4<b+10<c+28<d+34$가 성립한다. 즉 상황 A에서 D로 갈수록 참가자가 결정한 수혜자가 받을 총 기부액이 증가한다. 따라서 참가자 대부분에서 $0<a-30<b-24<c-6<d$이면, 이는 소득이 동일한 상황 A~D에서 자선 단체의 기부액이 증가함에도

참가자 대부분이 기부액을 줄이지 않거나 줄이더라도 자선 단체 기부액 증가분보다 적은 금액만큼 줄인다는 것을 의미하는데, 이러한 실험 결과는 ㉠으로는 설명되지 않는 추가적인 기부 유인(즉, 기부 행위 자체를 통해 얻는 감정적 효용)이 존재한다는 점을 알려준다. 따라서 참가자 대부분에서 $0<a-30<b-24<c-6<d$인 실험 결과는 ㉡을 강화한다. ㄷ은 옳은 평가이다.

〈보기〉의 ㄷ만이 옳은 평가이므로 정답은 ②이다.

예제 5-7
정답 ②

문제 풀이

A견해는 피해자 영향 진술(VIS)이 있는 경우에 형량이 더 무거운 경향이 있는 이유를 피해자 영향 진술이 제시되어서가 아니라 제시된 그 진술 속에 포함된 피해 관련 정보, 즉 피해 내용의 심각성 때문이라고 보는 입장이다. A견해에서는 만약 피해 내용이 심각하지 않다면 설령 VIS가 제시되더라도 VIS가 제시되지 않은 경우와 양형에서 유의미한 차이가 없고, 반대로 피해 내용이 심각하다면 VIS가 제시되지 않더라도 같은 피해 내용이 기술된 VIS가 제시된 경우의 형량과 유의미한 차이가 없을 것으로 판단한다. 즉 형량은 VIS의 제시 유무에 관계없이 피해 내용의 심각성에 의해 영향을 받는다는 것이다. B견해는 판사나 배심원들이 VIS 속에 포함된 피해 내용에 영향을 받을 뿐만 아니라 피해자가 VIS를 통해 표출하는 강한 감정으로부터도 영향을 받는다고 본다.

P연구 방법은 A견해의 타당성을 검증하기 위한 것인데, 사건에 대해 일반적으로 기대되는 정서적 상해를 기준으로 할 때 각 집단이 접한 피해 내용의 심각성은 [집단 1], [집단 3], [집단 2]의 순서임을 파악하는 것이 문제 풀이에 중요하다. Q연구 방법은 B견해의 타당성을 검증하기 위한 것이며 [집단 1]과 [집단 2]의 결과를 통해 양형 판단에 피해자 감정 표출의 정도가

영향을 미치는지 여부를 알 수 있고, [집단 2]와 [집단 3]의 결과를 통해 피해 내용이 양형 판단에 영향을 미치는지 여부를 확인할 수 있음을 아는 것이 풀이의 단서이다.

보기 해설

ㄱ. A견해는 형량은 VIS의 유무에 관계없이 피해 내용의 심각성에 의해 영향을 받는다는 입장이다. P에서 [집단 1]은 VIS를 통해 피해자가 일반적인 기대를 뛰어넘는 심각한 피해를 입었다는 피해 내용의 정보를 접할 것이고 [집단 2]는 피해자가 입은 피해 내용이 일반적인 기대보다 낮은 수준이라는 정보를 접할 것이다. [집단 3]의 경우, VIS가 제시되지 않았기 때문에 모의 배심원들은 사건에 대한 객관적인 정보를 바탕으로 일반적으로 기대되는 정도의 피해 내용을 추정할 것이다. 그렇다면 각 집단이 접한 피해 내용의 심각성 정도는 [집단 1], [집단 3], [집단 2]의 순서가 된다. 만약 피해 내용, 즉 피해의 심각성이 양형에 영향을 주는 요인이라면, [집단 1]의 평균 형량은 [집단 2]의 평균 형량보다 높아야 하고 [집단 2]의 평균 형량은 [집단 3]의 평균 형량보다 낮아야 한다. 따라서 ㄱ에서 [집단 2]의 평균 형량이 [집단 3]의 평균 형량보다 유의미하게 높다는 연구 결과는 A견해와 부합하지 않으므로 A견해를 강화하지 못한다. ㄱ은 옳지 않은 평가이다.

ㄴ. B견해는 VIS에 부각된 피해 내용뿐만 아니라 이를 전달할 때 표출되는 피해자의 강한 감정 역시 양형에 영향을 미친다는 입장이다. B견해가 타당하다면, VIS에 의해 부각되는 피해 내용이 동일할 경우 강한 감정이 실린 채 전달되는 VIS는 그렇지 않은 VIS보다 양형에 더 큰 영향을 미친다. 따라서 ㄴ에서 강한 감정이 실린 채 VIS가 전달되는 [집단 1]의 평균 형량이 강한 감정이 실리지 않은 채 동일한 내용의 VIS가 전달되는 [집단 2]의 평균 형량보다 유의미하게 높아진다면, 이것은 양형 판단에 피해자의 강한 감정의 표출이 영향을 미치고 있음을 보여준다. 그리고 [집단 2]와 [집단 3] 모두

피해자가 VIS를 차분하게 낭독하는 장면을 접했기 때문에 두 집단에게 전달된 피해자의 감정 표출의 정도는 동일하다. 그런데도 [집단 2]의 평균 형량이 [집단 3]의 평균 형량보다 유의미하게 높으면, 이는 양형 판단에 피해 내용의 심각성 요소가 작용했다고 볼 수 있다. ㄴ에서 제시된 결과는 모의 배심원들의 양형 판단이 피해 내용과 피해자의 강한 감정의 표출이라는 두 가지 요인으로부터 모두 영향을 받고 있음을 보여주고 있다. 따라서 이 결과는 B견해를 강화한다. ㄴ은 옳은 평가이다.

ㄷ. A견해는 형량은 VIS의 유무에 관계없이 피해 내용의 심각성에 의해 영향을 받는다는 입장이다. 따라서 A견해에 따르면, 피해 내용이 동일하다면 배심원의 양형 판단의 결과도 동일할 것이라고 예측할 수 있다. 그러므로 동일한 내용의 VIS가 제시된 [집단 1]과 [집단 2]의 평균 형량에 유의미한 차이가 나지 않는다는 결과는 A견해에 부합하므로 A견해를 약화하지 못한다. ㄷ은 옳지 않은 평가이다.

〈보기〉의 ㄴ만이 옳은 평가이므로 정답은 ②이다.

예제 5-8   정답 ①

문제 풀이

베이츠 의태는 독이 없는 의태자가 독이 있는 모델과 유사한 경고색 혹은 형태를 가짐으로써 포식자에게 잡아먹히는 것을 피하는 것이다. 서로 형태가 유사하지만 독성이 서로 다른 2종의 모델, 즉 약한 독성을 가진 모델 A와 강한 독성을 가진 모델 B가 동시에 존재하는 경우에 의태자 C가 어떻게 의태하는 것이 의태자의 생존에 유리한가에 대해 다음 두 가지 가설이 제시되어 있다.

㉠ 의태자 C가 독성이 더 강한 B의 형태로 진화하는 것이 생존에 유리하다.
㉡ 의태자 C가 독성이 더 약한 A의 형태로 진화하는

것이 생존에 유리하다.

㉠은 널리 알려지고 직관적인 가설이지만, '자극의 일반화'라는 현상을 기반으로 가설 ㉡도 제시되었다. 자극의 일반화란 자신에게 좋지 않은 약한 자극에 노출된 경우에는 포식자가 이후에 이와 동일한 자극만 회피하려고 하지만, 자신에게 좋지 않은 강력한 자극에 노출된 경우에는 포식자가 이후에 이 자극과 동일 종류의 자극뿐 아니라 유사한 종류의 자극도 회피하려고 한다는 것이다.

보기 해설

ㄱ. 독에 대한 경험이 없던 닭들이 개구리의 형태로 독성을 판단하여 강한 독을 가진 개구리는 잡아먹으려고 시도하지 않지만 약한 독을 가진 개구리는 잡아먹으려고 시도한다는 것이 사실이라고 하자. 이 사실로부터 독이 없는 개구리가 약한 독을 가진 개구리와 강한 독을 가진 개구리 중에서 강한 독을 가진 개구리의 형태로 진화하는 것이 생존에 더 유리할 수 있다는 것을 추론할 수 있다. 따라서 이 사실은 의태자 C가 강한 독을 가진 모델 B의 형태로 진화하는 것이 생존에 유리하다는 가설 ㉠을 강화하고, 의태자 C가 약한 독을 가진 모델 A의 형태로 진화하는 것이 생존에 유리하다는 가설 ㉡을 약화한다. 따라서 ㄱ은 옳은 판단이다.

ㄴ. 독에 대한 경험이 없던 닭들 중 강한 독이 있는 나방을 잡아먹은 닭들은 모두 죽었으나, 약한 독이 있는 나방을 잡아먹은 닭들은 죽지 않고 이후에 약한 독이 있는 나방과 동일하게 생긴 독이 없는 나방을 잡아먹지 않으려고 한다는 것이 사실이라고 하자. 이로부터 어떤 닭이 독이 있는 나방을 잡아먹었다면, 약한 독을 가진 나방의 형태로 진화한 의태자는 그 닭에게 잡아먹히지 않을 것이라는 것을 추론할 수 있다. 왜냐하면, 그 닭은 강한 독이 있는 나방을 잡아먹었거나 약한 독이 있는 나방을 잡아먹었을 것인데, 강한 독이 있는 나방을 잡아먹었다면 죽었을 것이기 때문에 이후에 독이 없는 의태자를 잡아먹지는 못할 것이며, 약한 독이 있는 나방을 잡아먹었다면 이후에 약한 독이

있는 나방과 동일하게 생긴 독이 없는 의태자를 잡아먹지는 않을 것이기 때문이다. 따라서 ㄴ에서 말하고 있는 사실은 의태자 C가 약한 독을 가진 A의 형태로 진화하는 것이 생존에 유리하다는 ㉡ 가설을 강화한다. ㄴ은 이러한 사실이 ㉡을 약화한다고 말하고 있기 때문에 옳은 판단이 아니다. 한편, 독이 있는 나방을 잡아먹은 닭들 중 약한 독이 있는 나방을 잡아먹은 닭은 죽지 않고 살아남기 때문에 강한 독을 가진 나방의 형태로 진화한 의태자를 이후에 잡아먹을 수 있다. 이 가능성이 있다면, ㄴ에서 말하고 있는 사실들은 ㉠을 약화한다고 할 수 있다.

ㄷ. 독에 대한 경험이 없던 닭들이 아주 강력한 독이 있는 나방을 잡아먹은 이후에 이와 유사하게 생긴 독이 없는 나방은 잡아먹으려 하지 않는다는 사실은 '자극의 일반화'에 부합하는 사실이다. 자극의 일반화란 자신에게 좋지 않은 약한 자극에 노출된 경우에는 포식자가 이후에 이와 동일한 자극만 회피하려고 하지만, 자신에게 좋지 않은 강력한 자극에 노출된 경우에는 포식자가 이후에 이 자극과 동일 종류의 자극뿐 아니라 유사한 종류의 자극도 회피하려고 한다는 것이기 때문이다. 따라서 이 사실은 자극의 일반화에 기반한 가설인 ㉡을 강화한다. 한편 독에 대한 경험이 없던 닭들이 아주 강력한 독이 있는 나방을 잡아먹은 이후에 전혀 다르게 생긴 독이 있는 개구리는 잡아먹으려고 시도한다는 사실은 ㉡과 무관하다. ㄷ은 이러한 사실들이 ㉡을 약화한다고 말하고 있기 때문에 옳은 판단이 아니다.

〈보기〉의 ㄱ만이 옳은 판단이므로 정답은 ①이다.

예제 5-9

정답 ①

노동조합의 임금 프리미엄에 대한 두 이론을 소개하고 이와 관련된 사례들을 보기에서 제시하고 있다. A에 따르면, 노동조합이 기업에 노동 공급의 독점력을 행사할 수 있기 때문에 노동조합에 가입한 노동자(조합원)는 상대적으로 높은 임금을 받지만, 노동조합이 있으나 가입하지 않은 노동자(비조합원)와 노동조합이 없는 직장에서 일하는 노동자(무조합원)는 상대적으로 낮은 임금을 받게 된다. 이에 반해 B에 따르면, 노동조합은 노동자들의 임금 격차를 없애고 노동조건을 개선함으로써 회사 내 모든 노동자의 사기를 제고하고 생산성을 높인다. 노동조합의 임금 프리미엄은 이러한 생산성 향상의 결과로 나타난다.

ㄱ. A에 따르면, 노동조합이 독점력을 확보할 수 있으므로 조합원의 임금이 비조합원이나 무조합원의 임금보다 높고, 비조합원과 무조합원의 임금은 비슷해야 한다. 따라서 조합원의 임금이 비조합원의 임금보다 높고 비조합원과 무조합원 사이에는 임금 차이가 없다는 조사 결과는 A를 강화한다. B에 따르면, 노동조합의 활동이 노동자의 생산성을 높이고 이는 기업 전반의 임금 수준을 높이므로, 조합원과 비조합원의 임금은 상대적으로 비슷한 수준으로 높고 무조합원의 임금은 상대적으로 낮아야 한다. 조합원의 임금이 비조합원의 임금보다 높고 비조합원과 무조합원 사이에는 임금 차이가 없다는 조사 결과는 이러한 예측과 다르므로 B를 약화한다. ㄱ은 옳은 평가이다.

ㄴ. 임금 프리미엄에 대한 A의 설명에서 노동조합 가입 여부에 따른 남녀 사이의 임금 격차에 대해 어떠한 주장이나 암시도 없으므로, A를 강화하지도 약화하지도 않는다. ㄴ은 옳지 않은 평가이다.

ㄷ. B에 따르면, 노동조합의 활동이 노동자의 생산성을 높이고 이는 자연스럽게 기업 전반의 임금 수준을 높이므로, 조합원과 비조합원의 임금은 비슷한 수준으로 높아야 한다. 따라서 노동조합이 있는 회사의 노동자들을 대상으로 진행한 조사에서, 조합원들의 임금이 직종과 숙련도에서 유사한 비조합원들의 임금과 유사하다는 결과는 B를 약화하지 않는다. ㄷ은 옳지 않은 평가이다.

〈보기〉의 ㄱ만이 옳은 평가이므로 정답은 ①이다.

예제 5-10

정답 ③

업무 할당 방식 중 B방식의 특징은 동전 던지기를 통해 업무를 할당하는 일견 공정한 방식이지만, 이 방식을 선택하더라도 실제 업무 할당 과정이 공개되지 않으므로 A방식과 마찬가지로 자기에게 유리하도록 결과를 조작하여 임의로 업무를 할당할 여지가 있다. 실제로 실험 결과는 B방식을 택한 사람들의 일부가 결과를 조작했다는 것을 강하게 암시한다. B방식을 택한 20명의 참가자 중 18명이 자신에게 긍정적 업무를 할당했기 때문이다. 실험 결과를 설명하고자 하는 다음 두 가설이 제시되었다.

가설 1: 공정하게 업무를 할당할 의도로 B방식을 채택했지만, 결국은 이기적인 동기가 원래의 공정한 의도를 압도하면서 결과를 조작했다.

가설 2: 원래 공정하게 업무를 할당할 의도가 없었으며, 업무 할당의 이득을 확보하면서 사람들에게 공정한 사람처럼 보일 수 있는 추가 이득까지 얻을 수 있기 때문에 B방식을 택한 것이다.

ㄱ. 가설 2에 따르면, B방식을 택한 대부분의 사람들은 결과 조작을 통해 업무 할당의 이득을 확보할 수 있고 사람들에게 공정한 사람처럼 보일 수 있는 추가 이득까지 얻을 수 있기 때문에 이 방식을 채택했다. 하지만 A방식도 B방식만큼 공정하다고

사람들이 생각하리라고 믿었다면, 굳이 B방식을
택할 이유가 없어진다. 그러므로 추가 이득 때문
에 B방식을 택했다는 가설 2는 약화된다. ㄱ은 옳
은 평가이다.
ㄴ. B방식을 택한 참가자들 중 결과를 조작한 사람들
대부분이 자신의 업무 할당이 공정하지 않았음을
인정한다는 정보만으로는 가설 1이나 가설 2의 강
화 및 약화를 평가할 근거가 되지 않는다.
ㄷ. 동전 던지기를 통한 업무 할당 과정이 모두 공개
되는 것으로 수정된다는 것은 결과 조작을 통한
업무 할당의 이득을 안전하게 확보할 수 없다는
뜻이다. 그럼에도 불구하고 여전히 B방식을 택한
참가자의 수에 큰 변화가 없다면, 이것은 B방식을
택한 사람들 대부분이 처음에는 공정하게 업무를
할당할 의도가 있었음을 강화하는 증거가 된다.
ㄷ은 옳은 평가이다.
〈보기〉의 ㄱ, ㄷ만이 옳은 평가이므로 정답은 ③이다.

예제 5-11   정답 ②

문제 풀이

제시문에 따르면, 양립 불가론자는 결정론하에서 행
위자에게 도덕적 책임을 부과할 수 없다고 주장하는
사람이며, 양립론자는 결정론을 받아들여도 누군가에
게 도덕적 책임을 부과할 수 있다고 주장하는 사람이
다. 갑이 제시한 〈가설〉은 다음과 같다.

결정론적 세계에서도 행위자의 마음 상태가 행위
발생에 영향을 미칠 수 있다는 사실을 인정하면,
양립론을 받아들일 가능성이 크다.

〈시나리오〉는 결정론적 우주를 제시한다. 이 상태에
서 다음 [진술1]과 [진술2]에 대해 실험 대상자들의 동
의 여부와, 이 동의 여부가 가설을 강화 또는 약화하
는지 여부는 아래의 표와 같다. 이 시나리오의 우주는
결정론적이므로, [진술2]에 동의한다는 것은 양립론
을 받아들인다는 뜻이다.

[진술1] 반지를 훔치겠다는 톰의 결심은 반지를 훔친
그의 행위에 영향을 미친다.
[진술2] 반지를 훔친 톰에게 도덕적 책임이 있다.

[진술1]	[진술2]	동의 여부가 의미하는 것	〈가설〉의 강화 여부
동의	동의	영향을 미친다는 것을 인정하고, 양립론자이다.	강화
동의	동의 안 함	영향을 미친다는 것을 인정하고, 양립론자가 아니다.	약화
동의 안 함	동의	영향을 미친다는 것을 인정하지 않고, 양립론자이다.	무관
동의 안 함	동의 안 함	영향을 미친다는 것을 인정하지 않고, 양립론자가 아니다.	강화

보기 해설

ㄱ. 어떤 사람 X가 [진술2]에 동의하면 X는 결정론
적 세계에서 도덕적 책임을 인정하는 사람이므
로 양립론자라고 판단할 수 있다. 그러나 어떤
사람 Y가 [진술1]에 동의하지 않는다면 Y는 톰
의 결심이 그의 행위에 영향을 미치지 않음을 인
정하는 사람이라고 판단할 수 있지만, Y가 결정
론적 세계에서 누군가에게 도덕적 책임을 부과
할 수 있다고 믿는 사람인지 그렇지 않은 사람인
지 판단할 수 없다. 따라서 Y가 양립 불가론자
라고 단정할 수 없으므로, ㄱ은 옳지 않은 평가
이다.
ㄴ. 예를 들어 100명의 실험 대상자가 [진술1]과 [진
술2]에 대해 다음과 같이 답했다고 가정해 보자.

[진술1]	[진술2]	응답자 수 (명)	〈가설〉의 강화 여부
동의	동의	18	강화
동의	동의 안 함	80	약화
동의 안 함	동의	0	무관
동의 안 함	동의 안 함	2	강화

위 상황에서 [진술1]과 [진술2]에 모두 동의하는
실험 대상자(18명)가 두 진술 중 어느 것에도 동의하
지 않는 실험 대상자(2명)보다 훨씬 더 많지만, 〈가설
〉을 약화하는 사례인 [진술1]에 동의하지만 [진술2]

에 동의하지 않는 사람이 80명이나 되기 때문에, 〈가설〉은 강화된다고 할 수 없다. ㄴ은 옳지 않은 평가이다.

ㄷ. [진술2]에 동의하지 않은 사람 50명 중 거의 전부가 [진술1]에 동의했다면, 약화사례가 50명 가까이 된다는 뜻이며, [진술2]에 동의한 50명 중 거의 전부가 [진술1]에 동의하지 않는다면 무관사례가 50명 가까이 된다는 뜻이다. 따라서 이 수치는 〈가설〉을 약화한다고 말할 수 있다. ㄷ은 옳은 평가이다.

〈보기〉의 ㄷ만이 옳은 평가이므로 정답은 ②이다.

예제 5-12　　　　　　　　정답 ②

확률적 증거에 따르면 피고에게 책임이 있을 확률이 크다는 것을 배심원들도 인정하면서도, 실제 평결을 내릴 때는 그러한 확률적 증거에 따르지 않는 경향이 일반적으로 발견된다. 확률적 증거를 받아들인다면 피고에게 책임이 있다는 평결을 내리는 것이 당연해 보이는데, 실제로는 그러한 합리적 판단에 반하여 피고에게 책임이 있다는 평결을 내리기를 주저한다는 것이다. 이러한 현상을 발견한 웰스(Wells)의 이름을 따서, 이를 웰스 효과라고 한다. 이 실험은 웰스 효과의 가설을 검증하기 위한 일련의 실험 중 일부이다. 〈가설〉에 따르면 아무리 확률적으로 확실해 보이는 통계적 증거일지라도, 사건의 책임이 누구에게 있는지를 명확하게 제시하지 않는 증거라면 배심원의 평결에 영향을 덜 미치게 된다.

이 〈실험〉에서 X는 사건의 책임이 누구에게 있는지를 명시적으로 제시하지 않는 증거, X와 Y는 사건의 책임이 누구에게 있는지를 명시적으로 제시하는 증거에 해당한다.

ㄱ. 〈가설〉에 따르면 집단 1은 확률적 증거만으로 B에게 책임이 있다는 원고 승소 평결을 내리려 하지 않았을 것이기 때문에 원고 승소 평결률이 낮을 것인 반면, 집단 2는 확률적 증거에 더해 B에 책임이 있음을 명시적으로 제시하는 조사관의 증언을 접했으므로 상대적으로 원고 승소 평결률이 높을 것이다. 따라서 집단 1의 원고 승소 평결률이 집단 2보다 유의미하게 낮다면, 〈가설〉은 약화되는 것이 아니라 강화될 것이다. ㄱ은 적절하지 않은 평가이다.

ㄴ. 제시문에서 주관적 확률은 두 집단이 같았고 원고 승소 평결률은 두 집단 모두에서 주관적 확률보다 낮았다고 하였다. 또한 ㄱ에서 설명했듯이 〈가설〉에 따르면 집단 1의 원고 승소 평결률은 낮지만 집단 2의 원고 승소 평결률은 상대적으로 높을 것이므로, 주관적 확률과 원고 승소 평결률 사이의 차이는 집단 2보다 집단 1에서 클 것이다. 따라서 주관적 확률과 원고 승소 평결률 사이의 차이가 집단 2보다 집단 1에서 유의미하게 크다면 〈가설〉은 강화된다. ㄴ은 적절한 평가이다.

ㄷ. 사건의 책임이 누구에게 있는지 명확히 제시하는 이 새로운 증언은 Y와 같은 효력을 지닌다. 그런데 이 증언은 G에 책임이 있다는 증언이므로 B에 책임이 있다는 증언 Y와는 배치된다. ㄱ에서 보았듯이, 〈가설〉에 따르면 집단 1의 원고 승소 평결률은 집단 2의 원고 승소 평결률과 비교하여 상대적으로 낮을 것이므로, 새로운 증언으로 판단이 바뀔 집단 1의 배심원은 집단 2와 비교할 때 상대적으로 적을 수 있다. 반면 집단 2는 B에 책임이 있다고 판단한 배심원의 비율(원고 승소 평결률)이 상대적으로 높기 때문에, 새로운 증언으로 판단이 바뀔 배심원이 상대적으로 많을 수 있다. 즉 새로운 증언으로 집단 1의 원고 승소 평결률보다 집단 2의 원고 승소 평결률이 더 낮아질 수 있다. 따라서 새로운 증언으로 집단 1보다 집단 2에서 원고 승소 평결률이 유의미하게 더 낮아졌다면,

이것은 〈가설〉을 약화하는 결과가 아니다. ㄷ은 적절하지 않은 평가이다.

〈보기〉의 ㄴ만이 적절한 평가이므로 정답은 ②이다.

예제 5-13
정답 ②

문제 풀이

[규정]은 약사법상 판매할 수 있는 자를 약국 개설자와 허가받은 제조업자·판매업자로 한정하고 있다. 〈사례〉에서는 제조업과 판매업의 허가를 모두 받은 P회사가 제조업자의 지위에서 판매 정지 처분을 받은 상황에서 의약품을 P회사 내에서 출고하고 또 입고하였다. P회사의 이러한 출고 및 입고가 [규정]의 '판매'에 해당하는지에 대해 견해1과 견해2가 대립하고 있다.

견해1은 P회사는 제조업자와 판매업자 각각의 독립된 지위를 가지고 있으므로 동일한 회사 내에서의 이동도 거래로 볼 수 있어 '판매'에 해당된다는 입장이다.

견해2는 P회사가 제조업과 판매업 허가를 각각 받았더라도 판매라고 하기 위해서는 독립한 거래 상대방이 있어야 하는데, 〈사례〉는 동일한 회사 내에서 의약품의 단순한 이동에 불과하므로 [규정]의 '판매'에 해당하지 않는다는 입장이다.

보기 해설

ㄱ. 별도의 규정에서 의약품 도매상에 대한 허가기관과 제조업자에 대한 허가기관이 각각 다르다는 것이 P회사가 서로 다른 지위에 있다는 점을 도출하는지 명확하지 않으므로 상대방에게 '판매'한 것에 해당되는지 여부와 직접적으로 연결시키기 어렵다. 따라서 이것이 견해1 또는 견해2를 약화하거나 강화하는지를 판단하기 어렵다. 만약 제조업과 판매업에 대해 각각의 허가기관이 다르다는 것으로부터, P회사가 제조업자와 판매업자의 지위가 각각 구분되는 상황에서 서로 다른 지위에서 거래한 것으로 보아 '판매'에 해당하는 것으로 보

아야 한다는 점이 도출된다면, 견해1은 약화되는 것이 아니라 오히려 강화된다. ㄱ은 옳지 않은 평가이다.

ㄴ. 거래의 상대방과 무관하게 물건의 이전이 곧 '수여'에 해당하고 따라서 '판매'에 해당한다면, 의약품이 동일 회사 내에서 이동하더라도 그 지위가 구분되는 상대방과의 거래로 볼 수 있다는 견해1은 강화되고, '판매'는 독립한 거래 상대방의 존재를 전제하는 개념이라는 견해2는 약화된다. ㄴ은 옳지 않은 평가이다.

ㄷ. P회사에 의약품을 입고한 것은 일반 대중에게 의약품을 유통시킨 것이 아니고, P회사는 소매상이 아니라 도매상이므로 P회사가 일반 대중에게 유통시킬 목적으로 취득한 것도 아니다. 제2조의 입법취지에 따른 판매 개념이 일반 대중에게 의약품이 유통되는 것을 의미하는 것이라면, P회사 내에서의 의약품의 이동은 제2조의 입법취지에 따른 판매라고 할 수 없으므로, 동일한 회사 내에서의 이동은 판매에 해당하지 않는다고 하는 견해2는 강화된다. ㄷ은 옳은 평가이다.

〈보기〉의 ㄷ만이 옳은 평가이므로 정답은 ②이다.

예제 5-14
정답 ④

문제 풀이

불법행위 재판에서 법관이 오로지 소송당사자들의 이익조정에 초점을 맞출 것인가, 그렇지 않으면 일견 사적으로 보이는 분쟁을 공동체 차원의 이익에 부합하는 방향으로 해결할 것인가 하는 문제에 관하여 두 견해가 대립한다. 견해 A는 손해의 회복, 견해 B는 불법행위의 예방에 각각 중점을 두고 있다. A와 B의 요지는 다음과 같다.

A : 불법행위법은 불법행위로 손상된 피해자의 이익을 이전 상태로 되돌리는 것을 우선시해야 하고, 다른 사회적 효용증진이나 유용성은 고려할 필요

가 없다. 배상은 피해자의 관점에서 불법행위 이전 상태로 완전하게 회복될 수 있도록 하는 것이어야 한다.

B : 불법행위법이 사회를 구성하는 구성원에게 행위 지침을 제시하여 불법행위를 예방할 수 있도록 해야 한다. 이때 예방의 메시지는 공동체에 최고의 선을 가져올 수 있는 것으로서 가해자를 넘어 사회 구성원 전체를 향해 발신되어야 한다.

보기 해설

ㄱ. 불법행위로 물건이 파손된 경우에 파손 부분의 수리비보다 그 물건의 교환가치가 낮은 경우가 있을 수 있다. 이 경우 파손된 물건을 불법행위 이전의 상태로 완전하게 회복시키는 것은 수리를 통하여야 가능할 것이므로, 설사 수리비가 교환가치를 초과하더라도 가해자는 교환가치를 배상하는 데에 그치지 않고 수리비까지를 배상하도록 하는 판결이 있었다면, 이는 피해자의 관점에서의 원상회복을 강조하는 A를 강화한다. ㄱ은 옳지 않은 평가이다.

ㄴ. 회사의 영업비밀 자료를 경쟁사에 넘겨 이득을 취하였지만 회사 입장에서는 그 자료의 가치가 극히 낮거나 거의 없어 회사에 현실적 손해가 발생하지 않는 경우가 있을 수 있다. 이 경우에도 가해자가 취한 부당한 이득을 전부 피해자인 회사에 손해배상의 형식으로 지급하도록 하는 판결이 있었다면, 이는 원상회복의 관점보다는 예방의 관점을 보여준다. 즉 해당 행위가 법적으로 옳지 않은 행위라는 점을 가해자를 포함한 사회 구성원에게 선언하여 일종의 행위지침을 제시함으로써 동종의 불법행위를 예방하고자 하는 취지로 볼 수 있다. 이는 B를 강화하므로 ㄴ은 옳은 평가이다.

ㄷ. 피해자가 아닌 제3자에게 배상하라는 판결이 있었고 그 이유가 비하적인 표현의 반복적인 사용을 용인하는 것이 사회의 자유로운 토론을 저해하기 때문이라면, 이는 사회적 효용증진이나 유용성은 고려하지 않고 피해자의 원상회복을 강조하는 견해인 A를 약화한다. 반면에 이 판결은 B를 강화한

다. 사회의 자유로운 토론을 저해함을 이유로 그러한 비하적 표현을 용인하지 않겠다는 메시지의 발신은 공동체의 입장에서 요구되는 선(善)이 무엇인가를 고려하면서 이러한 명예훼손 행위를 금지한다는 행위지침을 제시하기 때문이다. ㄷ은 옳은 평가이다.

〈보기〉의 ㄴ, ㄷ만이 옳은 평가이므로 정답은 ④이다.

예제 5-15   정답 ①

문제 풀이

제시문은 신경과학이 미래에 모든 행동의 원인을 완전히 밝혀낼 수 있다면, 이것이 법적 처벌 관행에 어떤 영향을 미칠 수 있는지 다루고 있다. 제시문에 의하면, 신경과학이 모든 행동의 원인을 뇌 안에서 완전히 찾아내게 된다고 하여도 법적 책임을 묻고 처벌하는 관행에는 아무런 영향을 미치지 못한다는 것이다. 그 이유는 법이 가정하는 것은 사람들이 형이상학적 의미의 자유의지를 갖고 있다는 것이 아니라, 사람들이 최소한의 합리적 행위 능력을 가지고 있다는 것이기 때문이다. 여기서 최소한의 합리적 행위 능력은 자신의 믿음에 입각해서 자신의 욕구를 달성하는 행동을 수행할 수 있는 능력을 말한다. 제시문은 신경과학이 일반적으로 사람이 이런 능력을 결여하고 있다는 것을 보이지는 못할 것이기 때문에 신경과학이 법적 처벌의 관행을 변화시킬 수는 없다고 본다.

보기 해설

ㄱ. 제시문에 따르면, 법은 범죄를 저지른 사람이 범행 당시에 합리적 행위 능력이 있으면 처벌하기에 충분하다고 본다. 여기서 합리적 행위 능력이란 자신의 믿음에 입각해서 자신의 욕구를 달성하는 행동을 수행할 수 있는 능력이다. 그러나 신경과학이 믿음이나 욕구가 행동을 발생시키는 데 아무런 역할을 하지 못한다는 것을 보인다면, 이는 인

간이 합리적 행위 능력을 갖지 못함을 보이는 셈이다. 따라서 신경과학이 법적 처벌의 관행을 변화시킬 수 없다는 이 글의 논지는 약화된다. ㄱ은 옳은 평가이다.

ㄴ. 제시문에 따르면 신경과학이 법적 처벌의 관행을 변화시킬 수 있는 유일한 길은 인간이 합리적 행위 능력을 결여한다는 것을 보이는 것뿐이다. 합리적 행위 능력 자체가 특정 방식으로 진화한 두뇌의 생물학적 특성에 기인한다는 것은 이런 능력의 원인을 밝힐 뿐, 인간이 이런 능력을 결여한다는 것을 보이는 것이 아니다. 따라서 인간의 합리적 행위 능력 자체가 두뇌의 생물학적 특성에 기인한다는 것을 신경과학이 밝혀낸다고 하여도 이 글의 논지는 약화되지 않는다. ㄴ은 옳지 않은 평가이다.

ㄷ. 범죄를 저지른 사람들 중 상당수가 범죄 유발의 신경적 기제를 공통적으로 지니고 있다는 것이 사실이라고 하자. 이 사실은 범죄를 저지른 사람들 중 상당수가 합리적 행위 능력을 결여하고 있다는 주장을 강화할 가능성이 있다. 따라서 이 사실은 신경과학이 법적 처벌의 관행을 변화시킬 수 없다는 이 글의 논지를 강화시킬 수는 없다. ㄷ은 옳지 않은 평가이다.

〈보기〉의 ㄱ만이 옳은 평가이므로 정답은 ①이다.

예제 5-16   정답 ②

문제 풀이

라부아지에의 산소 연소 이론은 연소 과정의 질량 변화에 대한 강력한 설명력을 바탕으로 수용되었다. 그러나 라부아지에의 이론에도 몇 가지 약점이 있었는데, 그중 하나가 연소 과정에서 왜 열이 발생하는지 설명하기 어렵다는 것이었다. 그는 연소 과정에서 발생하는 열의 출처로 기체 상태에 포함되어 있는 열소를 지목하는 이론 ㉠을 제시했으나, 그의 이론은 당시에도 많은 비판을 받았다. ㉠에 따르면 연소 과정, 즉 기체 산소와 결합하는 과정에서 열이 발생하는 이유는 기체 산소에 포함되어 있던 열소가 연소 과정에서 공기 중으로 빠져나가기 때문이다. 유의할 점은 라부아지에의 이론에서 등장하는 열소 개념이 현대 과학의 에너지 개념과 동일하지 않다는 것이다. 열소는 일종의 물질로 다른 물질(예: 산소)과 결합하여 화합물을 형성하는데, 기체는 충분한 양의 열소가 물질과 결합한 결과로 생성되는 화합물인 것이다. 현대 과학에서 말하는 것과 달리 라부아지에에게 기체는 일종의 화합물인 것이다.

보기 해설

ㄱ. 라부아지에의 연소 이론에서는 물질의 연소 과정에서 물질은 산소와만 결합한다. 이 과정에서 기체 산소에 포함되어 있던 열소가 공기 중으로 빠져나가면서 열이 발생한다. 이는 다음의 도식으로 나타낼 수 있다.

물질+기체 산소(산소+열소) →
산화물(물질+산소)+방출되는 열소

그런데 석탄과 같은 고체 상태의 물질이 연소하면서 기체 화합물이 생성된다고 하자. 이는 열소가 적은 고체 상태의 물질이 열소를 훨씬 많이 포함하는 기체 화합물로 되는 과정이므로, 산소뿐 아니라 열소와도 결합해야 한다. 이러한 과정은 다음의 도식으로 나타낼 수 있다.

고체 상태 물질+기체 산소(산소+열소) →
기체 산화물(물질+산소+열소)

또는

고체 상태 물질+기체 산소(산소+열소) →
기체 산화물(물질+산소+열소)+소량의 잔여 열소

즉 외부로 빠져나가는 열소의 부족으로 이어지게 되므로, 연소 과정에서 열이 발생하지 않거나 발생하더라도 소량만 발생해야 한다. 따라서 고체 상태의 물질이 연소할 때 열이 발생함과 동시에 기체가 생성된다는 사실은 ㉠을 강화하지 않는다.

ㄱ은 적절하지 않은 평가이다.

ㄴ. ㉠은 연소 과정에서 발생하는 열의 출처를 기체 상태의 산소와 결합해 있던 열소라고 가정했다. 그런데 화약은 기체 상태의 산소가 없어도 연소하면서 엄청난 양의 열을 방출한다. 물론 화약 내부에 산소화합물이 있기 때문에 연소가 가능하기는 하나, 그것은 화약 내 고체 상태로 존재하며 열소가 매우 적다. 따라서 연소 과정에서 기체 산소에 포함되어 있던 열소가 빠져나감으로써 열이 발생한다고 설명하는 ㉠은 약화된다. ㄴ은 적절한 평가이다.

ㄷ. 라부아지에는 열소를 질량이 없는 물질로 간주했기 때문에, 연소 과정에서 공기 중으로 열소가 방출되더라도 공기의 질량은 증가하지 않는다. 따라서 연소 과정에서 발생하는 열의 출처를 기체 상태의 산소와 결합해 있던 열소에서 찾는 ㉠을 약화하지 않는다. ㄷ은 적절하지 않은 평가이다.

〈보기〉의 ㄴ만이 적절한 평가이므로 정답은 ②이다.

예제 5-17　　　　　　　　　　정답 ⑤

문제 풀이

제시문에서 좁은 범위의 친숙하고 가까운 타인들에 대한 특수한 신뢰와 넓은 범위의 잘 알지 못하는 타인들에 대한 일반적 신뢰가 소개되고 있는데, 사회학자들은 "귀하는 일반적으로 대부분의 사람들을 신뢰할 수 있다고 생각하십니까, 아니면 조심해야 한다고 생각하십니까?"라는 질문을 사용하여 일반적 신뢰를 측정한다. 사회학자 A에 따르면 신뢰의 범위가 가족이나 잘 아는 친구에 머무느지 아니면 잘 모르는 사람에게까지 확장되는지에 따라 저신뢰 사회와 고신뢰 사회가 구분된다. 그리고 아시아에 위치한 Z국처럼 연줄을 중시하고 특수한 관계에 기초한 좁은 범위의 신뢰만을 허용하는 문화는 저신뢰 사회로 흐를 가능성이 높음에도 불구하고 다수의 국제 비교 조사는 Z국의 일반적 신뢰 수준이 최상위권에 위치하고 있음을 보여주고 있다는 역설적 상황이 제시된다. 이 역설적 상황, 즉 어떻게 Z국의 일반적 신뢰 수준이 최상위권이라는 조사 결과와 Z국이 저신뢰 사회라는 것이 동시에 성립할 수 있는지, 이에 대한 적절한 대답을 〈보기〉의 선택지에서 선택할 수 있어야 이 문제를 해결할 수 있다.

보기 해설

ㄱ. 국토의 특성상 지역 단위의 경제권을 형성해 온 역사가 있어 같은 지역 출신 아는 사람들만 신뢰하는 경향이 강하다면, 이는 Z국이 저신뢰 사회라는 점만을 설명할 수 있을 뿐, Z국의 일반적 신뢰 수준이 최상위권이라는 조사 결과는 설명할 수 없다. 그러므로 ㉠에 대한 대답으로 적절하지 않다.

ㄴ. Z국 사람들이 타인에 대한 불신을 드러내기를 꺼려하는 경향이 강하다면 실제로는 저신뢰 사회이나 조사 결과에서는 일반적 신뢰 수준이 최상위권으로 나타날 수 있기 때문에 ㉠의 역설적 상황을 설명할 수 있다. ㉠에 대한 대답으로 적절하다.

ㄷ. Z국 사람들이 '대부분의 사람들'에 해당하는 사람을 떠올릴 때 자신의 신뢰 범위 내에 있는 사람들 중에서 찾는 경향이 강하다면, Z국이 저신뢰 사회이면서 동시에 Z국의 일반적 신뢰 수준이 최상위권이라는 조사 결과가 나올 수 있으므로, ㉠의 역설적 상황을 설명할 수 있다. ㉠에 대한 대답으로 적절하다.

〈보기〉의 ㄴ과 ㄷ만이 ㉠에 대한 대답으로 적절하므로 정답은 ⑤이다.

예제 5-18

문제 풀이

열대성 동태평양 수역에서 활동하는 어부들은 초대형 선예망으로 참치 어업을 한다. 이때 돌고래에도 큰 피해를 입히는 부작용이 있다. 돌고래를 보호하기 위하여 A국은 초대형 선예망을 사용하지 않는 경우에만 '돌고래 세이프 라벨'을 부착할 수 있도록 하였다. 그런데 열대성 동태평양 수역에서 주로 어업을 하고 있는 B국 어민들은 '돌고래 세이프 라벨'을 부착할 수 없으므로, A국의 이러한 조치는 결국 B국에 차별적 요소로 작용하게 되었다. 따라서 A국은 차별적 규제인 '돌고래 세이프 라벨' 규정을 철폐하거나, B국과 자국을 포함한 모든 국가에 차별 없이 적용하는 방안을 강구하여야 한다.

보기 해설

ㄱ. A국이 상표법에 규정하고 있는 '돌고래 세이프 라벨' 조항을 철폐한다면, 차별적 라벨 규제가 적용될 여지가 어디에도 없기 때문에 이는 차별적이지 않다. ㄱ은 옳은 조치이다.

ㄴ. B국이 제소하였기 때문에 해당 국가의 어선이 잡은 참치 제품에 대해 라벨 규정을 완화한다면 일시적으로 비차별적인 것처럼 보일 수 있다. 그러나 B국 이외의 다른 국가 어선(A국의 어선도 포함될 수 있음)이 초대형 선예망으로 열대성 동태평양 수역과 다른 수역에서 참치 조업을 할 수도 있기 때문에 여전히 차별이 남아 있다. 따라서 ㄴ은 옳지 않은 조치이다.

ㄷ. A국은 상표법의 라벨 규정을 초대형 선예망 방식뿐만 아니라 모든 어업 방식에 적용될 수 있도록 강화하였다. 즉 A국은 돌고래에게 피해를 입힐 수 있는 어업방식 전체를 규정하여 모든 수역에 적용될 수 있도록 강화하였으므로, 차별적인 조치가 아니다. ㄷ은 옳은 조치이다.

〈보기〉의 ㄱ, ㄷ만이 가능한 조치이므로 정답은 ③이다.